BLT
Mit der Welt
auf Buchfühlung

Jón Kalman Stefánsson.

Jón Kalman Stefánsson wurde 1963 in Reykjavík geboren. Er studierte an der University of Iceland Literatur, arbeitet als Kritiker für die größte isländische Tageszeitung sowie den nationalen Rundfunksender und als Übersetzer. Sein erster Roman *Gräben im Regen* erschien 1996 und wurde mit dem NV-Literaturpreis ausgezeichnet. 1997 folgte *Der Sommer hinter dem Hügel*, und 1999 stellte er mit *Das Licht auf den Bergen* den dritten Band der Trilogie fertig, die von der Literaturkritik in den höchsten Tönen gelobt wurde. Unter dem Titel *Der Sommer hinter dem Hügel* sind bei BLT die ersten beiden Bände dieser Trilogie auf Deutsch erschienen. *Das Licht auf den Bergen* ist der dritte und letzte Teil.

Jón Kalman Stefánsson

Das Licht auf den Bergen

Aus dem Isländischen von
Karl-Ludwig Wetzig

BLT

BLT
Band 92 138

1. Auflage: September 2003

BLT ist ein Imprint der Verlagsgruppe Lübbe

Deutsche Erstveröffentlichung

Die isländische Originalausgabe erschien 1999 unter dem Titel
Birtan á fjöllunum bei Bjartur, Reykjavík

Einbandgestaltung: Gisela Kullowatz
Titelfoto: Mauritius Imagefotostock
Autorenfoto: © Einar Falur Ingólfsson
Satz: hanseatenSatz-bremen, Bremen
Druck und Verarbeitung: Elsnerdruck, Berlin
Printed in Germany
ISBN 3-404-92138-0

Sie finden uns im Internet unter
http://www.luebbe.de

Der Preis dieses Bandes versteht sich einschließlich
der gesetzlichen Mehrwertsteuer.

INHALT

Erinnerungen, die durch die Sprache klingen

Manchmal ist es, als würde alles Vergangene zu Poesie. Als würden die Erinnerungen in Poesie aufbewahrt, bis jemand versucht, sie in Worte zu kleiden: Dann verwandeln sie sich in eine Geschichte.

Es ist ein dunkler Wintermorgen am Rand der Stadt, doch in meinen Gedanken ist es Juni und die Helligkeit auf meinem Gesicht zwanzig Jahre alt.

So fängt es an.

Ich sitze am Schreibtisch, und als ich aufblicke, sehe ich einen Bus, der an der Kreuzung Richtung Westen fährt.

Ich greife nach einem Bleistift und ziehe das Gedicht in den Sog der Erzählung hinab.

Die Rückbesinnung setzt mit meiner Ankunft in der Gemeinde ein. Es ist der Sommer, in dem das Schicksal den Dichter auf Karlsstaðir schüttelte, ihn zum Himmel hob und kopfüber auf den Misthaufen stürzte; in dem ein angesehener Bauer nach Süden fuhr, mit bedeutenden Männern sprach, bei sich zu Hause den Hof erhellte, damit die Zukunft auf ihrer Bahn nicht an ihm vorüberging, und in dem in der Ortschaft neue Zeiten in dem Mann heraufzogen, den man spöttisch den Vorreiter nannte.

Das war in jenen Jahren, in denen alles mit einem grünen Überlandbus beginnen konnte. Er kam aus der Stadt, fuhr an Bergen und Kiosken vorbei, kurvte durch einen tief eingeschnittenen Fjord, kroch stundenlang Richtung Norden und bog schließlich zum Pass ab. Und ich sah, wie das Land seine Arme zum Meer hin ausbreitete, doch hinter mir zuckten die Berge die Schultern zum Himmel. So war das, und jetzt ist also Juni. Ich schleppe meine schweren Reisetaschen zu dem blauen Landrover und genieße es, die Schotterstraße unter meinen Füßen zu spüren. Starkaður sitzt am Lenkrad, guckt in die Luft und rührt sich kaum. Die rechte Hand ruht auf dem Schaltknüppel, der bis zum Knauf mit gelbem Isolierband umwickelt ist. Mitte Juni, und nirgends mehr Schnee, nur auf den höchsten Bergen, denen, an denen die Wolken stranden. Ansatzlos fängt Starkaður an, vom Licht zu reden:

Wer nach oben schaut, sieht nicht den Himmel, sondern die Helligkeit, und so ist das Ende der Welt, es liegt in der Helligkeit, die die Grenze zwischen Himmel und Erde auflöst. Ahnungslos merken wir nichts, aber wenn es dunkelt, sehen wir, dass der Himmel nicht mehr über uns ist. Wo Himmel war, ist Leere, oder wie man das nennen will, was Nichts ist. Erinnere mich daran, denn so kommt das Ende der Welt. Nach einem langen, hellen Tag wird es dunkel und nichts ist über uns.

Er lässt den Motor an und fährt los. Es ist nach Mitte Juni, und wir haben uns ein halbes Jahr und zwei Wochen nicht gesehen, aber anstatt mich zu begrüßen, erklärt er mir das Ende der Welt und schweigt dann die restlichen neun Kilometer bis Karlsstaðir. Er beachtet mich gar nicht, hält an der Auffahrt, steigt aus, geht über die Straße, klettert über den Zaun und marschiert den Berg hinauf. Ich sitze in einem blauen Landrover unter einem gleichfarbigen Junihimmel, sehe Starkaður nach, rutsche dann ans Steuer und fahre auf den Hof.

Starkaður?, sagt die Familie. Dem fehlt nichts, nur Liebe. Er ist nämlich verliebt.

Aha, denke ich und erinnere mich an ein Bruchstück aus einem Gedicht Starkaðurs im letzten Sommer:

Liebe

Atomexplosion im Herzen

Dann
verbreitet sich Radioaktivität im Blut.

So begann dieser Sommer.

Schrecklich, wie alles verweichlicht ist

Diese Frau, die Starkaður nicht aus dem Sinn geht und ihm wie ein Fuß dem anderen folgt, die ihm Sonne, Mond und alle Sterne des Himmels bedeutet, wer ist sie? Ist sie die gleiche, die ihm letzten Sommer den Verstand raubte, die ihn aufforderte, sich die Beine abzusägen, ist sie das? Ja, das scheint sie zu sein, dieselbe. Aber wer ist sie, wie sieht sie aus, wie heißt sie, aus welcher Familie stammt sie, ist sie vielleicht gar nicht von dieser Welt?

Wer weiß.

Kein Wort, das auch nur ein wenig nach Liebe schmeckt, kommt von den Lippen des langen und dürren Dichters. Salvör hat so ihre Vermutungen, sagt aber nichts, denn es gibt Menschen, die mehr als Vermutungen brauchen, um unter solchen Umständen Namen zu nennen, sie brauchen Gewissheit.

Starkaður ist also verliebt. Deswegen stürmt er den Berg hinauf, verschwindet oben auf der Heide und lauscht dem Wind in den Halmen. Soll er doch, denn ich bin wieder im Westland, und das Leben kann von neuem beginnen. Ich, weder erwachsen noch länger ein Knirps, stehe auf dem Hof von Karlsstaðir, die Taschen noch im Landrover, Þórbergur kommt mit weit heraushängender Zunge angehetzt und springt um mich herum. Mit den Abdrücken von Hundepfoten auf dem Bauch trete ich in das Haus des Sommers und der Kindheit, während sich Starkaður liebeskrank in die Gesellschaft von Himmel, Wiesen und wilden Trollen begibt.

Soll er doch; ich bin ins Leben zurückgekehrt. Und wie sind

die Aussichten für diesen Sommer, welche Ereignisse segeln durch seine Helligkeit und sein Dämmerlicht? Ich bin wieder da, was gibt's?

Þórður trinkt ungenießbar starken Kaffee, knackt Zuckerwürfel mit den Zähnen und sagt, dass alles mit Poesie beginnt. Im Schlafzimmer quäkt der Kleine der Karlsstaðirfamilie. Ein Junge mit Namen Jónas. So klein und unselbstständig, dass seine Schwester, die Sæunn, ganz sicher ist, dass er nie groß werden wird. Das kann der gar nicht. Das Einzige, was der könne, sei, in die Windeln zu kacken und nachts alle zu wecken. Sie behauptet steif und fest, Jónas junior würde immer und ewig ein sabbernder Säugling in einem blauen Strampelanzug bleiben, jawohl! Selbst wenn die Sonne einmal erkalten und die Welt in ferner Zukunft untergehen sollte, würde Klein-Jónas noch immer in der Wiege quengeln und an seinem blauen Strampler nuckeln. Ein hartes Schicksal, doch Sæunn hat die grandiose Idee, ihrem Bruder Backpulver zu verabreichen, damit er wachse und aufgehe wie der schönste Kuchen. Was ich davon hielte? Na ja, lassen wir das mit dem Backpulver vorerst lieber und warten bis zum Herbst, sage ich. Und denk dran, es ist erst Mitte Juni.

Es ist Mitte Juni, die Arbeiten des Frühjahrs sind abgeschlossen, die des Sommers liegen vor uns. Es gibt nichts als Helligkeit; oben auf der Heide wölbt sich der Himmel über einen einsamen Starkaður, und Þórður zieht mit den weißen Schachfiguren gegen eine Salvör, die an einer halb erloschenen Pfeife schmaucht. Þórbergur gähnt hinter der Tür. Ich höre es deutlich, als ich die Treppe hinaufsteige. Noch immer knarrt die siebte Stufe.

Ich klopfe an die Tür zum alten Jónas, denn in jenem vergangenen Sommer lebte er noch, obwohl er jetzt, zwanzig Jahre später, längst tot ist, als ich über den Schreibtisch gebeugt sitze und versuche, jenen Sommertag in Worte zu fassen. Ich klopfe. Man hört es, klopf, klopf.

Der alte Bauer sitzt in seinem tiefen Lehnstuhl, die Verdunkelungsgardine ist vorgezogen, und obwohl die gleißende Helligkeit des Junitags auf die Scheiben knallt, ist es im Zimmer fast dunkel. Der Bücherschrank ist undeutlich zu erkennen, die Bettdecke ist zurückgeschlagen, und Jónas sitzt in dem tiefen Stuhl. Ein Lichtfinger vom Flur stiehlt sich durch den Türspalt und tastet sich zu der großen Kiste mit der Jahreszahl 1918 auf dem Deckel vor. Schließ die Tür, bestimmt der Alte mit brüchiger Stimme. Ich sperre den tastenden Lichtfinger aus, die Kiste sinkt zurück in die dunkle Ecke, und ich stehe da, unsicher, und im Dunkel sieht das Bett wie ein Urtier mit klaffender Wunde aus. Jónas hustet röchelnd, stöhnt eine Zeit lang schwer, dann wird die Lampe angeknipst. Blendendes Licht legt sich wie ein Helm über den Stuhl, den alten Mann, den runden Tisch mit einem Buch darauf, und auf dem Buch liegt eine Brille mit daumendicken Gläsern. Neben dem Buch ein Kaffeebecher und ein Wasserglas mit grinsenden Zähnen darin. Jónas fischt sie aus dem Glas, setzt sie ein und beginnt von Starkaður zu erzählen, dessen beispiellos schafsköpfigem Benehmen. Durch die Gegend zu torkeln, als habe ihm jemand ins Hirn geschissen – und das wegen einer Frau! Früher haben sich Männer nicht in Träume verkrümelt und in Gedichten ausgeheult, sondern sind zur Tat geschritten. Keine halben Sachen! Wenn am Wagen ein Rad bricht, wird es repariert, steht das Gras auf der Wiese, wird es gemäht, will ein Lamm nicht kommen, wird es geholt, und es muss doch auch etwas geben, was den Bengel wieder zurechtrückt. Haben die Kerle denn heutzutage überhaupt keinen Biss mehr, stöhnt Jónas und rückt das Gebiss besser zurecht. Zu meiner Zeit, sagt er und hebt das Gesicht zur Lampe. Es scheint, als würde das Licht die Furchen des Alters in dem grauen Gesicht vertiefen, die Augen aber werden hellblau und erstaunlich jung. Ja, Junge, das kann ich dir sagen, da war man noch jung und machte nicht schlapp, selbst wenn man ein Mädel mit hübschen Beinen sah, mein Junge. Früher hatte ich noch Mumm in den Knochen, da war ich jung, stand meinen Mann und kippte nicht wegen meiner Þóra aus den Latschen, nein, nein, damals hatte man noch Biss und ich meine Zähne, und ich kann dir sagen, einmal bin ich vielleicht in ein Unwetter geraten! Ich hatte in einer anderen Gemeinde etwas zu erledigen und übernachtete da auf einem Hof. Den Rückweg wollte ich quer über die Heide abkürzen und machte mir nichts daraus, dass Sauwetter mit dichtem Schneetreiben im Anzug war, denn man war ja schließlich jung. Aber oben auf der Heide geriet ich in pechschwarze Wolken, es wurde so düster, dass ich meine eigene Nasenspitze nicht mehr sah. Dabei wusste man, dass die Heide schon viele Menschenleben gekostet hatte und dass dort oben Geister umgingen, manche richtig bösartig. Jaja, da steckte ich also in derart dichtem Schneetreiben, dass es aller Beschreibung spottet, hatte die eigene Nase und erst recht alle Orientierung verloren, und die übelsten Gespenster heulten um mich herum. Ja, Junge. Stunde um Stunde verging, und manch einer hätte schlappgemacht, denn das Unwetter hagelte von allen Seiten auf mich ein. Doch da merke ich auf einmal, wie mir jemand an den Knöchel packt, und als ich mich bücke, um nachzusehen, da erkenne ich die Kanaille! Es war ein ehemaliger Knecht auf Brekka, ein Schlappschwanz, der drei Jahre vorher auf der Heide verschwunden war, bei schönstem Wetter, meine ich mich zu erinnern. Wir waren nicht gut miteinander ausgekommen. Zu der Zeit, als ich meiner Þóra den Hof machte, fing der Gimpel ebenfalls an, sich vor ihr aufzuplustern, und ich gab ihm dafür meine Fäuste zu schmecken, denn man war schließlich jung und hielt mit seinen Absichten nicht hinterm Berg, aber was ich sagen wollte, da erscheint mir der Kerl doch als Gespenst und will mich zu Fall bringen und im Schnee ersticken. Zwanzig Stunden war ich schon unterwegs oder vielleicht auch dreißig und ganz schön kaputt, aber da packte mich die

Wut, als ich den Dreckskerl sah, und wir gingen aufeinander los. Da ging's zur Sache, Junge, ah, ich zitterte am ganzen Leib vor Wut und brüllte lauter als der Sturm, und es war ein harter Kampf, denn der Hänfling war nach seinem Tod um ein Vielfaches stärker geworden und konnte richtig hinlangen; aber nach furchtbarem Ringen und Treten habe ich ihn endlich in Unterlage, presse ihn zu Boden und will ihn in den Rücken beißen, da flennt der Jammerlappen um Gnade und erbietet sich, mich in bewohntes Gebiet zu führen. Ja, so war das damals, mein Junge, aber was ich sagen wollte, das mit Starkaður. Wenn du ihn siehst, richte ihm aus, der alte Mann liege im Sterben und wolle noch etwas sagen; dann vergisst er vielleicht vorübergehend, über ein Weib zu heulen. Schrecklich, wie alles verweichlicht ist.

»Flügel interessieren mich nicht«

So begann dieser Sommer, und am Morgen danach gehe ich mit Buttermilch und einer Scheibe Brot im Bauch hinaus in die permanente Helle des Juni, kicke einen Stein über den Vorplatz und folge den Kühen. Auf dem Weg unterhalte ich mich mit Þórbergur, ziehe Stiefel und Socken aus, um das Gras zu spüren, lache, als Þórbergur mit dem einen Stiefel davonläuft, spreche aus Höflichkeit auch mit den Kühen und setze mich schließlich für eine Weile auf einen Wiesenhöcker, überglücklich, wieder hier auf dem Land hinter dem Hügel zu sein. Nach dem Stall steige ich mit Þórður die Hänge hinauf, um Zäune auszubessern. Während ich bäuerliche Arbeit verrichte und wichtig bin, hockt Starkaður drinnen bei seinem Vater, der versuchen will, seinen Sohn aus dem Sumpf der Liebe zu retten.

Jónas ist schlau und erwähnt nichts von schafsköpfigem Benehmen oder wie er es findet, wegen einer Frau zu flennen. Stattdessen erklärt er, dass er alt und gebrechlich sei und sein Ende nahe. Er hustet kränklich und fährt dann fort:

Du weißt, dass ein Sterbender alles, was er weiß und woran er sich erinnert, mit sich nimmt, und, verdammt noch mal, was ist das für eine Verschwendung! Als ob man die Scheune für den Winter füllte und schon im Herbst das ganze Vieh verreckt. Siehst du die Schreibhefte da auf dem Nachttisch. Ich will, dass du darin etwas aufschreibst.

Starkaður schüttelt nur den Kopf, sagt, er könne nichts schreiben, und fragt seinen Vater, ob denn irgendetwas es wert sei, zu Papier gebracht zu werden. Jónas antwortet, darüber denke er überhaupt nicht nach; er sei zu alt, um sich wie Starkaður in Pessimismus zu suhlen.

Jónas: Na, wo wollen wir anfangen? Ich erinnere mich an einen Wintermonat vor vielen Jahren, ich war damals sechs oder sieben, es war unglaublich kalt. An diesem Tag war es sehr windig und der Gesundheit nicht gerade förderlich, sich lange im Freien aufzuhalten. Jaja.

Jónas hebt ein wenig den Kopf und kneift die Augen zusammen, als versuche er die Umrisse längst vergangener Tage schärfer zu sehen. Mit Leidensmiene steht Starkaður auf, holt die Schreibhefte und notiert ohne sonderliches Interesse, was sein Vater zu erzählen hat; doch der alte Jónas ist in seiner Wintergeschichte noch nicht weit gekommen, als sich ein Ausdruck zunehmender Konzentriertheit über Starkaðurs Gesicht legt. Zwei Tage später düst er in die Ortschaft und kauft weitere Hefte, um begierig die Erinnerungen seines Vaters in die Scheune der Wörter einzufahren. Sein Eifer ist so groß, dass Starkaður, als sein Vater müde wird, nach Skógar hinüberfährt und die Mutter von Óli dazu bringt, ihm mehr von damals zu erzählen, und jetzt, wo ich diese Zeilen schreibe, denke ich mir, dass ihm die Idee zu der berühmten Bezirkschronik zu diesem Zeitpunkt gekommen sein dürfte. Wie dem auch sei, nur Tage später greift die Schwermut wieder nach Starkaður, und die Blässe der Liebeskrankheit überzieht erneut sein Gesicht. Da bläst Jónas neuerlich zur Attacke und beginnt vom Tod zu reden oder vielmehr über das, was danach kommt.

Jónas: Wenn man erst einmal ein morscher Knochen geworden ist, lockt es einen, sich auszumalen, was wohl im Jenseits auf einen wartet. Mir selbst erscheint es nur logisch, dass ich einen Streifen Land bekomme, der ausreicht, etwa fünfzig Schafe zu halten. Mit Kühen habe ich nichts zu schaffen, das sind langweilige Viecher. Wenn ich aber höre, was andere so für Ansichten darüber äußern, sehe ich ziemlich schwarz hinsichtlich des Bodens. Die meisten scheinen nämlich zu glauben, dass man sich nicht mit Anstand und Würde von hier verabschiedet, sondern wie ein nasses und vergammeltes Büschel Heu angesaugt und in ein rosarotes Licht geschleudert wird. Und dann bekomme man Flügel. Flügel! Flügel interessieren mich nicht. Vögel haben Flügel, nicht Menschen. Ich will bloß meine Schafe. Hörst du das, Junge?! Und deine Mutter an meine Seite. Flügel! Wer lässt sich nur solchen Blödsinn einfallen? Damit kann ich mich nicht abfinden. Reiß dich jetzt mal zusammen und fahr mich in den Ort! Nimm das Schreibzeug mit, denn ich will mich mit Ásgeirr unterhalten. Er ist tot und sollte deshalb mehr von der Sache wissen als sonst wer. Wo ist mein Deckel?

Kurz darauf fahren sie los, und während der Landrover die zwanzig Kilometer zur Ortschaft zurücklegt, halte ich es für angebracht, einen kleinen Seitenarm vom Hauptstrom der Erzählung zu jenem besagten Ásgeirr abzuzweigen.

»Nicht ich bin gestorben, sondern er«

Am Samstag, dem 12. März, um neunzehn Minuten nach zwei Uhr hörte das Herz in Ásgeirr Jónsson zu schlagen auf. Am Geburtstag von Þórbergur Þórðarson, der später auch zum Todestag William Heinesens wurde. Solche Tage umfassen alles: das Meer, den Himmel und die Dichtkunst. Doch seine drei Kinder, die verstört und ängstlich zusammengedrängt im Zimmer des Ältesten sitzen, wissen nichts von den beiden Schriftstellern, und weder die kauzige Schlitzohrigkeit noch der Witz Þórbergurs kommen Lauga Þrastar in den Sinn, die sich krampfhaft am Türrahmen festhält. Ebenso steht dem Arzt der lyrische Erzählrausch eines William Heinesen fern, als er das Handgelenk Ásgeirrs zurücklegt, sich zu Lauga umdreht und traurig den Kopf schüttelt. In Eile muss er die gramgebeugte Familie verlassen, denn während hier jemand stirbt, lebt anderswo jemand weiter: Ein Bauer aus einer Nachbargemeinde hat sich schwer verletzt, und der Arzt wird dringend gebraucht. Nun weiß ich nicht, wie lange Ásgeirr in seinem Bett lag und gestorben ist, einige behaupten eine geschlagene Stunde, doch wenn man bedenkt, dass das Gehirn ständig mit Sauerstoff versorgt sein muss, erscheint es zweifelhaft, dass so viel Zeit verflossen sein kann. Wie auch immer, jedenfalls sitzt die Familie im Wohnzimmer versammelt, die drei Kinder und eine in Tränen aufgelöste Lauga, vollkommen untröstlich, na, na, na, komm, beruhigen zwei teilnahmsvolle Nachbarinnen, aber sie weint, als seien ihre Augen zwei nicht versiegende Quellen, und wenn das so weitergeht, wird Lauga noch völlig austrocknen.

Doch da ertönt, klar und deutlich, aus dem Nebenzimmer Ásgeirrs Stimme: Was zum Teufel ist denn da los?

Die Stimme schneidet augenblicklich Laugas Weinen ab. Sie erstarrt, mit rot geränderten Augen und halb offenem Mund, atmet zweimal kurz, aber tief durch und flüstert: Habt ihr das gehört?

Eine der beiden Nachbarinnen schleicht sich zu dem Zimmer – sie ist eine mutige Frau –, lugt hinein und kommt mit weit aufgerissenen Augen zurück, die linke Hand vor den Mund gepresst, während die rechte in der Luft fuchtelt: Er hat mich angesehen, ganz klar und deutlich! Gott bewahre mich! Ich schwöre, er hat mich geradewegs angesehen. Oh Jesus, hilf und schütze mich! Mit todeskalten Augen.

Die Frauen sehen einander an. Lauga atmet tief durch, steht auf und geht auf das Zimmer zu, die beiden anderen folgen ihr auf dem Fuß. Die Kinder bleiben erst wie angefroren sitzen und stürzen ihr dann erschrocken nach. So sind schließlich alle im Zimmer versammelt, und Ásgeirr, halb im Bett aufgerichtet, guckt verwundert von einem zum andern. Lauga schluchzt: Oh, du mein lieber Gott, oh, du mein lieber Gott, oh, du mein Gott!

Nun hör doch mal mit diesem Gejammer auf, Frau!, sagt Ásgeirr, gähnt und legt sich wieder hin.

Der Arzt kommt; kratzt sich am Kopf und sagt fast vorwurfsvoll: Du warst doch tot!

Ásgeirr: Ich?

Der Arzt: Ja, du.

Ásgeirr, zögernd: Wer ist ich?

Nach dieser Frage scheint der Arzt fast erleichtert aufzuatmen, denn er sieht eine Erklärungsmöglichkeit: Durch vorübergehende Sauerstoffunterversorgung ist Ásgeirrs Hirn geschädigt worden, besonders das Gedächtnis wurde ausgelöscht, und wer weiß, was sonst noch. Dem Arzt fällt ein solcher Stein vom Herzen, dass er sich zusammenreißen muss, um nicht laut loszulachen.

Du bist Ásgeirr Jónsson, erklärt er dann, und das ist deine Ehefrau, Sigrún Þrastardóttir, genannt Lauga, und eure drei Kinder sind gleich nebenan. Der Arzt verstummt, und gemeinsam mit Lauga sieht er Ásgeirr erwartungsvoll an. Der klappert mit den Augenlidern, knibbelt sich an der Nase und sagt: Darüber muss ich erst nachdenken, legt sich zurück und scheint sich in Gedanken zu verlieren. Der Arzt ruft zwei Männer an, um Lauga beizustehen, sicher ist sicher, denkt er, fährt zum Gesundheitszentrum im Ort und ruft einen Kollegen in der Hauptstadt an. Hier ist ärztlicher Rat vonnöten!

Eine halbe Stunde später kommt auch Ásgeirr zur Krankenstation und betritt das Sprechzimmer des Doktors, der nach dem Telefongespräch tief in Gedanken versunken ist.

Ich halte es für angebracht, hier deutlich herauszustreichen, dass man sich kaum einen gewissenhafteren Mann als diesen Arzt vorstellen kann. Er ruht nicht, ehe eine Sache nicht wirklich abgeschlossen ist. Nachdem er die Schnittwunde des Bauern versorgt hatte, der ihn vom Totenbett Ásgeirrs wegrief – die Wunde war nicht besonders gefährlich und jener Bauer als etwas zimperlich und wehleidig bekannt –, da setzte sich der Doktor erneut in seinen Wagen und füllte das Krankenblatt des Bauern sowie den Totenschein für Ásgeirr aus, ehe er vom Hof fuhr. Und jetzt steht dieser Ásgeirr vor ihm im Sprechzimmer, erblickt den Totenschein und nimmt ihn zur Hand: Ich bin also gestorben.

Der Arzt: Tja …

Ásgeirr: Jedenfalls steht hier: verstorben Samstag, den 12. März, um 14:19 Uhr.

Der Arzt: Hm.

Ásgeirr: Und deine Unterschrift?

Der Arzt entschuldigend: Aber du warst tot.

Ásgeirr: Mausetot?

Der Arzt: Wenn du es so nennen willst, ja.

Ásgeirr: Herzlichen Dank!

Er hört nicht auf den Protest des Arztes und verlässt mit dem Totenschein den Raum.

Am Tag darauf sitzen der Geschäftsführer des Genossenschaftsladens und der Leiter der Bank in ihren Sesseln und haben vor sich eine Kopie der Sterbeurkunde und folgende schauerliche Erklärung:

> Wie der beigefügte Totenschein eindeutig beweist, ist Ásgeirr Jónsson, Tankstellenpächter und Zimmermann, am Samstag, den 12. März, um 14:19 Uhr verblichen. Kurze Zeit später erwachte die sterbliche Hülle wieder zum Leben, und es befand sich der Unterzeichner dieser Erklärung in ihr. Daraus wird klar ersichtlich, dass der im Leben Befindliche nicht die gleiche Person ist wie der Verstorbene. Ich erkläre somit, dass mich die Verpflichtungen und Schulden des besagten Ásgeirr nicht im Geringsten betreffen. Ich bin nicht dazu berufen, Auskunft zu geben, wer ich denn sei. Dazu bedarf es höherer Einsicht, und vielleicht kennt die Antwort nur der Eine, Höchste. Es ist damit offenkundig, dass ich ein schuldenfreier und unabhängiger Mann bin.
>
> Hochachtungsvoll
>
> 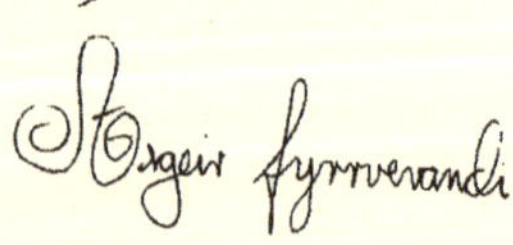
>
> (Ásgeirr ehedem)

Der Fall liegt äußerst kompliziert. Zögernd erklärt der Arzt, gemäß anerkannten und streng wissenschaftlichen Kriterien sei Ásgeirr verstorben. Das bestätigt Lauga, die Ehefrau, mit der Aussage, sie habe altem Brauch folgend einen Spiegel vor die Atmungsorgane ihres Mannes gehalten, und der sei nicht beschlagen. Ásgeirr Jónsson war tot. Das war über jeden Zweifel erhaben. Wer aber ist dann dieser »Ásgeirr ehedem«, und woher ist er gekommen? Eine Frau, die ein wenig dem Geisterglauben zuneigte, meint, wahrscheinlich seien in diesem Fall unterschiedliche Dimensionen kollidiert, und eine irrende Seele sei unerwartet »in einen leblosen, aber noch warmen Körper gesaugt worden«. Ásgeirr ehedem sei demnach kein Wiedergänger im herkömmlichen Verständnis des Wortes, denn das Herz schlage, Blut kreise in den Adern, und er lasse Wasser. Die Rationalisten, mit dem Arzt an der Spitze, behaupten dagegen, Ásgeirr sei höchstwahrscheinlich »in einem gewissen Sinne gestorben«, dann aber wieder zum Leben erwacht und leide jetzt offenbar an hochgradigem Gedächtnisschwund. Das Problem dieser Erklärung liegt darin, dass sie mehr Fragen aufwirft als sie beantwortet. Der Sauerstoffmangel zum Beispiel hätte doch nicht nur das Gedächtnis des Mannes, sondern seinen gesamten Verstand beeinträchtigen, ihn zu einem kompletten Idioten machen müssen, aber dem ist ja ganz augenscheinlich nicht so: Der Mann läuft herum und reagiert auf Ansprache wie jeder andere. Nein, der Fall ist wirklich äußerst vertrackt, und das nicht nur in wissenschaftlicher, moralischer und philosophischer Hinsicht, sondern auch aus Gründen, die dem Kaufmann und dem Bankier auf den Nägeln brennen. Sie müssen aus der Zwickmühle herauskommen, sie können sich nicht bei spekulativen Haarspaltereien aufhalten, bei ihnen geht es um Soll und Haben. Tage vergehen. Ásgeirr ehedem wechselt den Wohnsitz. Aus dem Einfamilienhaus zieht er in die Kellerwohnung im Haus des Hakens (so nennt man den, der über alle Fleischerhaken und Winkel des Schlachthofs zu sagen hat). Und was ist mit Lauga und den drei Kindern? Nein, sagt Ásgeirr ehedem, sie ist wirklich ein süßes Knubbelchen und die Kinder wohlgeraten, aber ich bin kein solcher Schuft, dass ich einer Witwe beiwohnen wollte, deren Mann gerade erst gestorben ist.

Da kann sich einer nicht enthalten zu bemerken: Du siehst dem Ásgeirr aber doch so ähnlich, so zum Verwechseln ähnlich, dass es mir so vorkommt, als wärst du er.

Doch solchen Unterstellungen begegnet der Angesprochene, indem er mit dem Totenschein wedelt, den er wie einen Ausweis immer bei sich trägt, und behauptet, ein Neugeborener zu sein, dem man als solchem mit Milde und Nachsicht begegnen solle, und fügt hinzu: Ich schulde niemandem etwas.

Genau da aber liegt der Hase im Pfeffer: Schulden.

Die sind nämlich so ziemlich das Irdischste, was man sich denken kann. Schon möglich, dass man für seine Sünden im Jenseits bezahlt, vielleicht kann man sie dort sogar stunden lassen und später in langfristigen Raten abzahlen, mit gesalzenen Zinsen versteht sich. Aber hier, in dieser Dimension, die wir das Leben nennen und mit der wir so beschäftigt sind, bleiben die Schulden zurück, wenn man sich vom Acker macht, sie sind gewissermaßen der Anker, wenn der Becher des Lebens geleert wurde, und irgendjemand muss ihn einholen. Aber wer?

Der Leiter der Bank: Kann man sich an jemand anderen halten als an die Witwe?

Der Kaufmann: Wahrscheinlich nicht.

Das war das Endergebnis; nach heftigem Kopfzerbrechen und endlosem Hin- und Herwenden. Ausgeschlossen, die Schulden unter den Teppich zu kehren, auch wenn ich persönlich nichts lieber täte, sagt der Bankier zu seiner Frau. Aber dann würde bald jeder Zweite einen Abgang machen und kurze Zeit später als jemand anderer wiederauferstehen. Die Bank würde bankrott gehen und ich zum Gespött der Allgemeinheit. Daher muss die Witwe zahlen, sie steht in der Verantwortung.

Das sieht euch wieder ähnlich, zischt seine Frau.

Wem euch?

Euch Machos! Ihr seid doch alle gleich, lasst die arme Lauga für die Schulden dieses Taugenichts bluten.

Also bitte, sagt der Bankier; doch die Frau zieht es vor, mit Kissen, Decke und Laken ins Gästezimmer umzuziehen. Ich bin keine Hure, die sich zu einem Mann legt, der Kriminellen hilft und sich an Kindern und wehrlosen Witwen vergreift, sagt sie mit eiskalter Logik.

Der andere Kriminelle, der Leiter des Supermarkts, braucht sich nicht mit seiner Frau herumzuärgern. Sie kommt wie er aus der Stadt, und ihr ist alles und jeder in diesem Ort scheißegal, diesem Nest, diesem hinterletzten, verfrorenen Kaff. Im Supermarkt allerdings arbeitet bekanntlich Frau Sigríður, die unumschränkte Walterin über das Erdgeschoss. Etwa um die gleiche Zeit, da der Chef der Bank unausgeschlafen zur Arbeit kommt, sitzt der Geschäftsführer des Genossenschaftsladens mit einem der wohlhabendsten Großbauern der Gemeinde zusammen. Sie besprechen wichtige Angelegenheiten, paffen dabei dicke Zigarren, blasen Kringel und lassen sich's gut gehen. Da geschieht das Unerwartete: Sigríður steigt hinauf ins Obergeschoss des Marktes.

Bleib ruhig sitzen, Liebchen, sagt sie zur Sekretärin, die ganz verdattert und Böses ahnend zusieht, wie Sigríður die Tür zum Büro des Chefs öffnet und dahinter verschwindet. Zehn Sekunden vergehen. Auch fünfzehn, dann kommt der Großbauer herausgestürzt. Er ist so in Eile, dass er sogar seine Mütze am Stuhlrücken hängen und die qualmende Zigarre im Aschenbecher liegen lässt. Es verstreichen noch einmal zehn Minuten, und obwohl die Sekretärin sogar ein Glas an die Tür presst, versteht sie nichts, hört kaum Stimmengemurmel.

Etwa um die Mittagszeit ruft der Filialleiter den Leiter der Bank an, der aus Dunkelangst in der ganzen Nacht kein Auge zugetan hat; ständig war jemand auf dem Flur vor seinem Schlafzimmer umhergeschlichen. Er hatte Schritte auf dem weichen Teppichboden gehört. So kamen die beiden Honoratioren nun rasch zu dem übereinstimmenden Beschluss, die Witwe zu schonen und die ausstehenden Schulden abzuschreiben.

So kam es, und dreizehn Monate nach seinem Tod haust Ásgeirr ehedem noch immer im Keller des Hakens. Andauernd sterben Menschen, sagt er gallig zu Starkaður und Jónas, die in dem durchgesessenen Sofa in der dunklen Kellerwohnung sitzen, und daher ist, so gesehen, der Tod an sich nichts Bedeutsameres als ein Niesen. Aber sagt mir doch mal, ob ihr noch ein Beispiel dafür kennt, dass ein Vierzigjähriger stirbt und ein gleichaltriger Mann geboren wird, noch dazu im Körper des Verstorbenen. Nein, hab ich auch nicht erwartet. Sicher ein beispielloser Einzelfall in der Geschichte. Draußen in der Welt wäre ich berühmt, mein Bild würde in den Zeitungen erscheinen und das Fernsehen Interviews mit mir machen. Ich bekäme schon allein einen Haufen Geld dafür, nur zu existieren. Hier zeigt kein Mensch Interesse. Alle tun so, als wäre nichts, machen sich noch über mich und meine beispiellose Erfahrung lustig. Ihr zum Beispiel fragt mich, wie es sei, zu sterben. Ja, woher soll ich denn das wissen? Ich bin doch gerade erst geboren worden. Nicht ich bin gestorben, sondern der andere. Nein, keiner interessiert sich für mich und meine einzigartige Erfahrung, bis auf diesen komischen Vogel von Astronom. Aber Einsamkeit war immer schon die Begleiterin der Besonderen.

Russische Kindheit und Gesang auf dem Scheunendach

Dichter haben behauptet, und einige von ihnen sogar mit bemerkenswerter Eleganz, dass nichts schöner sei als die Liebe. Möglicherweise haben sie Recht. Doch wer würde bestreiten, dass die Verliebtheit Einzelner ebensowohl über die Maßen peinlich wie blöd sein kann?

Am Tag, nachdem Starkaður und Jónas Ásgeirr ehedem aufgesucht und sich seine eher dürftige Geschichte angehört haben, denn ihm war mehr daran gelegen, sich über die Teilnahmslosigkeit der Leute ihm gegenüber zu beklagen, als seine Erfahrungen preiszugeben, fordert Jónas Starkaður auf, die Geschichte des Ortsbewohners genauer zu untersuchen und sie dann aufzuschreiben. Doch diesmal predigt Jónas tauben Ohren; Starkaður ist wieder einmal im Wunderland der Liebe verschwunden, wo ein tropfender Hahn zum Wasserfall werden kann und ein Lachen zur rasiermesserscharfen Klinge, die so durch den Leib schneidet, dass die Eingeweide herausquellen und das Blut spritzt. In diesem Zustand kümmern die Menschen den Dichter nicht, und er sinkt zu Boden, wo er sich gerade befindet, ob im Haus oder im Freien, auf dem Berg oder in der Scheune – er sinkt hin und liegt entkräftet da, vollkommen hilflos, und die Wirklichkeit könnte ihm leicht beide Augen auskratzen. Dann kommen wieder andere Stunden, in denen Starkaður unermüdlich umgetrieben wird, hektisch vor Unruhe, panisch vor Liebe. Der alte Jónas sagt, Starkaður sei ein Schaf, gibt es auf, ihm helfen zu wollen, und nimmt sein übliches Tagwerk wieder auf: richtet Türriegel, kontrolliert Weidezäune, schmiert Mähmaschinen. Allerdings geht er recht gebeugt von Arbeit zu Arbeit, mit schweren Schritten. Nach dem Mittagessen döst er ein Stündchen, wacht dann auf und liest. Ich meine, damals wäre es Maxim Gorkis *Meine Kindheit* gewesen, der erste Band der Autobiografie dieses eifrigen, aber empfindlichen Russen. Jónas las es seit seinem Erscheinen 1947 jedes dritte Jahr wieder. Manchmal ist Sæunn bei ihm, hat viel zu erzählen und schert sich nicht darum, ob ihr Großvater zuhören möchte oder nicht. Bis es so weit kommt, dass Jónas das Buch sinken lässt und sagt: Ach, meine kleine Sæunn, du plapperst so viel, dass ich Kopfschmerzen bekomme.

Darauf vergehen zwei Stunden in Schweigen. Nur das Rascheln von Seiten ist zu vernehmen und hin und wieder ein unterdrücktes Kichern von Jónas.

Als der Tag schon fortgeschritten ist, nimmt er die Brille ab, reibt sich die Nasenwurzel, blinzelt in den Nebel, in dem sein Enkelkind sitzen muss, und sagt: Jaja, meine kleine Heldin, sollte der Kaffee nicht so weit sein?

Sæunn blickt langsam auf, stöhnt leidend und gibt zurück: Ach, Opa, du redest so viel, dass ich Kopfschmerzen bekomme.

So ereignen sich große und kleine Dinge. Der Juni vergeht, und zu Recht lässt sich sagen, dass am ersten Juliwochenende, als das Reitertreffen stattfindet, die Liebeskrankheit des Dichters ihren Höhepunkt erreicht.

Am Freitag sitzt Starkaður auf dem Firstbalken der Scheune und singt zu nicht identifizierbaren Melodien die schönsten isländischen Liebeslieder, so falsch, dass es in den Ohren wehtut. Manchmal grölt er zotige Texte, manche noch zweideutig, andere mehr als eindeutig, zu bekannten Kirchenliedern, und dabei mangelt es nicht an falschen Tönen. Als Jónas und Þórður zu ihm hinaufrufen, singt er nur noch lauter und unverschämter; lacht, als sie drohen, ihn vom Dach zu schießen. Nach zweistündigem Abhalten derartiger Gesänge hat Þórður genug und steigt aufs Dach, um seinen Bruder herunterzuholen.

Tu ihm nicht weh, sagt Salvör, er versucht sich doch nur ein bisschen in Stimmung zu bringen.

Pah, schnaubt Þórður, den werde ich mal ein bisschen zurechtstauchen, dann wird ihm der Liebesschmerz schon vergehen.

Doch als Þórður oben auf dem First angekommen ist und sich schweißnass vor Höhenangst langsam an Starkaður heranschiebt, steht der Schelm auf und springt einfach vom Dach. Und deshalb tippt er das Reitertreffen nur so eben mit den Füßen an.

Momentaufnahmen eines Reitertreffens in den späten Siebzigern

Der Samstag erhebt sich aus seinem Bett und drömmelt mit schweren Regenwolken vor sich hin. Es weht ein frischer Südwestwind, und die Pferde rennen über den Grasplatz mit stolzen Reitern auf den Rücken. Die Zuschauer sitzen auf den Graswällen drumherum, mustern eingehend die Wolken und sagen ein ums andere Mal: Jetzt geht's los. Das tut den Pflanzen gut.

Aber es regnet doch nicht, was ebenfalls gut ist, denn es ist doch angenehmer, mit trockenem Hintern im Gras zu sitzen, wenn der Sommer bis zu den höchsten Bergen reicht, die Bekassine Sturzflüge vollführt und den Refrain ihrer Schwanzfedern über die Welt verbreitet, der Rotschenkel piept, der Rabe in der Felswand krächzt, und man selbst auf dem Graswall sitzt und dankbar ist, da zu sein. Am Abend ist Ball im alten Gemeindesaal, dem Haus, das einmal groß war, doch mittlerweile als klein angesehen wird. Aber der Geschmack unserer Zeit ist ja auch etwas großkotzig.

Ja, Ball und Stänkereien. Björn auf Hnúkar zum Beispiel bohrt dem Gemeindevorsteher Jón den Finger in die Schulter und sagt laut, er sei ein Idiot und ebenso ein Hemmschuh allen Fortschritts. Jón antwortet, Björn sei ein noch größerer Idiot und obendrein ein Versager, ein miserabler Bauer, der seinesgleichen suche, und ein Luftschlossbauer, der ohnegleichen sei. Dich mach ich fertig, sagt Björn darauf außer sich, und sie wollen aufeinander los, stahlharte Fäuste fliegen lassen, den jeweils anderen zusammenschlagen und mit Titanenkraft in der Luft zerreißen, aber sie sind schon sturzbetrunken, fallen über die eigenen Füße, und aus der Prügelei wird nichts. Doch gegen Mitternacht will das Ungeheuer, der Troll an der Leine, der mit dem Mädchen vom Nachbarhof geht, unbedingt jemanden zusammenschlagen, das sei männlich, das sei so geradeaus, sagt er jedem, der es hören will. Er habe jetzt genug von diesem Memmentum, gibt es denn hier nur noch alte Waschweiber, wo ist noch Heldengeist, verdammte Scheiße, ich hau euch alle kurz und klein, wer will der Erste sein?

So krakeelt der Kraftprotz in der Gegend herum und stößt manchen so vor die Brust, dass er der Länge nach umfällt und flach liegen bleibt. Ja, was denn nu?, brüllt er dann und glotzt den Gefallenen herausfordernd an.

Ólöf von Skógar erbietet sich, den armen Kerl zu beruhigen, zieht eine volle Flasche aus der Jackentasche und fängt an, von den Männern ihrer Heimatgemeinde zu reden. Die seien nämlich noch Männer und keine Jüngelchen, wie alle hier. Guðmundur natürlich ausgenommen. Beim Trinken zum Beispiel. Hier würden sie gerade mal die Zunge eintauchen. Wo sie herkäme, würde man so eine Flasche in vier, fünf Zügen leeren, und das nenne man noch in Maßen trinken.

Mehr ist nicht nötig.

Der Troll ist gut eins neunzig groß und breit wie ein Schrank, seine Arme Zaunpfähle der Extraklasse. Jüngelchen nennst du mich, Frau?, sagt er völlig fassungslos, reißt Ólöf die Flasche aus der Hand und leert sie, ohne mit der Wimper zu zucken, in zwei langen Zügen. Auch hier in der Gegend gibt es Männer, sagt er. Fünfzehn Minuten später kraucht er auf allen vieren, kippt um und schläft ein.

Reiterball.

Die Freundin des Ungeheuers läuft in schwarzen Handschuhen herum. Dunkle Haare, enge Weste mit Blumenmuster, klein und auf den ersten Blick nicht gerade so attraktiv, dass sie jedem Mann den Kopf verdrehte. Doch wenn es ihr in den Sinn käme, die Weste aufzuknöpfen, würden zwei oder drei Bauernlümmel durchdrehen und in die Berge laufen. Dabei trägt sie noch eine weiße Bluse unter der Weste, eine knittrige sogar.

Ich denke nicht an ein Mädchen in enger Weste, stimme nicht einmal meinen Kumpels zu, die einander zuraunen, das wär doch mal was, Mann, so eine anzubaggern und sie mal hier und mal dort zu kneifen, was?! Nein, das ist nicht mein Ding, denn die, in die ich verliebt bin, drückt sich hinten an der Hauswand herum und knutscht einen anderen. Küsst einen anderen, der hässlich ist, kurze Beine hat und ein schäbiges Grinsen. Ich aber habe ein sensibles Lächeln und ein riesengroßes Herz.

So sind die Reiterbälle auf dem Plan.

Die Nacht altert, den Quetschkommoden geht die Luft aus, und draußen am Schafpferch stehen Þórður und Sam. Ich bin meinen Kameraden davongeschlendert, um mit meinem Kummer allein zu sein, bin durch die Wiesen gestreift und setze mich jetzt ins Gras, nahe bei den beiden, die singen, dass man alles vergisst. Sie verbinden den einlullenden Rhythmus Afrikas mit der Schwermut des Nordens, und diese Mischung zaubert Starkaður aus dem Zauberland der Liebe zurück. Auf einmal ist er da und stapft den Takt, indem er abwechselnd die Füße hebt. Von seiner Verstauchung lässt er sich nicht abhalten, sondern tritt leise auf, hebt ein Bein, drei, vier Sekunden lang, lässt es sinken und hebt das andere. Es ist, als wäre der Tänzer ebenso wie die beiden Sänger von einer tiefen Freude und stillen Traurigkeit ergriffen. Ich sehe sie vor mir, in der hellen Julinacht. Ein Bild, das nie verblasst, ein Bild aus Tönen, das sich dem Gedächtnis eingebrannt hat. Zwanzig Jahre sind seitdem vergangen, aber ich brauche nur die Augen zu schließen, und die beiden beginnen zu singen, einer tanzt mitten in der Julinacht, und die Berge strecken sich schweigend in die Wüste.

Bahnt sich etwas an?

Starkaður springt auf dem Wiesenstück unterhalb des Hügels herum, watet durch kniehohes Gras und schlägt mit den Armen wie ein Schwan in der Mauser.

Sieh mal, hatte er zu seiner Nichte gesagt, guck mal, die Wolke da sieht aus wie ein Hund. Ich nehme erst einmal Anlauf im Gras und dann, schwups, hebe ich ab und hole die Hundewolke in die Scheune. Wie gefällt dir das?

Hm, er springt tatsächlich umher und wartet darauf, dass ihm die Gabe des Fliegens unter den Armen wächst. Währenddessen sitze ich drinnen im Wohnzimmer und sehe durch das Fenster zu, wie Starkaður dann und wann unterhalb des Hügels auftaucht, mit den Armen rudernd wie mit weichen Schwingen. Ohne dass ich etwas dagegen tun könnte, habe ich wieder begonnen, an das Mädchen aus dem nächsten Tal zu denken, und sehe nur zu verteufelt deutlich vor mir, wie sie sich an dem Typen festsaugte, der das reinste Arschloch ist und ihr bestimmt nichts Schönes gesagt hat. Sie werden zusammen alt werden, ohne dass er ihr jemals etwas Nettes sagt; sie werden fett und lesen niemals Bücher, das steht schon mal fest; dazu musste man doch nur sehen, wie er sich an ihr gerieben hat, wie ein Hengst an der Stute. Hat sie bestimmt festgehalten. Sicher. Ich hätte etwas Schönes gesagt. Du, hätte ich gesagt, Du, ja, was hätte ich sagen sollen, was passt zu ihr, welche Worte, welche himmlische Zier? Du, hätte ich gesagt, oh Du, Du bist, ja, ich hätte etwas sehr Schönes gesagt, ihr ein glitzerndes Geschmeide aus Worten gewoben ... aber sie hat sich an diesen Typen rangeworfen, der mir nicht das Geringste voraus hat. Sollen sie beide zum Teufel gehen! Nein, sie nicht. Lebe wohl, Du, Frau, Du entschwindest zu den Seligen, und ich bleibe zurück, und meine Tage sind Moll-Partien in der Sinfonie des Lebens, aber habt ihr gesehen, wie sie sich aneinander gerieben haben, meine Güte, welche Geilheit!

Oh Leben, denke ich da im Wohnzimmer und ringe mit dem Drachen der Trauer, als Salvör hereinkommt, sich aufs Sofa setzt, *Die Geschichte unserer Welt* von H. G. Wells beiseite legt und meint, in ihren Herzen seien die wenigsten Männer auch nur ein Jahr älter als sechzehn. Es wäre sehr erhellend, wenn man ihre geistige Reife an ihrem Äußeren erkennen könnte: Jungengesichter, manchmal frech wie Dreck und unverschämt, manchmal schüchtern und dann wieder wie ein nasser Sack, der sich über die Erde schleppt! Kein Wunder, dass die Welt ist, wie sie ist, mit solchen Typen am Ruder. Verstehe nicht, wieso wir sie in den Händen solcher Bengel lassen, du?

Ich sage nichts, finde es aber leicht betrüblich, dass man mir nicht den zehrenden Liebeskummer ansieht.

Etwas später kommt auch Sæunn herein und sagt, Starkaður liege unten auf der Wiese und das Gras wachse durch ihn hindurch.

Was du nicht sagst, meint Þórður und gähnt von einem Ohr zum andern. Ich schüttele die Trauerbürde ab und schlendere zur Wiese hinab. Starkaður liegt im Gras.

Was liegst du denn da?

Ich liege hier und verwandele mich in Gras. Es gibt wenig Edleres.

Es gibt Kaffee.

Als ob das den Kosmos interessierte. Glaubst du, die Weite des Alls käme zum Kaffee, nähme sich ein Brot und ein Glas Milch?

Keine Ahnung. Soll ich dir was bringen?

Du?! Was könntest du mir schon bringen? Das Gras bringt mir Vergessen, der Himmel geistige Linderung. Was könntest du mir bringen?

Salvör hat Schmalzkringel gebacken.

Starkaður hebt ein ganz klein wenig den Kopf. Na gut, vier oder fünf, aber auf keinen Fall mehr.

Ich habe gerade fünf duftende Kleinur in eine Schachtel gepackt und will rasch zu Starkaður zurück, ehe ihn das Große Vergessen verschluckt, doch wer kommt da auf den Hof gefahren, wenn nicht Óli auf Skógar, der Musterbauer? Fährt auf den Hofplatz und steht schon wie hingepflanzt da, fast ehe das Auto zum Stehen gekommen ist. Er hat's eilig. Nein, danke, keinen Kaffee. Frische Kleinur? Eigentlich gern, aber es gibt etwas Wichtiges zu tun. Wo ist Starkaður?

Unten auf der Hauswiese, sagt Þórður, warum fragst du?

Óli, atemlos: Ich habe eine Idee.

Þórður: Was für eine Idee?

Óli: Dass man etwas tun muss, und zwar schnell. Unten auf der Wiese, sagst du, und was macht er da?

Þórður: Soweit ich verstanden habe, wird er gerade zu Gras.

Salvör: Sicher ist es leichter, Gras zu sein als ein Mann.

Óli und Þórður werfen Salvör einen irritierten Blick zu, doch die lächelt bloß, geht in die Küche und füllt Kaffee in die Thermoskanne. Dann marschiert Skógar-Óli die Wiese hinab, mit Kaffee und Schmalzkringeln und einem bestimmten Plan im Kopf. Ich stehe an der Hofecke und sehe dem Musterbauern nach. Es ist ein Sommertag, schwere Wolken segeln über den Himmel, ein leiser Wind steckt seine Nase ins saftgrüne Gras, eine Uferschnepfe flattert mit hängenden Läufen vor dem Skógarbauern davon und ruft traurig. Ich erinnere mich genau an diesen Sommertag. Die Uferschnepfe über Óli auf Skógar ist zu hören, auch gedämpfte Stimmen durch das Küchenfenster, in der schnuppernden Brise. Þórbergur gähnt und rollt sich vor der Scheune zusammen. Ich gehe ins Haus, drehe mich aber auf der Schwelle noch einmal um. Óli ist nicht mehr zu sehen, der Abhang des Hügels verdeckt ihn, und doch sehe ich alles so klar und deutlich vor mir. Zwanzig Jahre später schließe ich die Augen, und da stapft Óli die Wiese hinab, steifbeinig und mit schaukelndem Gang, und es ist still, bis auf die Schnepfe, den Wind und das Summen der Zeit.

Ein tüchtiger Bauer verdeckt die Ewigkeit

Da sind die Freunde, auf der grünen Wiese unter bedecktem Julihimmel, der Fluss strömt in der Ferne dahin, eilt dem Meer zu und fließt dort mit dem Unermesslichen zusammen. Ebenso strömen die Tage, verschwinden mit allem, was sie beinhalteten. Bis auf das, was im Netz der Erinnerung hängen bleibt.

Hm, sagt Óli.

Setzt sich ins Gras, schüttet Kaffee in den Deckelbecher, und die beiden trinken abwechselnd und mümmeln Schmalzkringel. Als Starkaður zwei verputzt und den dritten angebissen hat, beginnt er vom Großen Vergessen zu berichten.

Óli, sagt er und spricht von Selbstvergessen. Was das denn nun wäre. Nun, sieh mal, da war einmal dieser Mann, der ausradiert werden wollte, sein Verstand sollte erlöschen. Der ersehnte sich zum Beispiel Vergessenheit. Er klettert auf die höchsten Gipfel der Alpen, redet mit den Naturgeistern und will sich dann in den Abgrund stürzen, sich zerplatzen und zermatschen lassen wie Tomaten, die aus vielen hundert Metern Höhe fallen.

Óli: Was hat er gemacht?

Starkaður: Er ist nicht gesprungen, denn jetzt kommt ...

Óli: Nein, was hat er gemacht? Ich meine beruflich? Irgendwas muss er doch gemacht haben.

Starkaður lässt sich wieder rücklings ins schwer duftende Gras sinken, verschränkt die Hände unter dem Nacken und sieht zu den treibenden Wolken hinauf.

Ach, das meinst du. Er war ein Adeliger. Lebte in einem Schloss voller kopfloser Gespenster.

Óli: War also ein Nichtstuer.

Starkaður: Nein, überhaupt nicht. Er hat viele verschiedene Dinge getan, war auch ein Dichter, von Weltschmerz geplagt.

Óli: Ach, so einer! Einer von den Kerlen, die auf Bergen in der Fremde Schuhe verschleißen, anstatt zu Hause zu arbeiten. Ich bin sicher, da wäre genug zu tun gewesen. Ich habe gehört, diese Schlösser wären sehr feucht. Da kann viel verderben.

Starkaður: Du verstehst das nicht. Der Mann war innerlich zerrissen von Liebeskummer und Weltschmerz, ein großer Dichter, ein großer Mann, und du solltest einmal die Würde über dem Ganzen sehen. Ein Großer des Geistes, eigentlich ein Held, steht auf einem Berggipfel, die Trauer hat ihn todwund gemacht, er fordert die Geister heraus, zu ihm zu sprechen, und um ihn herum nur Abgründe, Trauer und Tod. Mit einem Wort: Großartig.

Óli: Bei mir zu Hause gilt es nicht als Großtat, auf einen Berg zu klettern, nur um sich dann wieder herabzustürzen. Und wer soll hinter ihm sauber machen? Daran denken solche Kerle nicht. Die Geister zum Gespräch herausfordern, sagst du. Weißt du nicht, was da in Wahrheit los ist? Dieser Taugenichts ist so kaputt von der Kletterei, dass er Halluzinationen hat. Ein Faulpelz ist k.o., und du nennst das Poesie. Er hätte besser mal was Nützliches getan, wo er schon da oben herumkraxelte, und sich nach verirrten Schafen umgesehen.

Starkaður: Schafe!

Óli zuckt mit den Schultern: Ausland oder nicht, Schafe gibt's überall, und sie schaffen es immer wieder, sich in Schwierigkeiten zu bringen.

Starkaður richtet sich auf einen Ellbogen auf: Óli, da ist dieser Titan des Geistes, durch und durch von Kummer zerfressen, das großartige Aufbegehren des Genies, und du willst, dass es nach Schafen sucht! Eine der größten Leidensgeschichten der Weltliteratur, aber du willst, dass er Schafe hütet!

Óli, besänftigend: Er muss sie ja nicht gleich hüten – so viel Verantwortung wäre ihm eh nicht zuzutrauen –, aber es wäre auch nicht zu viel verlangt, wenn er sich mal ein bisschen umgesehen hätte. Da hungert vielleicht ein Schaf, und der Kerl zerfließt in Selbstmitleid! Das hättest du nicht getan, Starkaður, ich kenne dich doch. Nein, mein Freund, ich glaube, da war einer unterwegs, der zu viel Muße für die eigene Nabelschau hatte. Ehrliche Arbeit hätte in dem Fall viel ausgerichtet, sie hätte das Blut gereinigt.

Starkaður: Das ist echt klasse! Manfred unterdrückt seine Leiden und Existenznöte, indem er den Stall ausmistet. Eine der Perlen der Literatur landet auf dem Misthaufen. Jetzt reicht's aber.

Sie schweigen. Óli gießt Kaffee nach, auffallend selbstsicher. Er schlürft den Kaffee und unterbricht das Schweigen mit einem: Na, lass mal gut sein, rupft einen Grashalm aus und kaut darauf herum.

Óli: Übrigens, wolltest du dich nicht in Gras verwandeln?

Starkaður: Mach dich nur über mich lustig! Aber hier liege ich und leide.

Óli: Du bist also verknallt.

Starkaður: Du drückst dich heute wieder so feierlich aus.

Óli: Ich kann mich nicht so ausdrücken wie du. Weißt du noch, wie ich letztes Jahr als Bauer fast vor die Hunde gegangen wäre, nur weil ich meiner Ólöf nicht geradeheraus sagen konnte, was los war? Und da kamst du und hast mir geholfen. Starkaður, du kannst auf alles eine Antwort geben, du kennst dich mit Wörtern aus, du hast mir geholfen, jetzt hilf dir selbst!

Starkaður: Worte sind Schwächlinge.

Óli: Also manchmal kannst du richtig Stuss von dir geben. Guck dir zum Beispiel meine Ólöf an, sie hebt das Gedicht noch immer an einem sicheren Ort auf. Du weißt schon, das Gedicht, das du für mich geschrieben hast, und – kein Wort darüber zu jemand anderem – schon zweimal bin ich dazugekommen, als sie wieder darin las, und sie hat mich mit brennend heißen Augen angesehen, und ich konnte gerade noch die Schlafzimmertür abschließen, damit Mama uns nicht überraschen konnte. Beim zweiten Mal hat sie mir das Hemd vom Leib gerissen – du hältst die Klappe darüber! –, aber so, wie ich hier sitze, reißt sie mir das Hemd vom Leib, dass die Knöpfe abspringen und wer weiß noch was. Stell dir das vor! Und da sagst du, Wörter wären Schwächlinge.

Starkaður lächelt matt: Nein, Óli, ich fürchte, diesmal helfen mir keine Worte; sie sind irgendwie machtlos. Was Byron angeht, hast du wahrscheinlich Recht. Er war vor allem ein autistischer Aristokrat, der normale Leute nur von weitem sah. Das Einzige, was er zu seinem Vergnügen hatte, waren Worte; aber wenn's drauf ankommt, was sind Worte dann im Vergleich zum Schweigen?

Óli trinkt den Becher leer, schraubt ihn auf die Thermoskanne und erhebt sich: Hab ich's mir doch gedacht! Dann machen wir's auf meine Art. Also, komm auf die Beine, jetzt wollen wir dir die Nichtsnutzigkeit austreiben. Das bringt doch nichts, hier herumzuliegen und Löcher in die Luft zu starren. Du musst kämpfen. Das Ganze ist ein harter Kampf.

Starkaður, wütend: Dein harter Kampf kann mich mal! Es geht mir gut hier im Gras. Verschwinde, du verdeckst mir die Ewigkeit.

Óli: Hör auf zu greinen, Bursche, jetzt wird gearbeitet! Auf, mein Freund, denn du bist wirklich mein Freund, und jetzt wirst du reinhauen, bis dir die Finger bluten und die Nägel brechen, ja, bis dir die Arme abfallen und die Füße unter dir einknicken; bis du nicht mehr weißt, wo vorne und hinten ist. Du kommst jetzt mit mir und schuftest dir die ganze Grübelei vom

Leib, du sollst so müde werden, dass du nicht mehr piep sagen kannst. Danach wirst du nur noch lange schlafen, und wenn du endlich aufwachst, bist du drüber weg. Da bin ich mir sicher. Ich habe lange darüber nachgedacht, und so machen wir's jetzt.

Sie gehen zum Haus zurück.

Óli aufrecht und entschieden, Starkaður mit hängendem Kopf an seiner Seite. Eine halbe Stunde später steht er auf dem Scheunendach von Skógar.

Er streicht das Dach an.

Dann nimmt er den alten Heuwagen auseinander, spitzt hundertfünfzig Zaunpfähle an, räumt den Schuppen auf und scheuert den Melkstall – alles Arbeiten, die Óli liebend gern selbst übernommen hätte. Doch Óli ist ein echter Freund, und wenn es Starkaður hilft, opfert er mit Freude viele schöne Aufgaben. Und Starkaður arbeitet, schuftet und malocht. Haut einhundertundfünfzig Zaunpfähle zurecht, und die Hände platzen vor Blasen, aber was soll's, meint er zu Ólöf, geht zu dem großen Stück nackter Erde, von dem man Grassoden abgeschält hat, und fängt damit an, Steine aus dem Boden zu roden. Große wie kleine Steine reißt er aus dem Schoß der Erde, wirft sie auf den Hänger, karrt sie weg, lädt sie irgendwo ab, kommt zurück und füllt den Hänger aufs Neue, wieder und wieder, denn der Acker ist groß und viele Tonnen Steine stecken darin, aber die lange Bohnenstange von Starkaður, dessen lange Arme nicht sonderlich muskelbepackt sind, hebt einen nach dem anderen auf, sogar die richtig großen Brocken, sodass ihm dabei die Beine wackeln, die langen Arme zittern, und er mit zusammengebissenen Zähnen und nass geschwitzten Haaren zum Hänger wankt. Auf die Weise vergehen sechs Tage, und der Dichter ringt mit seiner Schwäche. Manchmal ist das Wetter gut, manchmal nicht. An einem Nachmittag bläst ein steifer Wind und peitscht dem Steineschlepper seine Regenschauer ins Gesicht, doch Starkaður bückt sich nur nach noch mehr Steinen, mit eingerissenen Nägeln, aufgeschürfter Haut und gequetschten Fingern, aber das alles spielt keine Rolle; er quält sich ab und leidet. Óli weiß das und greift nicht ein, obwohl es manchem zu viel wäre, den Dichter dort auf dem Steinacker wühlen und über die eigenen Beine straucheln zu sehen.

Willst du den Jungen umbringen?

Doch Óli lächelt nur und gibt zurück, Starkaður sei ein zäher Hund, das sei ihm vielleicht nicht anzusehen, aber wenn es drauf ankäme, würde er nicht nachgeben. Ein Tag nach dem anderen vergeht, die Leute im Kuhstall erwachen, sehen hinaus, und da ist Starkaður schon auf dem Feld; es wird Abend, die Menschen gehen zur Ruhe, aber der Dichter rackert sich noch draußen ab.

Der siebte Tag bricht an.

Gegen vier klingelt das Telefon, zweimal lang, einmal kurz, einmal lang, und die Bäuerin auf Melholt teilt Ólöf mit, dass Starkaður wie tot daliege, jedenfalls könne sie keine Regung an ihm sehen. Ganz richtig, am siebten Tag ging der Dichter zu Boden. Þórður kommt seinen Bruder holen, nimmt ihn mit nach Hause und trägt ihn in sein Zimmer, wo Starkaður in einen tiefen Schlaf fällt. An der Wand über dem Bett hängen die Porträts anderer Schriftsteller: Hamsun und Giono, Martin A. Hansen und Heinesen, Þórbergur und Ólöf frá Hlöðum, Tom Kristensen und Bulgakow, Benedikt Gröndal und Jónas Hallgrímsson und dann noch Óli das Strichmännchen, das Sæunn gezeichnet hat. Die Dichter und Óli Strichmännchen blicken auf den schlafenden Starkaður herab, und er schläft den ganzen siebten Tag, die folgende Nacht und auch noch den halben achten Tag.

Ein Dichter schuftet auf dem Feld der Sprache

Starkaður schläft. Doch er kommt nicht zur Ruhe; im Traum steht er nämlich winzig klein auf dem großen Acker, über dem sich ein bleigrauer Himmel wölbt. Er bückt sich und versucht, einen Stein dem Griff der Erde zu entringen, doch der rührt sich nicht. Starkaður richtet sich auf, hält sich das lahme Kreuz, schließt die Augen und schwitzt unter der Stille. Als er wieder nach unten blickt, hat sich der Boden in die Sprache verwandelt.

Na klar, denkt Starkaður.

Die Sprache dehnt sich weit, verschwindet, überall mit Buchstaben besetzt, hinter dem Horizont. Die Buchstaben sind nicht größer, als dass sie in die hohle Hand passen. Starkaður lacht. Ha, ha, ha. Er fühlt sich so erleichtert, dass er lachen muss, und das Lachen steigt aus der Tiefe seines Schlafs und klingt noch als dumpfes Murmeln von seinen Lippen. Dann legt der Dichter los. Er will die Buchstaben zu Worten sammeln, sie zu Haufen legen und sich so an das Erwachen herantasten. Starkaður bückt sich, packt willkürlich einen Buchstaben. Sieh mal an, der rührt sich nicht. Zwei Nägel bricht er sich ab, aber der Buchstabe steckt unverrückbar fest in der Sprache. Da wird Starkaður nachdenklich. Er fegt die Erde um den Buchstaben beiseite und sieht, dass er Wurzeln hat, die ihn in der Tiefe mit anderen verbinden. Er bricht das Sammeln und Aufstapeln ab und beschließt, nur für einen Satz etwas einzusammeln, für einen kurzen Satz, der das Wesentliche enthält. Die Zeit vergeht, und Starkaður müht sich damit ab, Buchstaben für ein paar Wörter zusammenzubekommen. Weitere Nägel brechen, die Haut hängt ihm in Fetzen von den Händen, die Knie sehen aufgeschlagen aus den Hosenbeinen hervor. Wer so mit der Sprache ringt, muss am Ende doch mehr ernten als die Süße der Mühe, das Glück der Erschöpfung. Die Zeit vergeht, Starkaður kämpft, er blutet auf die Sprache.

Als die Frau des Doktors die Milch auskippte

Wahrscheinlich hat er nichts weiter, außer erschöpft zu sein. Sagt der Arzt, der sich eine Weile über Starkaður beugt, nachdem er auch den zweiten Tag verschlafen hat und sich nicht aufwecken lässt. Uns war es sicherer erschienen, den Arzt kommen zu lassen, um einen Blick auf die Abschürfungen und das andere zu werfen.

Der Junge ist einfach kaputt, völlig erledigt. Ich versorge die Wunden an den Händen, den Rest erledigt der Schlaf, meint ihr nicht?, fragt der Arzt.

Schwer zu sagen, meint Þórður, aber du nimmst doch Kaffee?

Das tut der Arzt, trinkt mit uns Kaffee, und als er sich zu uns an den Tisch setzt, auf dem Brot, Kleinur, Napfkuchen, Kranzkuchen und eine ganze Schokoladentorte aufgefahren wurden, fragt er, ob Starkaður vielleicht dabei sei, an Liebe einzugehen.

Tja, Liebe, sagt Þórður darauf, ist das nicht eine Art Herz- und Gefäßerkrankung?

Hohoho, lacht der Doktor, dieser gebildete Mann, hohoho, nimmt die Brille ab, reibt die Nasenwurzel und fährt sich durch das dünne Haar. Hohoho, lacht er in jenem zwanzig Jahre alten Monat Juli, und alles läuft vor meinem inneren Auge noch einmal ab, während ich hier am Schreibtisch sitze, zu meiner Rechten ein dunkler Bergstock unter einem langsam blau werdenden Himmel. Ich höre die Stadt erwachen, massiere das lahm gesessene Kreuz, irgendwo jault ein Polizeiwagen mit Blaulicht aus der Stadt, vielleicht soll die Natur verhaftet, zum Verhör abgeführt, ins Gefängnis geworfen werden. Aber wie gesagt, vor mir läuft alles noch einmal ab: Auch wie die Frau des Doktors – Sigmar heißt er –, wie Sigmars Frau also nach Amerika verschwand, nach ihrem peinlichen Fehlverhalten auf dem Ball, jenem Þorrablót, von dem früher schon die Rede war, und nachdem sie kurz darauf betrunken im Supermarkt aufgetaucht war. An einem ganz gewöhnlichen Werktag.

Winter war es noch, harter Frost, Schneetreiben, und sie erschien in langem, rotem Kleid, ärmellos, und in Gummischuhen; kommt gut aussehend und lachend mit blau gefrorenen Bäckchen aus der Kälte zur Tür herein, aber mit Augen, bodenlos wie ein tiefer Sumpf. Kommt rein, sagt Hallo, geht zur Kühltheke und beginnt die Milch auf den Boden zu kippen. Ja, die Milch schwappt über den Fußboden, zwei Verkäuferinnen und eine Frau mit Einkaufswagen sehen verblüfft und ein wenig erschrocken zu, wie diese feine Dame die Milch auskippt, und lachen.

Will denn niemand etwas tun, fragt die Kundin schließlich, als die Frau Doktor schon wenigstens vier Liter ausgeschüttet hat. Wahnsinn, wie weit die sich verteilen! Eine der beiden jungen Angestellten springt los und kommt zwei Liter später mit Frau Sigríður zurück.

Sie ist eine Frau, die das Verbum zögern nicht kennt. In vier milchweißen Schritten steht sie neben der Frau des Doktors, nimmt sie bei der Schulter und sagt wie eine lang studierte Psychologin: Na komm, meine liebe Alma. Denn so heißt die Gattin des Doktors. Und Alma hält mitten im siebten Liter inne und bricht in Tränen aus. Da steht sie in langem, rotem Kleid und schwarzen Gummigaloschen, von Milch umflossen, und weint hemmungslos. Frau Sigríður streichelt sie mit grober, aber weicher Hand und murmelt: Das wird schon wieder, du wirst sehen, das kommt alles wieder in Ordnung.

Aber so schnell kam es doch nicht wieder in Ordnung, und deshalb fuhr Alma nach Amerika, und auch im Leben des Doktors ereignete sich manches Erzählenswerte, und es würde sich durchaus lohnen, ein bestimmtes Kapitel aus dem Leben dieser beiden wieder auszugraben; aber ich darf der widerspenstigen Erzählung nicht so die Zügel schießen und sie laufen lassen, wohin sie will, und deshalb frage ich: Was hat Starkaður aus dem umgepflügten Acker der Sprache gegraben?

Starkaður Ernte

Starkaður schläft unter den Augen der Dichter und von Óli dem Strichmännchen. Aber er liegt nicht einfach nur in seinem Bett, sondern auch in einer tiefen Traumwelt, liegt dort ausgepowert, mit abgebrochenen Fingernägeln und aufgeschürften Knien neben dem, was er eingefahren hat. Viel ist es nicht. Obwohl er sich bis aufs Blut verausgabt hat, ist es dem Dichter nicht einmal gelungen, auch nur ein vollständiges Wort zusammenzubringen, denn er ruht da, völlig erschöpft, neben vier Buchstaben:

I – L – K – A

O weh, Starkaður.

Hast du etwa in die Sprache geblutet, nur um am Ende diesen Wohlklang aus vier Buchstaben zu finden?

Oder ist es eine Abkürzung und sollte heißen:

Ich Liebe Keine Andere?

Oder hat dir etwa nur am Anfang ein M gefehlt?

Ganz nett, aber hätte man von Starkaður nicht etwas anderes erwartet? Dass er über Slogans und Klischees hinauskäme? Wie auch immer, schmähen wir den Mann nicht, wie er da noch ganz erledigt in der Sprache ruht, neben den Buchstaben, die nicht einmal ein gescheites Wort bilden, machen wir ihn nicht schlecht, lassen wir ihn erst einmal zu sich kommen. Reden wir nicht hinter seinem Rücken, sondern fragen danach, wie es weitergeht, denn der Sommer, der ist zweifellos weitergegangen.

Ist es nicht verständlich, dass es mir manchmal die Sprache verschlägt und ich nicht mehr weiß, wo es langgeht?

Der Sommer schritt voran, und die Gemeinde leuchtete in seinem Sonnenlicht und verschwand in seinen Regenschauern. Der Wind schlummerte draußen auf dem Meer, nur einmal blies er leere Schubkarren von den Misthaufen. Ein Kalb bekam Durchfall, ein anderes lahmte, dem dritten stieß nichts zu. Sommertage voller Geschäftigkeit. Zaunpfähle verrotten am Draht, und es muss nach ihnen gesehen werden. Das Gras wächst, unter dem Heuwender bricht ein Rad, ein Hund wird zum Schafehüten abgerichtet. So könnte ich weitermachen: Kinder kamen zur Welt oder wuchsen im Mutterleib heran ... Da fällt mir so manches Paradoxe ein. Wollen mal sehen: Weniges ist so alltäglich wie eine Geburt, trotzdem ist auch nichts außergewöhnlicher. So sind das Gewöhnliche und das Ungewöhnliche ein und dieselbe Sache; ist es angesichts solcher Verhältnisse nicht verständlich, dass es mir manchmal die Sprache verschlägt und ich nicht mehr weiß, wo es langgeht?

Der Sommer aber schritt voran.

Jetzt, wo ich darüber nachdenke, sehe ich, dass dieser Sommer zunächst bedeutend weniger denkwürdig erschien als der vorhergehende, in dem Gemeindevorsteher Jón seine poetischen Anschlagtafeln aufgerichtet hatte, das Kulturfestival mit Starkaðurs Gedichten und dem Chor auf dem Lieferwagen des Genossenschaftsladens stattfand, und heftigste Verliebtheit Óli auf Skógar beinah um Kopf und Kragen gebracht hätte, ehe Ólöf mit ihm über den Pass kam. All das und vieles mehr hatte die Gemeinde im Lauf des vorangehenden Sommers miterlebt, und es war kaum etwas zu wünschen übrig geblieben. Außer dass der ganze Sommer wie ein riesiges Kreuzfahrtschiff langsam in die Vergangenheit treiben und all die Ereignisse wie ein unablässiges Feuerwerk über ihm aufsteigen mögen.

Aber halten wir uns nicht länger bei müßigen Spekulationen und leichtgewichtiger Philosophie auf, umkreisen wir nicht länger den liebeskranken Starkaður, nein, verweilen wir nicht länger, die Zeit drängt, Veränderungen kündigen sich an.

Ein gelbes Auto kommt aus den Wolken

Fleckige Wolkenbänke segeln über den Himmel, berühren die höchsten Gipfel, der Wind pfeift in den Klüften, wirbelt im Laub der Bäume, und auf den Hochweiden wachsen die Lämmer. Sommertag, doch einige Wolken sind blau vor Kälte. Es ist Juli, und das Fernsehen hat Sendepause. Die Fernsehapparate sind in die Ecken geschoben, und es dauert noch ein paar Jahre, ehe ihre Herrschaft anbricht. Die Heuernte rückt näher, bald wird die Gegend vom Schnurren der Heuwender summen, vom Rattern der Mähmaschinen und den taktfesten Geräuschen der Heubinder, ja, bald, aber noch liegt so etwas wie Schläfrigkeit über allem, als würden die Leute noch ein Nickerchen halten, um Kräfte zu sammeln. Kein Mensch ist draußen zu sehen, vielleicht strolcht ein Hund über den Hof, sonst nichts. Man unterhält sich mit gedämpfter Stimme, legt Arme und Oberkörper auf den Küchentisch und hört dem Fortsetzungsroman im Radio zu, steht am Fenster und blickt hinaus in die Helligkeit, ein fast graues Licht, aber die Wiesen leuchten intensiv grün zwischen den Gräben. Es dürfte etwa um den 10. Juli sein, bald kehrt das Nachtdunkel aus seinem Exil zurück, bald wird der Himmel wieder tiefer.

Jetzt aber ist heller Tag und alles ruht.

Ich döse vor mich hin, höre Salvör und Jónas wie in weiter Ferne miteinander reden. Þórður lernt das Gedicht »Der Unglaube« von Stephan G. Stephansson auswendig, und Sæunn bringt ihrem Brüderchen das Sprechen bei. Sag mal ich mag nicht, sag mal Gesundheit. Starkaður ist oben in seinem Zimmer und hat keine Ahnung, dass das Schicksal längst seine ganze Geschichte geschrieben hat. So vergeht der Tag. Eine graublaue Wolkenbank senkt sich schwer auf den Pass, verschluckt die Berge, saugt die Heiden auf und bedeckt vollständig den Himmel im Süden.

Da passiert es.

Aus der düsteren Wolke kommt ein gelbes Auto.

Ein amerikanischer Pick-up.

Er fährt schnurstracks an Gilsstaðir und Öxl vorbei, wo Örn neugierig aus dem Haus gelaufen kommt, biegt vor Bátsendar nach links, vorbei an der Einmündung des Hamrartals, rauscht an Tunga und Hóll vorüber und nimmt schließlich die Auffahrt nach Hnúkar. Ein kreischgelber amerikanischer Pick-up, der durch einen verschlafenen, gewöhnlichen Mittwoch prescht und dem zwei Männer entsteigen, der eine mit Baseballkappe, der andere ohne. Sonst sehen sie einander ähnlich. Beide sind etwa mittelgroß, in weißen Overalls, mit behäbigem, bärentapsigem Gang. Sie verschwinden im Haus, und alles beruhigt sich wieder. Allerdings nur oberflächlich, denn die schnelle Fahrt des Wagens hat einen gelben Strich in den Köpfen der Leute hinterlassen, und viele Ferngläser sind in der Luft. Was sind das für Männer? Keiner weiß etwas, und der Tag vergeht voller Fragen. Die beiden erscheinen in Begleitung Björns wieder vor der Tür, es wird ums Haus geschritten, ausholend gestikuliert, Björn sieht man die Auffahrt hinabweisen, der mit der Mütze nimmt sie ab und kratzt sich im Nacken. Dann gehen sie zum Auto und beginnen, etwas ins Haus zu tragen, irgendetwas Kleines, und es wird Abend. Die Kühe trotten den Höfen zu, und die Milch quillt fast aus den Eutern.

Was sind das für Männer?

Früh am nächsten Morgen, kurz vor den Acht-Uhr-Nachrichten, erscheinen sie wieder auf dem Hof, in weißen Overalls und mit breiten Gürteln mit Werkzeug um die Hüften. Der eine mit Kappe. Die Bäuerin auf Eiríksstaðir, die einen Adlerblick hat, behauptet, der, der heute die Mütze aufhabe, sei der Barhäuptige von gestern. Merkwürdig, wenn es denn stimmt. Der jetzt Unbedeckte knallt einen Kassettenrekorder auf die Motorhaube des Wagens, und in den nächsten Tagen trägt der Wind Fetzen sehr poppiger Musik zu den Nachbarhöfen hinüber. Die Männer arbeiten, sie scheinen kräftig reinzuhauen, sind dabei aber fröhlich, und der Rekorder trällert muntere Lieder. Jippije, schubidu und hoppedihei. Die ersten zwei Tage summt die Frau des Hauses, Munda, selbst mit, freut sich über die Abwechslung und wird sogar ein bisschen übermütig: In der Küche probt sie ein paar Tanzschritte. Da ruft einer der Männer: Heh, Stimmung! und klatscht in die Hände. Wirklich tüchtige Kerle und darüber hinaus noch zum Singen aufgelegt. Jippi, ruft der eine; juchhuh, antwortet der andere. Nicht übel, solche Männer bei sich arbeiten zu lassen. Der Nachteil ist, dass man wegen ihres Gedudels für die zehn Tage, die der gelbe Pick-up auf dem Hof steht, den Anschluss an den Rest der Gemeinde verliert. Denn jedes Mal, wenn auf Hnúkar der Hörer gelüpft wird, gellen die Musik und die fröhlichen Rufe der Männer durch das gesamte Tal. Es hilft auch nichts, dass Munda ein Handtuch um den Hörer wickelt und es fest anpresst. Dennoch seien Töne hindurch und das ein oder andere Hoppsahi auch. Geht ja munter zu auf Hnúkar, sagt jemand in der Leitung, und Munda läuft puterrot an.

Bjössi, sagt sie zärtlich zu ihrem Mann, können sie nicht mal ein bisschen leiser drehen?

Ach, meine Liebe, so können sie einfach am besten arbeiten. Warte nur ab, das geht vorüber. Was lauschst du auch am Telefon. Das sind doch Hinterwäldlersitten, und so wahr ich Björn heiße, wird dieser Gemeindeanschluss binnen Jahresfrist abgeschafft. Am besten, du gewöhnst dich schon mal daran.

Die Tage vergehen mit fröhlichen Zurufen und Gesang. Die

Männer waren emsig beschäftigt, knipsten mit Seitenschneidern dünne Drähte zurecht, montierten irgendwas am Dachfirst, hoben zu beiden Seiten der Auffahrt Löcher aus. Was war da im Gange? Björn, was ist los bei dir? Björn aber stolzierte lediglich umher wie das personifizierte Geheimnis und kniff die Augen zusammen. Dann haben die Männer ihren Auftrag erledigt und fahren mit dem gelben Auto von dannen, verschwinden über den Pass mit schubidu und jippije, und da herrscht auch endlich trockenes Wetter, und man hat keine Zeit, sich weiter über Björns Anstalten den Kopf zu zerbrechen. Nordwind trocknet die Wolken aus, und sie lösen sich auf und verdunsten. Traktoren tuckern über Heuwiesen, die schwarzen Vorderreifen versinken im grünen Gras, das hinten die rotierenden Sicheln niedermähen, und manchmal schießt ein zu Tode erschrecktes Vogeljunges aus seinen grünen Gewölben, auf der Flucht vor den blitzenden Klingen. Dann stoppt man, steckt den Kopf zum Führerhaus hinaus und ruft: Mach, dass du wegkommst, kleiner Tollpatsch! Ein paar Tage später mampft der Binder das Heu in sich hinein, und am Abend liegen überall die Ballen über die Wiese verstreut. Wie Sommersprossen auf dem Antlitz der Erde. Und eines Abends liegen Starkaður und ich ein wenig k.o. oben auf den gestapelten Heuballen auf dem Hänger, den der Zetor keuchend hinter sich herzieht. Es ist windstill, und Starkaður sagt, ein Dichter sei auch eine Art Heubinder. Sieh doch, der Heubinder saugt das lose Heu auf, kaut es in seinem großen Mundwerk und scheidet es in verdichteten Ballen hinten wieder aus. Stell dir doch nur vor, wie ein Arm voll Heu zu einer dünnen Lage zusammengepresst wird. Genauso verdichtet das Denken des Schriftstellers die verwelkten Tage einer Kette von Ereignissen oder zerstreute, unklare Gefühle zu einem knappen, konzisen Gedicht. Begreifst du? Ein Dichter ist ein Heubinder, der tausend Worte in einem kurzen Gedicht zusammenballt. Ich will dir ein Beispiel geben, ein

Gedicht, das einmal eine Empfindung aus tausend Worten war. Mach die Augen zu, fühl den Abend auf deinem Gesicht, jetzt trillert gerade der Regenbrachvogel, aber hör zu:

Die Spinne,
die zu früh erwachte,
fing nichts als meinen Blick
in ihrem Netz.

Die Bühne weitet sich

Es regnet, und Ruhe breitet sich wieder über die Gegend. Manche finden wieder in den Nachmittagsroman, andere trinken pausenlos Kaffee und gucken aus dem Fenster. Und während regenschwere Wolken über der Welt dräuen, die Pferde dem Wetter das Hinterteil zudrehen und die Vögel schweigen, treibt die Liebe neue Blüten. Starkaður, der seit der Steinlese und seiner Plackerei auf dem Feld der Sprache durchaus wieder zu normalem Umgang mit Menschen fähig schien, legt sich wieder zu Bett.

Þórður: Diese Seuche ist gefährlicher als Tuberkulose, schlimmer als Lepra, hinterhältiger als Krebs, denn während der Körper normal funktioniert, knallt der Verstand durch. Du bist von einem heimtückischen Virus befallen und gehörst in Quarantäne. Und da sollst du auch bleiben, bevor du noch die ganze Gegend und alle Welt ansteckst! Kannst du dir das vorstellen: Die komplette Rote Armee kraucht über die unendliche Steppe, seufzt Frauennamen und fragt die Blumen: Liebt sie mich?

So in etwa knurrt Þórður, während er zwei gekreuzte Latten vor die Tür zu Starkaðurs Zimmer nagelt, und Starkaður liegt im Bett und wundert sich.

Oder doch nicht?

Vier Tage Dauerregen. Starkaður ist von der Virus-Metapher so angetan, dass er bis zur Kreuzung fährt und am Briefkasten ein Sperrholzschild anbringt, auf dem mit roten Buchstaben geschrieben steht: Vorsicht! Fernbleiben! Höchst ansteckende Seuche. Geisteskranker!

Doch während der Dichter herumspinnt und seinen Nabel für den Mittelpunkt der Welt hält, ist ein anderer überaus geschäftig. Jemand, der nicht im Geräteschuppen pusselt, der keine Zeit hat, den Fortsetzungsroman im Radio zu verfolgen, geschweige denn ein Buch zu lesen oder Schach zu spielen. Ein Mann ist es, der mit seiner Tüchtigkeit und Bedeutung hoch über die Fesseln der Gemeinde hinauswächst. Und dieser Mann heißt Björn Skúlason, Bauer auf Hnúkar. Er hat ein paar glänzende Ideen, die dies und jenes ändern könnten.

Der Bauer auf Hnúkar nutzt die Feuchtwetterperiode gut. Brütet nicht über Schachproblemen, hängt nicht über einem Buch, sitzt nicht verliebt in Quarantäne, er hat zu tun, mit gewissen Maßnahmen. Es regnet, du lieber Gott, und wie es regnet! Gemeindechef Jón sitzt gemütlich in seiner Bibliothek und liest *In einem andern Land* von Hemingway, der ein leidenschaftlicher Jäger war und auf alles schoss, was sich bewegte. Am Ende auch auf sich selbst. So geht es eben, wenn man sich nicht mäßigen kann. Der Gemeindevorsteher liest *In einem andern Land* von einem schießwütigen Autor, und in dem Buch liebt eine Frau einen Mann und er liebt sie, es ist Krieg, alles stirbt und ist traurig, sie sagen abwechselnd »Ich liebe dich« zueinander, und trotzdem krepieren weiterhin alle. Deswegen ist Jón traurig, er hockt von seinen Büchern umgeben da und hat dermaßen den Blues, dass er nach Papier und Feder greift und niederschreibt: Es regnet, oh wie traurig ich bin, meine Freude ist dahin, sie irrt regengepeitscht und orientierungslos umher und weiß nicht, wo ich bin.

So weit ist der Gemeindevorsteher niedergeschlagen und voller Poesie. Er liest, und die Melancholie tritt über die Ufer. Jón unternimmt nichts, hat nichts zu tun, schaut nicht einmal aus dem Fenster; die Halme schlagen an die Scheibe, aber selbst da blickt er nicht einmal auf, sondern grämt sich über ein Buch, schnieft über Personen aus Papier, ruft seine Frau und sagt ihr sehr traurig gestimmte Worte über Liebe und tragisches Schicksal. Fällt ihm vielleicht ein, einmal aufzustehen und sich in seiner Gemeinde umzusehen? Möglichkeiten zu erkennen, anstatt über ein Buch zu heulen? Jedenfalls, während Jón seiner Frau von furchtbaren Schicksalen erzählt und Anteilnahme in den Fasern ihres Herzens zu erwecken versucht, verlässt Björn die Gemeinde und fährt über den Pass. Björn hat nämlich Pläne, er ist eine geborene Führungspersönlichkeit, er ist in die Stadt gefahren, kommt aber wieder, und dann werden Dinge ihren Lauf nehmen.

Bjössi ist in den Süden gefahren, er hat dort Wichtiges zu besprechen – mit Abgeordneten, sagt Munda am Telefon. Bjössi hat nämlich Pläne.

Björn Skúlason fährt also den ganzen Weg nach Süden in die Hauptstadt und trifft dort zwei Parlamentsabgeordnete! Im Westland regnet es, doch Björn Skúlason auf Hnúkar befindet sich im Süden und konferiert mit Parlamentariern.

Das ist mit Sicherheit die Nachricht des Jahres, und sie scheucht den Leuten die Regenträgheit aus den Knochen. Manche sind so geplättet, dass sie in Hemdsärmeln aus dem Haus laufen, fragend umherspähen und nicht auf den anhaltenden Regen achten. Dann kommen sie wieder herein, das Baumwollhemd schwer und völlig durchgeweicht, und sagen: Stellt euch das vor! Ich weiß noch, wie Bjössi so ein kleiner Knilch war, später haben wir Brüderschaft getrunken, und einmal hat er mich sogar um Rat gefragt. Und jetzt ist er im Süden und spricht mit den Mächtigen der Nation!

Böðvar auf Fjallabak geht in den Schuppen, der an die Nebengebäude angebaut ist, und blättert ein paar Jahrgänge von *Tíminn* durch, die er zurück bis ins Jahr 1939 noch komplett hat, schaut sich Fotos der beiden Abgeordneten an, schüttelt den Kopf und sagt zu seiner Frau: Vielleicht kommt sogar noch ein Bild von Björn in *Tíminn!*

Eigentlich brauchen die Leute überhaupt nicht so baff darüber zu sein, dass Björn in die Stadt fährt und ein Wörtchen mit den Machthabern des Landes wechselt. Halten wir doch noch einmal fest, dass hier kein Unbeschlagener unterwegs ist. Björn Skúlason: Mit ihm ist ein Mann auf dem Weg, dem nicht der nächste Wiesenhöcker reicht, um sich einen Überblick zu verschaffen. Die ganze Welt, darf man sagen, ist der Hofplatz des Bauern Björn. Wenn sich andere über den Schneefall in der Gemeinde unterhalten, weiß Björn von Lawinen in der Schweiz und heftigen Schneefällen in Tibet zu berichten. Wir Übrigen haben unseren Spaß an Anekdoten von den Raufereien auf dem letzten Ball, Björn redet von Schusswechseln in Brasilien, Verbrechen in Uganda. Die Erklärung für diesen immens weiten Horizont des Hnúkarbauern besteht natürlich darin, dass er seit Jahren Abonnent bedeutender ausländischer Blätter ist, in denen der Puls des Weltgeschehens klopft. Zum aktuellen Zeitpunkt, damit meine ich jenen zwanzig Jahre alten Juli, hat Björn darüber hinaus damit begonnen, sich dicke Monografien zu einzelnen Themen schicken zu lassen. Spannungen zwischen den Großmächten und Reibereien zwischen kleineren Nationen sind Björns Kommunalpolitik, und also ist er jetzt nach Süden gefahren, um den Politikern ein paar Ideen einzugeben. Björn ist kein Bücherwurm und schnieft nicht über die Schicksale von Romanfiguren, er fixiert scharfäugig den Weg und sieht weit voraus. In der Gemeinde hat er kaum seinesgleichen. Den Gilsstaðirbauern könnte man natürlich noch anführen, den Apostel. Ihn sollte man nicht übersehen, diesen Schicksalswalter. Auch er erhält Sendungen aus dem Ausland, Bücher, gelehrte Abhandlungen in Sprachen, die er sich selbst beigebracht oder von seinem verstorbenen Vater gelernt hat. Jahre hat er in der Scheune gesessen und sich Wissen über längst vergangene Dinge angeeignet, Weisheit von Gelehrten, die unter dem Himmel wandelten, lange bevor Island besiedelt wurde. Vergessen wir also den Apostel nicht, obwohl Björn herausragt und in die Hauptstadt gefahren ist, um den Mächtigen des Landes Ratschläge zu erteilen. Übersehen wir nicht, dass der Gilsstaðirbauer mit Gott gesprochen hat. Starkaður kann das bestätigen, und wann hat ein Dichter jemals gelogen?! Der Apostel ist hochgelehrt, das steht fest; doch während er sich in Dinge vertieft, die längst zu Staub geworden sind, während er in die Abgründe der Frühzeit taucht, dort Philosophen ausgräbt, Wissen schürft und auf dem Grund Gott findet, ja, während sich der Gilsstaðirbauer in der Vergangenheit aufhält, kennt Björn die Gegenwart wie seine Handfläche. Manche beschreiben den Unterschied zwischen den beiden Männern so, dass der Apostel ein Brunnen der Weisheit sei, Björn dagegen ein Leuchtturm. Und derjenige, der die Gegenwart besser kennt als irgendwer sonst, muss manchmal Entscheidungen treffen, die auch heftigen Widerstand hervorrufen können.

Das Wort Widerstand ist nicht zufällig gewählt.

Das kommt nämlich daher, dass Björns Umtriebe in jenem Sommer in meinen Worten stattfinden. Jene Abfolge von Ereignissen, die drei oder vier Wochen nach Björns Rückkehr aus dem Süden in Gang kamen. Er ließ sich ausführlich über seine Fahrt aus, und den meisten schien es deutlich, dass große Dinge im Anzug waren.

Doch jetzt muss erwähnt werden, dass etwas südöstlich von Svarfhóll eine kleine Talmulde mit Namen Stóridalur liegt. Dort befand sich lange ein ärmlicher Kätnerhof, der Glæsivellir[1] hieß. Den Widerspruch in der Namensgebung kann ich nicht zufrieden stellend erklären; sei es, dass hier alte Spöttelei

---

[1] Stóridalur bedeutet Großes Tal, und Glæsivellir etwa so viel wie Prächtiger Ort. (A.d.Ü.)

am Werk war oder der stolze Anspruch ehemaliger Bewohner. Jedenfalls wurde der Hof nach dem Zweiten Weltkrieg aufgegeben, doch trotz unermüdlichen Ansturms der Winde und dem zerstörerischen Zusammenwirken von Nässe und Frost in fast vierzig Jahren waren die Hofgebäude in jenem Sommer dank der Sorgfalt und soliden Arbeit, mit denen Grassodenwände stets errichtet wurden, noch ziemlich intakt. Da lag er, verlassen bis auf ein paar Gespenster, die auf der Suche nach Erinnerungen von weither kamen. Von der Straße aus war er gut zu sehen, und ich weiß noch, dass es manchen gut schien, diesen Fußabdruck der alten Zeit vor Augen zu haben. Glæsivellir war nämlich das letzte noch stehende Grassodenhaus der Gemeinde.

Doch die Tage vergehen, und zwei oder drei Wochen nach seinem Ausflug in die Stadt bestellt Björn Örn auf Öxl und das Ungeheuer zu sich. Er erteilt ihnen Aufträge, sagt psst, legt den Finger über die Lippen und sagt psst, zu niemandem ein Wort, davon braucht keiner zu wissen, man muss die Leute nicht unnötig beunruhigen, also psst, denn manchmal muss man für die Masse denken, darüber stehen, dass man sich unbeliebt machen kann, damit die Zukunft ins Haus kommt. Psst. Doch manche lassen sich nicht niederpssten. Gerüchte machen die Runde, und am Tag nach dem Geheimtreffen zwischen Björn und seinen Helfershelfern erhebt sich Starkaður von seinen Liebesqualen: Wie ein Held, der auf den Tod verwundet von seiner Krankenbahre steigt und nicht darauf achtet, ob seine Wunden wieder aufreißen und Blut durch seine Kleider dringt, sondern bleich vorwärts wankt und sagt: Folge mir!

Wohin, frage ich.

Wir besuchen Örn.

Wozu?

Sag ich dir später. Ich habe da so einen Verdacht. Komm, wir fahren!

Örn ist in der Garage, bastelt an einem amerikanischen Spritfresser herum, einem Monster mit weit aufgerissenem Maul, das den Mechaniker bis zur Hüfte verschluckt hat.

Ein Wahnsinnsschlitten, sagt Starkaður kumpelhaft.

Oh ja, antwortet Örn aus dem Motorraum. Er richtet sich auf, hat Schmieröl im Bart. Starkaður beginnt ein Gespräch über Motoren, Örn hört mit geschmeichelter Miene zu und spitzt die Lippen, als wolle er mmhh sagen. Er lächelt fast zartfühlend, als Starkaður kundig Teile des Motors anspricht, legt selbst ein Wort dazu, nickt jedes Mal angelegentlich, wenn die Sprache auf eine Automarke oder Ersatzteile kommt, die er besonders schätzt.

Starkaður: Sechs Zylinder, jaja, das kann man von Björn auch sagen, irgendwie, der hat auch Kraft wie ein Sechszylinder.

Örn, mit unerwartetem Stolz und Eifer: In seinem Herzen ist er Abgeordneter!

Starkaður, muss erst husten: Ach ja, und legt nicht die Hände in den Schoß.

Örn: Absolut nicht, nein, absolut nicht.

Starkaður: Führungspersönlichkeit. Ganz wie du sagst, ein Mann mit Führungsqualitäten.

Örn: Absolut.

Starkaður: Denkt an die Zukunft, anstatt sich in die Vorzeit zu vergraben wie gewisse andere.

Örn: Nein, denn er ist – wie heißt es noch mal? – ja, er ist ein Bahnbrecher.

Starkaður: Bahnbrecher. Sehr gut formuliert! Wirklich. Der die Bahn bricht, fegt das Gerümpel der Vorzeit beiseite, damit die Zukunft nicht stolpert und sich etwas aufschürft.

Örn: Ja, er bricht die Bahn!

Starkaður: Er weiß, dass wir nicht zu Fossilien in der Landschaft werden dürfen wie, ja, zum Beispiel wie ein alter Grassodenhof.

Örn schielt unter die Motorhaube: Ja.

Starkaður: Wir dürfen nicht in ollen Torfkaten hocken bleiben, was Örn?

Örn, ohne aufzublicken: Ich weiß gar nicht, was du andauernd von alten Torfhäusern faselst.

Starkaður: Das ist nur bildlich gesprochen, ich rede doch ständig in Bildern. Sieh mal, der Torfhof steht als Symbol für das engstirnige Bauernstubendenken der Vergangenheit. Nimm zum Beispiel Glæsivellir; vielleicht ist das einer der Grashöcker, über den die Zukunft stolpern könnte.

Örn, verschwindet wieder im Maul des amerikanischen Monsters: Aus mir bekommst du nichts heraus.

Na gut, sagt Starkaður, und wir fahren nach Hause.

Das Gaspedal bis zum Anschlag durchgetreten, jagt der Landrover mit seiner Höchstgeschwindigkeit dahin, einundachtzig km/h auf ebener Fläche.

Ereignisse auf Glæsivellir

Am Morgen darauf sitzen Starkaður und ich auf dem gestampften Fußboden von Glæsivellir, und der Landrover parkt oberhalb des Hofs. Nach dem aufschlussreichen Gespräch mit Örn hat Starkaður ein Spionagenetz in der Gemeinde aufgebaut, in dessen Mitte er saß und von jeder Bewegung bei Björn erfuhr. Etwa, dass am Vorabend der große Deutz nach Öxl hinübergefahren war und dort auf dem Hof abgestellt wurde, mit der bärenstarken Räumschaufel vorn anmontiert. Björn hatte sich den Schlepper letzten Winter gekauft, und die halbe Gemeinde war zu Besuch gekommen, um das Kraftpaket zu bestaunen. Derart stark, der Führersitz fast so bequem wie ein Sofa, mit eingebautem Kassettenrekorder, vier Lautsprecher und wer weiß, was sonst noch.

Sie wollen Glæsivellir abreißen, alarmierte Starkaður die Leute. Beweise führte er keine an, sagte nur, dass Björn die Hunde auf die Vergangenheit hetzen und sie verjagen wolle, und das, ohne jemanden deswegen zu fragen.

Jetzt sitzen wir also in dem alten Gebäude aus Grassoden.

Starkaður weist mich an, auf die Welt zu lauschen, die Wahrnehmungen schärften sich in einem solchen Haus; wir befänden uns nämlich in der Erde, in ihrem Schoß.

Starkaður: Achte mal darauf, wie die Welt an einem Augustmorgen atmet. Du hörst den Wind am Dach schnuppern und mit seinen durchsichtigen Fingern die Grashalme durchkämmen, du hörst, wie er sich an der Hauswand schubbert wie ein sanftmütiges Pferd. Du hörst den Goldregenpfeifer, Rotschenkel und Schnepfe, selbst die Fliege. All das und das Murmeln des Hofbachs. Los, auf! Jetzt gehen wir einmal durch das ganze Gebäude, berühren die Wände, dösen ein bisschen mit geschlossenen Augen in den Winkeln und beschwören Erinnerungen aus den Tiefen der Stille und des Vergessens. Komm, fass mal diese Wand an, und die Vergangenheit dringt durch deine Haut und vereint sich mit dem Rauschen des Bluts.

Starkaður zieht mich in die Höhe.

Hier ist doch alles voll Spinnweben, wende ich ein.

Psst, sagt er plötzlich. Hör mal! Motorengedröhn. Sie kommen!

Ferner Motorenlärm nähert sich, schwillt an und ab, je nachdem, wie der Wind steht. Der Riesentraktor des Hnúkar-Bauern kommt über das feuchte Wiesengelände herauf. Unter seinem Gewicht walzt er Bülten platt, Vögel fliegen erschreckt auf oder ducken sich stumm ins Gras. Die Stunde der Entscheidung schlägt.

Wir gehen hinaus, sehen den Traktor heranwalzen. Starkaður beginnt zu reden, hastig, mit starken Worten: Diese Kerle! Solche Männer wie Björn sehen die Vergangenheit als altes Weib in verschlissenen, geflickten Kleidern, Trauerränder unter den Nägeln, einfältig, übel riechend, zahnlos schmatzend Aberglauben wiederkäuend und Gott und Meister Vídalín[2] darum bittend, sie vor Veränderungen zu schützen. So sehen sie das und sie meinen, sie würde uns Schande machen, uns in den Augen des Auslands herabsetzen. Was für lächerliche Ängste! Aber ihretwegen soll sie begraben, dem Erdboden gleich gemacht werden. Dann wächst Gras darüber und das Vergessen auch.

Starkaður, frage ich, woher wusstest du das so genau?

Was?

---

[2] Jón Vídalín, isländ. Bischof 1698–1720, gab eine Hauspostille mit erbaulichen Schriften heraus, die in nahezu jedem Bauernhaushalt gelesen wurde.

Was Björn vorhatte. Woher wusstest du, dass er Glæsivellir abreißen wollte?

Starkaður lächelt: Ich dachte, das läge klar auf der Hand. Vergiss nicht, dass ich Dichter bin und die Menschen kenne. Und gleich, was andere darüber sagen, das Leben ist nichts anderes als ein ellenlanger Roman, dessen Personen sich ganz ihren Anlagen entsprechend verhalten, man muss sich nur ein wenig in sie hineinversetzen, eventuelle Abweichungen in Rechnung stellen, das Magnetfeld des Schicksals, und schon kann man in ihnen lesen wie in einem offenen Buch. Und in diesem Buch steht, dass dieses Torfgebäude in den Augen Björns kein Ort der Erinnerung, kein Überrest vergangener Zeiten ist, sondern ein halb verfallenes Haus, eine Ruine, ein Schandfleck auf der Weste einer automatisierten Gegenwart. Ein zur Hälfte eingestürztes Haus, das wie ein verwesender Dinosaurier auf einer höckerigen Wiese liegt.

Das Motorengeräusch wird lauter. Wird brüllend laut. Der grüne Deutz kommt. Die Erde wankt unter den schwarzen Reifen, die Räumschaufel ragt in den Himmel, der Schlepper wirkt wie ein gewaltversessener Troll, der mit seinem furchtbaren Arm zum Schlag ausholt. Örn von Öxl sitzt am Steuer, das Ungeheuer hinter ihm füllt fast das ganze Führerhaus. Starkaður grinst spöttisch. Die Räumschaufel ragt in die Höhe, höher als die Berge, die Stahlarme mit Furcht einflößender Schlagkraft in Muskeln und Sehnen. Sie walzen heran, und wir erkennen, dass Örn eine Sonnenbrille trägt. Das Ungeheuer öffnet eine Tür und verlagert sein Gewicht nach draußen, stellt sich mit einem Bein auf das Trittbrett. Auch er trägt eine Sonnenbrille, der Himmel ist vollkommen bedeckt. Örn verringert die Geschwindigkeit, zündet sich eine Zigarette an, reicht auch seinem Kumpanen eine, gibt ihm Feuer, und dann rauchen sie beide. Hinter Sonnenbrillen. Die Hemden weit offen stehend, T-Shirts darunter. Starkaður tritt der Bedrohung drei Schritt entgegen, ich folge. Örn hält den Deutz an, sie steigen aus, der Motor bullert im Leerlauf, knurrt leise, doch die Umgebung hält den Atem an und wartet auf den Aufschrei. Sie kommen uns entgegen, die Zigaretten in den Mundwinkeln, in aufgeknöpften Hemden, mit Sonnenbrille. Worte werden gewechselt. Starkaður erklärt, dass hier kein Hof abgerissen werde. Fügt noch etwas über Dichtkunst und Vergangenheit an. Das Ungeheuer nimmt die Kippe zwischen Daumen und Zeigefinger, zieht, die Glut frisst sich seinen Lippen entgegen. Er bläst den Rauch aus, blinzelt wahrscheinlich hinter den dunklen Gläsern, und sagt dann unbekümmert, dass man diese windschiefe Torfbude jetzt endlich dem Erdboden gleich machen werde, der Deutz werde die schäbige Bruchbude einfach planieren. Mein ganzes Leben lang habe ich Achtung vor handwerklichen Leistungen empfunden und rege mich deshalb wütend darüber auf, dass Glæsivellir eine Bruchbude mit windschiefen Wänden genannt wird. Ganz im Gegenteil sei das Haus ganz hervorragend gebaut.

Halt's Maul, Rotzjunge, sagt das Ungeheuer provozierend ruhig und schnippt die Kippe in meine Richtung.

Wir machen den Schuppen platt!, schreit Örn fast kreischend.

Dann begrabt ihr uns gleich mit, sagt Starkaður, macht auf dem Absatz kehrt und verschwindet im Hauseingang, ich schlüpfe ihm nach. Der grimmige Zug um die Mundwinkel des Ungeheuers beunruhigt mich etwas. Ich falle über Starkaður, der in dem dunklen Gang hockt und nach draußen späht.

Örn lässt den Diesel aufbrüllen, die Schaufel senkt und hebt sich wieder. Man sieht die Kraft, die in diesen Stahlarmen steckt.

Schwachkopf, kann Starkaður noch zischen, ehe Örn den Rekorder einschaltet und der dreistimmige Bee Gees-Chor in den Gang schrillt. Örn lässt den Motor aufjaulen. Der Sommertag ist mit tief hängenden Wolken bedeckt, sie tragen Sonnenbrillen, Zigaretten, aufgeknöpfte Hemden, Bluejeans und Turnschuhe, und die Bee Gees übertönen heulend den Motorenlärm. Nicht einmal die dicken Wände aus Grassoden bieten Schutz, die Kakofonie dringt hindurch und folgt uns in die Tiefe des Gebäudes hinein. Wir hören den Schlepper herankommen wie ein ausgehungertes Reptil aus grauer Vorzeit.

Ich hasse diese Musik, faucht Starkaður und hält sich die Hände vor die Ohren. Dann schlägt der Deutz mit seinem ganzen Gewicht auf den Hof, der ächzt und stöhnt, als hätte ihm ein Tier die Fänge ins Fleisch geschlagen. Wieder kracht die Traktorschaufel aufs Dach.

Ein furchtbares Gewimmer ist das, ruft Starkaður hinaus. Mehr kommt ihm nicht über die Lippen, er verzieht auch keine Miene, als der Hof zum dritten Mal erzittert. Dann stellt sich Schweigen ein, sowohl beim Dieselmotor wie bei den furchtbaren singenden Brüdern aus Australien. Jemand tastet sich ins Haus. Schwere Schritte sagen uns, dass es das Ungeheuer ist. Offenbar halb blind, nach der Helligkeit draußen, und auch die Sonnenbrille gibt kein Licht. Er kommt mit vorgereckten Armen wie der Traktor. Will uns ausmisten.

Na, sagt Starkaður, das wird nicht gerade eine Augiasarbeit für dich.

Nein, sagt der Troll, ihr Bettnässer, ihr sacklosen Hanswürste! Euch schmeiße ich raus wie Heusäcke.

Starkaður: Aha, du wirfst uns also raus wie Heusäcke. Und was dann?

Das Ungeheuer stockt, hat seine Pranken auf meine Schultern gelegt wie der Traktor, der kurz seine Räumschaufel absetzt.

Tja, fährt Starkaður im Plauderton fort. Sicher, wir sind bloß Heusäcke, aber hast du schon mal von sprechenden Heusäcken gehört? Oder von Heusäcken, die Strophen reimen können?

Das Ungeheuer, im Brustton der Überzeugung: Du schwadronierst immer nur rum, bist nie etwas anderes gewesen, als ein ewiges Labermaul. Das ist meine Meinung. Und ich habe nie etwas mit ihr gehabt, alles nur Gerüchte ...

Eben, wirft Starkaður dazwischen und lässt sich nicht aus dem Konzept bringen, obwohl das Ungeheuer jetzt auch ihn beim Wickel hat und anfängt, uns beide über den Boden zu schleifen.

Genau, ein Schandmaul und redender Heusack ist schon etwas Erstaunliches. Am Ende gibt er noch ein bitterböses Spottgedicht über einen gewaltigen Muskelprotz von sich; über einen Kraftmeier, der andere Männer und dann etwas anderes schüttelt, wenn er nach Hause kommt, und wie sich dann zeigt, liegt seine Stärke und Kraft nur in seinen Händen. Oje, sagt seine Freundin, denn was an ihm groß und stark sein sollte, ist leider nur klitzeklein und schlaff. Ob sich das Mädchen da nicht lieber einen anderen sucht?

Der Troll, der uns schon ein ganzes Stück weit geschleift hat, lässt los, dreht sich zu Starkaður um und sagt drohend: Das wagst du nicht!

Starkaður setzt sich auf und sagt entschuldigend, dass das keine Sache von Mut und Wagen sei. Vielmehr sei es doch so: Wenn man einen Heusack schüttelt, wirbelt jede Menge Staub auf, und der, der geschüttelt hat, kriegt die ganze Ladung ins Gesicht, und das lässt sich nun mal kaum vermeiden, oder was meinst du?

Zwei Minuten später entfernt sich das Motorengeräusch.

Eine Versammlung wird anberaumt, und manch einem erscheinen die Zeiten sonderbar

Bei Björn ging es ziemlich hektisch zu in den ersten Tagen nach seinem Schnellschuss vor Glæsivellir, der sich schnell rumsprach – den meisten zu ungetrübtem Vergnügen, aber auch zu einigen verwunderten Fragen. Bis dahin war es nämlich nie jemandem in den Sinn gekommen, dass man sich über den Abriss eines alten Torfgehöfts streiten könnte. Ich kann mir vorstellen, wenn sich Starkaður nicht vorübergehend von seinen Liebesqualen zur Rettung von Glæsivellir aufgerafft hätte und Örn und das Ungeheuer den Hof daher ungehindert von der Erdoberfläche hätten tilgen können, dann hätten die Leute vermutlich höchstens mit den Schultern gezuckt und sich über den ganzen Aufwand gewundert. Manche hätten sich vielleicht über Björns und seiner Frau Eigenmächtigkeit aufgeregt, aber sich mit Leidenschaft und Engagement für den Erhalt des alten Hofs einzusetzen, das wäre wohl kaum jemandem in den Sinn gekommen. Obgleich der Hof eine erbauliche Ausnahme von der schmerzlichen Regel darstellte, dass die Zeit alles auslöscht, war man sich doch einig darin, dass er nach und nach verrotten und am Ende wieder mit dem Erdreich verschmelzen würde, aus dem er gekommen war, ein Erdbuckel, über dem die Geister schwebten. So geht es doch mit allem, mit Häusern ebenso wie mit Menschen. Da geht man aufrecht durchs Leben und bietet allem die Stirn; doch dann vergeht die Zeit, und man fault ins Grab, verschwindet spurlos in der Versenkung; nichts bleibt als Erinnerungen, die noch am Busen der Erde murmeln, bis das Rauschen der Zeit alles übertönt. So geht es mit allem.

Doch jetzt geschehen noch Zeichen und Wunder, dergestalt, dass Mitbürger auf einmal Ansichten zu Grassodenhäusern hegen. Die Pathetischsten unter ihnen reden von Glæsivellir als einem Symbol vergangener Zeiten, das zu erhalten und unbeschadet an kommende Generationen weiterzureichen uns heilige Verpflichtung sein müsse. Andere pfeifen auf solche »Altweiberromantik« und wollen diesen Misthaufen wie jedes andere Schandmal mit der Planierraupe einebnen, damit »dieses Maulwurfsdenken der alten Zeit, das jeglichen Fortschritt hemmt«, ein für allemal beendet wird. Die Aufregung entspringt nicht aus dem Nichts, denn im Gefolge des Glæsivellir-Vorfalls entfachte Björn Skúlason eine regelrechte Kampagne, fuhr von Hof zu Hof, hielt Brandreden über Zukunft und Fortschritt und klärte mit heißer Inbrunst darüber auf, wie wir uns aus den eingerosteten Gleisen der Vergangenheit frei machen könnten, dass wir uns keine Sentimentalitäten gegenüber veralteten Dingen erlauben sollten, uns nicht durch romantische Ansichten und wirklichkeitsfremde Spinnerei vom rechten Weg abbringen lassen dürften. Dies und vieles mehr verkündete Björn. Er reiste durch die Gegend und schwang große Reden. Rückte schließlich mit der frohen Botschaft heraus, dass für den kommenden Donnerstag eine Zusammenkunft im Gemeindehaus auf dem Plan anberaumt sei.

Das hielt man für eine ausgezeichnete Idee.

Endlich eine Abwechslung.

Die Leute setzten sofort große Erwartungen darauf. Sie sahen spannungsgeladene Debatten vor sich, glühende Ansprachen, solch geniale und rasiermesserscharfe Erwiderungen, dass sie den Gegner in Streifen schneiden würden. Björn war nämlich nicht der Einzige, der unterwegs war und allerorten von Torfhäusern sprach, von Vergangenheit und Zukunft. Nein, da war noch jemand in Fahrt – warte nur ab, verehrter Herr Björn, und erstick an deinen Phrasen! –, denn auch Starkaður jagte von Hof zu Hof, tief über sein Motorrad geduckt, den roten Helm in die Stirn gedrückt, und hielt mit einzigartiger Beredsamkeit und dichterischer Kraft Plädoyers für alte Torfgehöfte, denn in ihnen sollten unsere Wurzeln leben. In ihnen spürten wir den Anhauch vergangener Epochen, das Lachen und Weinen unserer Ahnen, und wer die Vergangenheit in den Boden stampfe und all ihre Wegweiser abreiße, der werde in der Zukunft in die Irre gehen. Ja, Starkaður fuhr von Hof zu Hof, das hagere Antlitz glühte vor Überzeugungskraft und die schwarzen Augen ebenso.

Das würde mit Sicherheit ein aufregendes Treffen!

Auf der einen Seite der schwerfällige, aber unerschütterliche Björn, mit dem Glanz der Macht über sich und zweifellos der Unterstützung der Politiker im Rücken. In der Ecke ihm gegenüber der Schriftsteller und Schalk Starkaður Jónasson, so redegewandt manchmal, dass es ans Geniale grenzte, vielleicht nicht mit der Argumentationskraft des Gegners, dafür aber mit einzigartiger Hitze und Leidenschaft des gesprochenen Wortes begabt. Ein einziger seiner Vergleiche konnte die Ladung und Sprengkraft einer Explosion entwickeln und in einem einzigen Moment die massive Festung der vernünftigen Argumente in Schutt und Asche legen. Das war etwas anderes als das lahme Gestichel zwischen Jón und Þórður oder Jón und Björn. Deren ewiges Hickhack kannten die Leute fast auswendig. Der unerwartete Gegner aber scheint Björn noch zu beflügeln. Er eilt von Hof zu Hof, nimmt überall die Einladung zum Kaffee samt Beilage dankend an, scheint stets hungrig zu sein und unendlich dankbar für die Bewirtung. Spricht von dem bevorstehenden Treffen mit bewundernswerter Beherrschung und charismatischer Überzeugungskraft. Gestikuliert nicht mit den Armen herum wie Starkaður, sondern sitzt gravitätisch und würdevoll da und hebt höchstens einmal die Rechte, wenn es besonders Wichtiges zu unterstreichen gilt. Er findet selbst weit über seine feste Gefolgschaft hinaus Anerkennung.

Ja, sagt er, da wird hoffentlich mehr über die Zukunft als über die Vergangenheit geredet. Wir wollen unser Denken nicht an einen Torfhof hängen. Sicher wollte ich Glæsivellir abreißen lassen. Das sollte eine kraftvolle Demonstration dafür sein, dass wir mit dem Maulwurfsdenken aufräumen wollen, dass von nun an nur noch nach vorn geblickt wird. Denn wir wollen doch einmal klarstellen, dass die, die ihr Schicksal nicht in die eigene Hand nehmen, gewissermaßen im Gestern versteinern, wie der Nachttroll, den das erste Licht des kommenden Tages trifft. Viele glauben, die Zukunft käme von ganz alleine, dass man nichts dafür tun müsse, sondern sie einfach einträfe. Doch mit der Zukunft ist es wie mit allem anderen: Man muss etwas dafür tun. Das eine kann ich euch sagen: Die Zukunft ist wie ein Zug, und wer mitfahren will, muss sich eine Fahrkarte besorgen, sonst fährt er ohne uns ab. Jawohl, meine Lieben, die Zukunft dampft davon, und wir bleiben auf dem Bahnsteig der Vergangenheit zurück und sehen den Zug der Zukunft in der Ferne verschwinden. Und dann bringt es auch nichts mehr, die flotten Sprüche der Dichter wiederzukäuen, wie geistreich sie auch sein mögen. Aber was soll's, wir reden besser auf der Zusammenkunft am Donnerstag darüber.

Oh wie ist die Zeit so wunderlich beschaffen, dichtete Jón Vídalín mit großer Einsicht, und in der Tat ist die Zeit ein wunderliches Wesen. Manche Tage fliegen nur so vorbei, und alles altert mit atemberaubender Schnelligkeit; andere schleppen sich dahin, kleben zäh an jeder Minute und scheinen nie zu enden. Ein solcher Tag ist der Dienstag; anstatt sich zu beeilen und dem Mittwoch Platz zu machen, steckt er die Hände in die Taschen, tritt gegen ein Häufchen Steine und bummelt herum. Das Warten ist eine Strapaze. Endlich aber, es ist fast ein Wunder oder der unendlichen Güte Gottes zu danken oder dem Wohlwollen seiner Mutter, nähert sich der Donnerstagabend. Man hätte es kaum noch geglaubt.

Doch der Abend ist da, die Männer duften nach Rasierwasser, die Frauen nach Kölnisch Wasser, und die spannungsvolle Erwartung summt in den Adern. Mit Sicherheit wird das eines der bemerkenswertesten Ereignisse dieses Sommers. Die Einwohnerschaft ist nahezu vollständig im Gemeindehaus versammelt, dem Haus, das so viele Erinnerungen atmet.

Nur kurz über das Haus, das Erinnerungen atmete

Jahre sind vergangen, und unser Kalender nähert sich einem neuen Jahrtausend. Jeden Morgen treibt mich die Vergangenheit aus dem Bett, während es noch dunkel ist und die Sterne hoch über dem Berg am Himmel stehen, im Süden sehe ich, wie der Nachthimmel vom Lichtermeer der Stadt ausgelöscht wird. Es ist gegen sechs Uhr in der Frühe, und ich bin als Einziger schon wach. Niemand ist unterwegs, die Fenster in den Häusern noch dunkel, Straßen und Wege leer. Nur die Stille zwischen den Sternen, und in ihrem Licht blättere ich in Fotografien jenes Sommers, der in meinen Adern singt. Auf einem der Fotos ist das Haus zu sehen, das Versammlungshaus. Wenige Jahre später ist es abgerissen worden, und das Haus, das Erinnerungen atmete, wurde selbst Erinnerung. Die Aufnahme wurde wahrscheinlich bei dem Reitertreffen gemacht, das gut einen Monat vor der Versammlung stattfand. Im Vordergrund sitzt Starkaður mit ausgestreckten Beinen im Gras, Sæunn steht hinter ihm und zupft den Onkel am Ohr. Das Versammlungshaus ist im Hintergrund zu sehen. Jemand, der es nicht kennt, könnte meinen, es sei nur ein unbedeutendes, baufälliges Haus, um das man nicht viele Worte zu machen brauchte. Schon richtig, es macht nicht besonders viel her, ist eingesunken, als wäre es schon auf dem Weg in die Erde, die Fenster so angelaufen vom Hauch der Jahre, dass sogar der gleißendsten Helligkeit des Sommers die Kraft fehlte, hindurchzuscheinen. Im Innern herrschte daher kaum Dämmerlicht. Zwei- oder dreimal ging ich mit Starkaður an einem hellen Sommertag hinein, und es war, wie in eine andere Dimension zu treten. Draußen ein sonnendurchfluteter Tag, die Goldregenpfeifer tippelten zwischen den Grashöckern umher, und wir ließen uns von Dunkelheit verschlucken. Es war, wie in den Schlaf oder in einen Traum einzutreten. Alle Töne und Geräusche des Sommers verklangen und erstarben, wir tasteten uns voran und das Knarren des Tanzbodens weckte vergangene Stunden, ich lehnte mich an eine Wand, schloss die Augen und hörte das bruchstückhafte Echo alter Schlager, und der Taumel Tausender Nächte war bei mir wie eine melancholische Melodie, denn es liegt ein Schleier von Traurigkeit über der Freude, die wieder geht.

Wie gesagt, das Treffen rückt näher

Doch an jenem milden Abend kamen nicht vergangene Belustigungen aufs Podium, und es herrschte kein dämmeriges Schweigen im Tanzsaal, sondern die gleißende Helle elektrischer Beleuchtung, und die Außenbeleuchtung des Hauses blickte in den Abend hinaus. Die Leute stehen in kleinen Grüppchen beisammen, und einige reden vom Tanzen, dass es doch ganz nett wäre, wenn man ein paar Runden aufs Parkett legen könnte, aber jetzt ist nicht die Zeit für leichte Unterhaltung, und man kann sich auch nicht immer einen antrinken, heißa rufen, und den Abend in eine feuchtfröhliche Nacht ausklingen lassen. Heute geht es um die Zukunft. Wo ist denn Björn?, fragt jemand.

Ja, wo steckt Björn?

Ist der Chef noch nicht da?

Ja, ja, sagt Jón, Bauer auf Fell und Gemeindevorsteher, und grinst freundlich, ganz ohne Groll. Es ist geschickt, auf sich warten zu lassen. Das erhöht die Spannung, und der Erwartete wird ganz von allein immer wichtiger. Er ist nicht dumm, aber ich würde mir wünschen, unser guter Bjössi Skúla würde seine Gedanken einmal mehr eigenem Nachdenken als ausländischen Zeitungen verdanken. Denn das muss ich euch sagen, wer seine Metaphern aus Eisenbahnzügen und Bahnsteigen bezieht, holt seine Ideen kaum aus isländischer Erde. Ich sage das, ohne mich zu ereifern, das sei mir fern, denn wenig macht meinem alten und weichen Herzen mehr Freude als ein scharfsinniger Disput und ein erfrischender Streit. Allerdings habe ich nie ein Hehl daraus gemacht, dass es ein echtes Manko Björns als Vordenker ist, dass er seine Ansichten und Ideen in fremden Töpfen kocht. Da darf er sich nicht wundern, wenn die Leute zögern, seine Bissen zu schlucken. Man kennt Lammfleisch und Kartoffeln, aber wenn einem Sushilamm oder so was aufgetischt wird, kann es sein, dass sich auch der Hungrigste weigert, das zu essen. Man schluckt schließlich nicht alles, was einem vorgesetzt wird.

So sprach der Gemeindeoberste, und das freute viele, denn Jón war in diesem Sommer ungewöhnlich matt gewesen, unflexibel in seinem Denken, unbeholfen in dem, wie er sich ausdrückte. Doch jetzt steht er da, mit dem Kognakflachmann in der Hand, er ist schon klasse, sagen manche und freuen sich über diesen Ansatz zu alter Beredsamkeit. Endlich mal wieder ein frischer Ton in dem Kerl, und das schadet nicht! Das wird sicher eine lebendige Veranstaltung, auch wenn dieser Teufelskerl von Starkaður nicht kommt.

So ist es nämlich.

Starkaður kommt nicht zur Versammlung.

Ich habe versucht, diesen Umstand etwas zu vertuschen, aber jetzt kann ich es nicht länger verschweigen. Er, der wie eine lodernde Fackel der Überzeugung durch die Gegend gerast war, stellte am Montagabend das Motorrad ab und hängte den Helm an den Nagel, der Eifer, der auf seinem Gesicht geleuchtet hatte, erlosch.

Was ist mit dem Treffen, hä?, fragte ich bitter, anklagend, enttäuscht.

Welches Treffen?

Auf dem Plan natürlich. Was wird aus deinem Kampf? Willst du aufgeben? Hast du die Hosen voll?

Ach, das. Nein.

Nein? Was nein?

Ach, hör doch das Gemaule auf, Junge! Ich habe den Hof gerettet, meine Meinung geäußert und sie den Leuten eingepflanzt. Dort wächst sie jetzt. Die Leute bringen sie mit zum Treffen. Mehr tu ich nicht. Da endet die Aufgabe des Dichters. Ich bin einer, der sät. Ich lege den Brand, und wenn er auf dem Treffen in niemandem aufflackert, ist irgendetwas tot in meinen Worten oder in den Menschen. Jedenfalls habe ich meine Aufgabe erfüllt, und jetzt müssen andere sie weiterführen. So ist der Lauf der Dinge. Es gibt genügend hier in der Gegend, die einen Mund unter der Nase haben. Sam zum Beispiel. Oder Unnur, auch Guðrún oder mein Bruder, der Angeber. Aber du hör jetzt auf und lass mich in Frieden! – Sagt Starkaður und krümmt sich trotzdem nicht unter Liebesqualen an diesem Donnerstagabend. Stattdessen trägt er Sæunn auf seinen Schultern auf dem Hof spazieren und erzählt ihr Märchen. Wie gesagt, während die Leute dem Plan zuströmen wie Jahre dem Meer, während Jónas junior unter dem offenen Schlafzimmerfenster schläft und während Jónas der Ältere in seinem Lehnstuhl sitzt und den jungen Gorki auf die Vogeljagd begleitet, ihm in späteren Jahren durch den dunklen Wald folgt, wo sie gemeinsam einen russischen Morgen aus feuchtem Waldboden aufsteigen sehen und eine Sonne, die durch dichtes Astwerk fällt, da spaziert Starkaður mit Sæunn auf den Schultern auf dem Hof herum und erzählt von einem Trollkind, von Rehen, bösen Menschen und Forellen, die im Wasser niesen.

Auf der anderen Seite des Bátsfell steigt unterdessen die Spannung. Die Leute nehmen einen Zug aus der Pulle, sehen sich nach Björn um, der noch immer auf sich warten lässt, manche treten von einem Fuß auf den anderen. Rúnar, der Bauer auf Mýrar, geht dreimal zum Auto, um sich zu vergewissern, dass das Akkordeon unter der Plane liegt. Er hat seine Quetschkommode in der Hoffnung mitgebracht, dass die Leute irgendwann in der Nacht der Wortgefechte müde werden und lieber freundlichere Töne hören wollen, tanzen möchten.

Hier, nimm einen Schluck. Auf einem Bein kann man nicht stehen. Wie ist der neue Traktor? Sag mal, wo's mir gerade einfällt, weißt du, wie es beim Apostel aussieht? Wollte er nicht dieses Jahr fertig werden? Ich habe gehört, es wird jetzt doch erst nächstes Jahr so weit sein. Stell dir bloß vor, eine hundertzwanzig Jahre währende Aufgabe! Nein, Wodka. Smirnoff. Also, ich finde ... ach, sieh mal, wer da kommt! Wenn das nicht unser Björn ist. Der sieht aber wild entschlossen aus.

Die Versammlung

Liebe Mitbürger!, ruft Björn auf Hnúkar. Es ist Ende August, und an den Abenden wird es wieder dunkel. Um die Abendbrotzeit geht man in den Stall, da ist es noch hell, doch zwei Stunden später sind die Berge dunkle Schatten und die Gräben voller Dämmerung.

Liebe Mitbürger!, ruft Björn, und sicher die Mehrzahl von ihnen steht auf der Nordwestseite des Hauses zusammengedrängt, wie angezogen von der Außenbeleuchtung. Die Leute standen unter der Laterne, unterhielten sich über dies und jenes und genehmigten sich schon mal einen Schluck, aber nur in Maßen, denn vor ihnen liegt eine wichtige Aussprache über die Zukunft, und der wird man doch nicht betrunken entgegentreten wollen, oder? Hi, hi, kichert jemand im Halbdunkel außerhalb des Lichtkegels, wohin sich die zurückgezogen haben, die der Flasche doch etwas häufiger zusprechen. Dann kommt Björn und ruft: Liebe Mitbürger, da hat Jón gerade seine kurze Ansprache beendet, sieh mal an, der Gemeindevorsteher, was für ein gestandenes Mannsbild, ein echtes Leitbild, und solche aufrechten Männer treten nicht abseits ins Dunkel, um zu saufen. Oh nein, Jón steht ein wenig breitbeinig da, in halbhohen Lederstiefeln, deren Reißverschluss er nicht geschlossen hat, und das weiße Futter klappt bei jedem Schritt auf. Auf dem Kopf trägt er seine karierte Schirmmütze, über den breiten Schultern einen offen stehenden Anorak, und seine schwieligen Pranken halten den Flachmann.

Prost, sagt Jón, doch da kommt Björn auf Hnúkar und ruft:

Liebe Mitbürger! Jón reibt sich den kräftigen Unterkiefer und entblößt seine gelben Pferdezähne zu einem Grinsen.

Liebe Mitbürger!, ruft Björn, und den Leuten bleiben halb fertige Sätze im Halse stecken, und sie werfen Björn erstaunte Blicke zu, nicht wegen der förmlichen Anrede, sondern wegen seines Aufzugs. Der Bauer auf Hnúkar trägt nämlich einen Nadelstreifenanzug mit roter Krawatte und derart gewienerte Schuhe, dass er bei jedem Schritt die Welt spiegelnd zurückwirft.

Björn ruft: Liebe Mitbürger!, und es wird mucksmäuschenstill.

Liebe Mitbürger! Wie euch sicher zu Ohren gekommen ist, bin ich vor einigen Tagen zu einem Besuch in der Hauptstadt gewesen und habe dort Gespräche mit Parlamentsabgeordneten geführt. Es war eine überaus fruchtbare Zusammenkunft, denn die Ideen, die ich dort zu Gehör brachte, waren alle dazu gedacht, unsere Gemeinde aus ihrer Stagnation und Untätigkeit zu reißen und etwas dagegen zu unternehmen, dass wir in alten Zeiten stecken bleiben. Denn vor uns, liebe Mitbürger, vor uns liegen große Veränderungen. Tausend Jahre haben wir von der Landwirtschaft gelebt, tausend Jahre lang haben Kühe und Schafe die Nation am Leben erhalten, aber jetzt brechen andere Zeiten an. Vielleicht sind sie sogar schon da. Wer weiß? Sehen wir uns doch einmal um. Was sehen wir da? Ja, wir sehen, wie ganze Gemeinden aufgegeben werden, die Menschen ziehen weg, die Einkünfte der Bauern nehmen ab. Und was bedeutet das? Es bedeutet, dass die Tage, da Kühe und Schafe zum Leben ausreichten, gezählt sind. Etwas Neues muss her! Visionäre Gedanken, Wagemut, Opfer. Mut braucht es und Stärke, um sich über die kurzfristigen Tagesinteressen hinwegzusetzen. Freunde, natürlich fällt es schwer, sich von alten Gewohnheiten zu trennen, natürlich schneidet es einem ins Herz, wenn man die Denk- und Handlungsweisen der Vorväter über Bord werfen muss, aber bedenkt auch, dass wir ihnen den größten Schaden zufügen, wenn wir nur stur am Denken vergangener Zeiten festhalten. Wir haben von ihnen ein gutes Erbe übernommen, an uns ist es, es noch besser zu machen. Und das erfordert Initiative und Opfer. Den Mut, Veränderungen in Angriff zu nehmen. In den letzten Tagen habe ich wiederholt davon gesprochen, dass man sein Ticket für die Zukunft lösen muss. Heute Abend möchte ich Möglichkeiten aufzeigen, die uns in einer Hinsicht solche Tickets an die Hand geben. Und vergesst nicht: Wenn wir nichts unternehmen, treiben wir auf den Abgrund zu, wir werden im Sumpf alter Gewohnheiten versinken und wir werden verdammt werden; zurecht werden wir verdammt von unseren Kindern und Kindeskindern.

Björn schweigt. Er macht eine kurze Pause, blickt sich um. Durchsetzungswillen, Kraft und Selbstsicherheit strahlt sein Gesicht aus. Ein stattlicher Mann in seinem Anzug, der sich über die Koteletten streicht und die kräftigen Lippen befeuchtet, das Licht fällt so auf sein Gesicht, dass die derbe Haut ganz glatt aussieht. Ich beobachte Björn und weiß, dass ihn in dieser Stunde keine noch so spöttische Bemerkung aus dem Konzept bringen wird, einem Konzept, das zweifellos in die Zukunft reicht. Der Fluss strömt vorbei, und Björn sagt erneut: Liebe Mitbürger!

Liebe Mitbürger! Gleich werden wir uns in unser Versammlungshaus begeben und die Sitzung eröffnen, und wer weiß: Schon morgen gehört uns vielleicht die Zukunft. Vorher aber möchte ich so vermessen sein, euch alle zu einer Vorstellung einzuladen. Ich bin stolz darauf, euch diese Vorstellung bieten zu können, die hoffentlich den Beginn einer neuen Denkungsart markiert, neuer Perspektiven. Ein Vorgeschmack auf das Kommende. Ein kleiner, aber wesentlicher Sieg über die Gespenster der Vergangenheit. Ich möchte jetzt Georg und Örn bitten (mit Georg meint Björn das Ungeheuer. Wahrscheinlich ist er der Einzige, der ihn Georg nennt, und ich weiß noch, dass es vielen ziemlich hochtrabend vorkam, ins Haus zu gehen und alle Lichter zu löschen), und euch andere bitte ich, nach Hnúkar hinüberzublicken. Und, bitte, seid leise!

Eine halbe Minute später wird das Haus dunkel, und wir verschmelzen mit dem Abend. Aus Südost weht ein leiser Luftzug, schwarze Wolkenbänke füllen das Himmelsgewölbe, und der Augustdämmer ist beinah zu Dunkelheit geworden. Wir blicken Richtung Hnúkar, das irgendwo im Abend liegt, alle Lichter dort ebenso gelöscht wie hier, und dann ...

Und dann?

Wie lässt sich das erhellen?

Welche Worte malen das Ergreifende dieses Augenblicks auf Papier?

Da sind die Stalllaternen von Hóll und Melholt. Zwischen ihnen breitet sich das Abenddunkel aus wie ein Meer, die Hoflampen sind nur winzige Inselchen, Schären, die vom kleinsten Windstoß ausgelöscht werden. Aber dann. Dann flammen die Lichter von Hnúkar auf. Ich meine nicht ein oder zwei Außenlaternen, hier ist nicht von irgendwelchen Funzeln die Rede, von Stecknadeln in der weltumspannenden Macht des Abends und der Nacht, denn wie durch Zauberhand reißt das Dunkel zwischen Hóll und Melholt auseinander, und strahlend ersteht vor uns die zweiwöchige Arbeit der Männer mit dem gelben Pick-up. Seht euch das an, sagt jemand und weist unwillkürlich mit der Hand. Aber von nun an braucht nach Einbruch der Dunkelheit niemand mehr mit der Hand den Weg nach Hnúkar zu zeigen, denn der Hof und seine Zufahrt glitzern in der Dunkelheit wie ein Sternzeichen. Ein hammerförmiges Sternzeichen.

Wir gehen ins Versammlungshaus.

Wir nehmen auf den Stühlen Platz, die das Parkett füllen, und auf dem Podium, wo sonst die Quetschkommode traktiert wird, um die Leute in Tanzwut zu versetzen, thront das Rednerpult. Es ist nicht zu übersehen, dass die Lichterflut auf Hnúkar, das Förmliche in Björns Auftreten und sein Anzug auf manch einen Eindruck gemacht haben. Die Leute sitzen steif auf den Stühlen, einige suchen ihre Hände zu verstecken, die auf einmal so grob erscheinen, und die schwarzen Ränder unter den Nägeln springen plötzlich ins Auge. Die Frauen fahren sich nervös übers Haar, hoffen, dass der Strohwisch in etwa einer Frisur ähnlich sieht. Die Flaschen in den Gesäßtaschen und Hosenbünden ziehen wie Steine, doch hinter dem Pult steht Björn Skúlason und ist die Selbstsicherheit in Person. Kaum ein Muskel regt sich in seinem Gesicht. Ich sitze etwa in der Mitte des Saals, zwischen Þórður und Sam, Salvör und Unnur hinter uns, Gemeindevorsteher Jón schräg vor uns, auf einem Sitz in der hintersten Reihe überragt Guðmundur auf Hamrar alle, ernstes Schweigen in das grobe Gesicht gegraben.

Björn beginnt seine Rede.

Er spricht mit Ehrfurcht gebietender Sicherheit, unerschütterlicher Ruhe.

Er hat den Saal so fest in seiner Hand, dass ich zu glauben beginne, alle würden ihm schweigend den Rest des Abends zuhören und dann von den Ansichten des Hnúkarbauern durchdrungen nach Hause fahren. Björn steht hoch aufgerichtet hinter dem Pult, redet durchdacht und mit Nachdruck genau an den richtigen Stellen. Bedeutungsvolle Pausen und gemessene Handbewegungen unterstreichen das Gewicht seiner Worte. Er berichtet von seiner Hauptstadtreise, beugt sich vor und legt die Reaktion der Parlamentarier dar, senkt dabei ein wenig die Stimme wie im Vertrauen, und einige beugen sich unbewusst ebenfalls vor. Dann redet Björn von Verantwortung, Zukunftsdenken und Konservatismus, lässt das Wort Bruttosozialprodukt fallen und flicht von Zeit zu Zeit noch andere derart vornehme Wörter ein, dass die Leute von Andacht ergriffen werden. Da steht er und könnte glatt selbst ein Abgeordneter sein, sogar Minister. So klar und einleuchtend spricht er, so gewandt windet er seine Sätze um Begriffe wie Konsumentenindex, Sozialstaat, Kultur- und Wertegemeinschaft. Ich beobachte Björn und kann mir nicht vorstellen, dass es irgendjemandem einfallen könnte, seinen Begriffen und Ansichten zu widersprechen. Mit welchen Worten könnte man auch gegen dieses Bollwerk vernünftiger Argumentation und die Bastionen seiner hehren Worte ankommen? Alles, was er sagt, wirkt ganz selbstverständlich, und man wundert sich fast darüber, dass es bislang noch nie jemand so gesagt hat. Ich blicke auf Sam, wie um eine Bestätigung für die Überlegenheit Björns zu bekommen, denn Sam ist ja klug, er ist hochgebildet und nach Meinung vieler der klügste Kopf der Gemeinde. Ich mustere ihn von der Seite und sehe, dass er die Lippen zusammengebissen hat. Seine schwarzen Fäuste sind so geballt, dass sie fast weiß aussehen. Erschrocken und etwas beängstigt drehe ich den Kopf langsam nach links und sehe, dass Þórður vor sich zu Boden blickt, die Kiefer fest zusammengepresst, die Sommersprossen sind dunkel angelaufen. Ach, denke ich, können sie Björn denn nie etwas gönnen? Tut jetzt nichts, bitte! Nicht wütend aufspringen und dergleichen! Verdammt, musste ich mich denn ausgerechnet zwischen sie setzen?

Und dann kommt's.

Ich erinnere mich, dass es völlig unvorbereitet kam. Es gab keinen Anlass, nichts, was den Saal auf so etwas vorbereitet hätte, doch auf einmal kann Þórður auf Karlsstaðir nicht mehr an sich halten und platzt.

Ja, er platzt buchstäblich vor Lachen.

Sitzt mitten im Saal und wiehert sich einen ab.

Und Björn hat die Welt in seiner Hand gehalten, hat Ideen verkündet, sie mit großen und ernsten Sätzen dargelegt, etwa, dass der Strom immer zu dem Feuer fließe, das am hellsten lodere, und niemand wagte etwas zu sagen, niemandem fiel etwas anderes ein als zuzuhören, ja, nicht einmal ein anerkennendes Alle Achtung zu murmeln, sondern nur stumm und andächtig zuzuhören – und da bricht der Karlsstaðirbauer in Gelächter aus, fängt schallend an zu lachen.

Þórður hat sein Gelächter niemals vernünftig begründet. Darauf angesprochen, zuckt er nur mit den Schultern: Manchmal muss man eben lachen, manchmal nicht, und da habe ich gelacht. Was natürlich keine Erklärung ist, sondern eine Ausflucht. Was auch immer der Grund war, jedenfalls zerfetzt das Lachen Björns zauberische Gewalt über den Saal, die Leute hören auf, sich für die Schwielen und Trauerränder an ihren Händen zu genieren, Flaschen und Flachmänner stecken nicht länger wie Steine in den Taschen, sondern fliegen heraus und werden fleißig gebraucht. Jón hängt nicht länger schlapp auf seinem Stuhl, sondern richtet sich auf, spreizt die Schenkel und stützt die Hände auf, hängt die Mütze an die Rückenlehne des Stuhls vor sich, und Rúnar auf Mýrar, der mit hängendem Kopf auf dem ersten Stuhl bei der Tür gesessen und schon alle Hoffnung auf Musizieren abgeschrieben hatte, hebt ruckartig den Kopf und richtet sich ganz auf, klein und dünn, wie er ist, auch mit einem kleinen Kopf, aber zwei großen Schneidezähnen, die seine Lippen nie ganz verdecken, sodass er stets über alles zu grinsen scheint. Ja, Þórður lacht also, Rúnar streckt sich und schaut sich hoffnungsvoll um, schleicht sich zu seiner Ziehharmonika, sitzt dann froh gestimmt und bereit da und lässt es sich nicht nehmen, zweimal zu rufen: Soll ich was spielen? Aber, offen gesagt, war es beide Male ziemlich unpassend. Beim ersten Mal sprach Björn gerade mit sichtlicher Erregung davon, dass jeder Opfer für den Fortschritt bringen müsse, und beim zweiten Mal war Þórður aufgestanden und hatte gerade gesagt: Teufel noch mal, verzapfst du hier einen Mist!

Jetzt darf man zurecht fragen, ob es nicht meine Pflicht ist, endlich den Inhalt von Björns Rede wiederzugeben, was er da so von seinem handwerklich solide gemachten Rednerpult herunter tönte. Doch ehrlich gesagt, kann ich mir Reden immer nur schlecht merken. Ihre Worte wollen immer ins Vergessen sinken und verloren gehen. Doch wenn ich tief in den Schichten meines Gedächtnisses grabe, kommen wieder einzelne Worte zum Vorschein, von denen ich ausgehen kann. Ich grabe noch tiefer und entdecke, dass sich hier und da ganze Bruchstücke dieser berühmten Rede erhalten haben, die ich wieder zusammensetzen könnte, denn ich kenne Björn und die Art, wie er redet. Ich weiß, welche Art Wörter er im Munde führt.

Die legendäre Rede Björns auf Hnúkar. Wenig später ging alles drunter und drüber

Veränderungen. Ich erinnere mich, dass Björn immer wieder auf diesem schauerlichen Wort herumkaute. Seine Meinung war bekanntlich, dass es keinen Sinn mehr machte, sein Heu zu binden, Schlachtvieh und Milcherträge bei der Genossenschaft anschreiben zu lassen, Zäune zu reparieren und Moore trockenzulegen; denn die Zeiten, in denen Tüchtigkeit und Geschick in der Landwirtschaft das sicherste Kapital eines jeden darstellten, waren vorbei.

Gewiss, sagte Björn. Ich erinnere mich, dass er »gewiss« sagte und mit der Hand eine ausholende Bewegung machte. Gewiss wird man solche Menschen auch weiterhin brauchen, aber die Gemeinde, die sich nur auf die alten Anbaumethoden verlässt, wird an Boden verlieren. Die lieben alten Gewohnheiten sind selbst reif zum Schlachten. Es braucht mutiges Denken, um uns aus den ausgetretenen Furchen zu lösen, denn es besteht die Gefahr, dass wir an den alten Zeiten kleben bleiben. Weiter sagte Björn: Veränderungen können schmerzlich sein, und Fortschritt kann Opfer kosten.

Wir leben schließlich nicht länger in einer abgeschotteten Welt. Noch haben wir allerdings die eine gemeinsame Telefonleitung, noch haben wir nur Schotterwege. Es ist schon ein Riesenaufwand, bloß aus der Gemeinde hinaus zu telefonieren, und man muss auch noch über schlaglochübersäte Straßen holpern, um einmal hier herauszukommen. Ich weiß, viele schätzen es, unter sich zu sein, und das hat ja auch seine Vorzüge. Die liebe Gewohnheit ist etwas Schönes, so bequem, immer alles in geregelten Bahnen zu haben. Ja, unsere Gemeinde ist gut. Sie ist schön, und hier leben tüchtige Menschen, wir haben einen Dichter hier, einen Gelehrten und Bauern, der in Amerika aufwuchs und Diplome von weltberühmten Universitäten besitzt. Ein Kulturleben gibt es hier: Kartenspielen im Winter, Fußball im Sommer, wir haben einen prima Kirchenchor, und im letzten Jahr und auch in diesem Sommer wieder hat unser schriftstellerisch veranlagter Gemeindevorsteher – du bist doch nicht beleidigt, wenn ich dich schriftstellerisch veranlagt nenne, lieber Jón, oder?, wendet er sich lächelnd an diesen, der seinerseits kaum den Kopf hebt. Ja, unser schriftstellerisch veranlagter Gemeindevorsteher hat zu unser aller Erbauung eine Art poetischer Anschlagtafeln an der Straße errichtet, und sein Einsatz legt beredtes Zeugnis ab vom lebendigen Interesse an unserem wertvollen literarischen Erbe. Ich neige der Ansicht zu, diese Tafeln als Beweis, ja als öffentliches Zeugnis dafür zu werten, dass in dieser unserer Gegend der Mensch nicht vom Brot allein lebt. Das ist gut so, das ist aller Ehren wert, ich behaupte sogar, es ist eine Notwendigkeit für uns. Doch obgleich unser literarisches Erbe so bedeutend ist, dürfen wir uns von ihm nicht den Blick auf die Realität verstellen lassen, wir dürfen den Traum nicht über die Wirklichkeit stellen, denn während man Bücher liest, passiert etwas draußen in der Welt. Ihr wisst sehr genau, wie sehr ich das schöne Wort schätze, und spät am Abend lese ich gern in den alten Sagas und erbaue mich an den Heldentaten unserer Vorfahren. Und die Schönheit in den Versen des einzig wahren Dichters, unseres Jónas Hallgrímsson, laben mich wie ein Lebenstrunk und kommen mir vor wie ein Elixier der Unsterblichkeit. Doch wie gern ich es auch möchte, darf ich mir nicht erlauben, mich in die Welt schöner Worte und gewaltiger Romanhelden zu verlieren – das tun schon andere, und ihnen kommt es zu, sie weiter zu vermitteln. Wie es etwa unser Gemeindevorsteher so hervorragend versteht. Währenddessen schultern wir anderen die Last des Wandels. Ja, liebe Mitbürger, uns stehen nämlich Veränderungen bevor. Machen wir uns doch nichts vor. Sehen wir den Tatsachen mutig ins Auge, wie sehr sie darin auch brennen mögen. Vor uns liegt eine Zeit der Veränderungen, der Probleme, der Mühsal und der unbarmherzigen Entscheidungen. Vor uns liegt eine Zeit der Opfer, aber auch reicher Erträge – für die, die etwas wagen. Denn wie es geschrieben steht, die, die säen, werden auch ernten. In Zeiten des Umbruchs müssen folgenschwere Entscheidungen getroffen werden, da braucht es große Ideen. Und es braucht Mut, sie zu verwirklichen. Die Menschen scheuen große Entwürfe, weichen sogar vor ihnen zurück und fragen aufgebracht, ob man jetzt etwa alles Frühere gering schätzen solle. Liebe Mitbürger, gar nichts soll gering geschätzt werden! Wir gehen auf neuen Feldern in die Offensive und vollenden damit erst das Werk unserer Vorväter. Groß gedachte Vorhaben sind kühn und riskant, aber sie eröffnen auch neue Horizonte, viele Möglichkeiten, ja, erlauben wir uns zu behaupten: Eine Erneuerung des Lebens. Freunde, ich erkläre hiermit, dass uns die Zukunft naht. Doch sie erreicht uns nicht auf Schotterpisten und sie spricht nicht durch *einen* Telefondraht. Die schönen Berge werden uns weiterhin umschließen, wie eine Mutter ihr Kind liebevoll in die Arme nimmt, aber in einem gewissen Sinn müssen sie auch verschwinden, die Meere werden zu kleinen Seen schrumpfen. In der Zukunft wird die Welt nicht aus zehntausend Einheiten bestehen, sondern aus einer. Wir können natürlich die Hände in den Schoß legen, oder Zäune reparieren, melken, Schafe scheren und von Gunnar und Njáll lesen, aber dann wird uns die Zukunft schlichtweg die Initiative aus der Hand nehmen, und die Gegend wird irgendwann aufgegeben werden. Und dann wird die Zukunft bitter. Haben wir aber den Mut und die Kraft, die Ärmel aufzukrempeln, Furcht und Tatenlosigkeit zu überwinden, dann bahnen wir selbst der Zukunft den Weg und empfangen sie zu unseren Bedingungen.

So sprach Björn auf Hnúkar.

So sprach er lange und gut.

Eine derartige Rede war in der Gegend noch nicht gehalten worden. Der Bauer auf Hnúkar hatte sich offensichtlich Gedanken gemacht. Er hatte seine ausländischen Zeitungen gelesen und nicht nur die Bilder betrachtet, wie der Gemeindevorsteher lange behauptet hatte. All die Jahre über hatte Björn Wissen aufgesogen wie die Wolken Feuchtigkeit, und nun regnete es auf uns herab. Björn breitet die Arme aus, öffnet sie, als wolle er alle Teilnehmer der Versammlung ans Herz drücken, beugt sich dann aber mit erhobenem Zeigefinger vor und sagt: Denkt daran, ja, denkt daran, dass die Welt kleiner geworden ist. Probleme im Westen sind auch Probleme im Osten. Die Welt ist ein Boot, in dem wir alle sitzen. Hier in dieser Gemeinde haben wir beispielsweise diesen Hof, der seit langem aufgegeben wurde und der für heutige Landwirtschaft völlig ungeeignet ist. Einer der Vorschläge, die ich den Abgeordneten unterbreitet habe, ging darauf aus, wie wir diesen Hof nutzen und zugleich zeigen können, dass wir bereit sind, ein Teil Verantwortung für die Welt zu übernehmen. Verantwortung für die Welt zu übernehmen, wiederholte Björn und verkündete dann die Idee, die den Abgeordneten außerordentlich gefallen hatte. Sie bestand darin, jenen brachliegenden Hof, Glæsivellir, als Endlagerstätte für die Gemeinde zu nutzen, und wenn es gut liefe, sogar für das ganze Land. Als Endlager für ausgediente Maschinen.

Björn schaut sich im Saal um und sieht auf jedem Gesicht ein Fragezeichen; daher beeilt er sich, hinzuzufügen: Jetzt fragt ihr sicher, sollen wir für andere die Müllhalde abgeben? Nein, natürlich nicht. Es wäre wirklich vollkommen falsch, so zu denken, kurzsichtig und die Sache in ihr Gegenteil verdrehend. Wir übernehmen lediglich kaputte Maschinen und anderen Metallschrott, vergraben ihn in der Erde und halten so andere Gegenden sauber, zeigen Verantwortungsgefühl für die ganze Gesellschaft und nehmen natürlich Gebühren für diese Dienstleistung ein; Geld, das unmittelbar der Gemeinde zugute kommt. Ich hab es einmal durchgerechnet, damit ihr euch ein Bild von der Größenordnung des Gesamtvolumens machen könnt: Innerhalb von drei Jahren könnten wir die Zufahrt zu jedem Hof asphaltieren lassen und zusätzlich überall Straßenlaternen aufstellen. Das Unternehmen würde drei bis vier Vollarbeitsplätze schaffen und noch einmal ebenso vielen ein hübsches, regelmäßiges Zubrot einbringen. So treiben wir den Aufbau voran, schaffen die Voraussetzungen für eine Industrieansiedlung, die eine Wende in Fragen der Landflucht bringen könnte; und ich hebe noch einmal hervor, dass so etwas für eine zahlenmäßig so kleine Gemeinde ein regelrechter Großbetrieb wäre. Von ihm ausgehend entstünden weitere Möglichkeiten, und die jungen Leute bräuchten sich nicht mehr anderswohin zu orientieren. Die Möglichkeiten würden dann nämlich unmittelbar vor ihrer Hauswiese beginnen.

Hier hört Björn auf zu reden. Er brüllt jetzt, die Augen weit aufgerissen und vor Überzeugungskraft glühend, denn er und die Abgeordneten hatten noch mehr miteinander besprochen, zum Beispiel über die Schotterflächen zwischen Melholt und Hnúkar, dort liegen nämlich große Summen, und zwar im Schotter, ja, denkt mal an, in dem unfruchtbaren Geröll, über das wir und unsere Vorfahren so geflucht haben. Malt euch das einmal aus: gestern ein Fluch, morgen ein Segen! Dieser Schotter ist nämlich hervorragendes Material zum Anmischen von Beton. Denkt nur mal an die kleine Geröllhalde gleich bei Melholt, auf der kein Grashalm wächst. Sie besteht aus Material, aus dem man in der Stadt Wohnblöcke baut. Liebe Freunde!, brüllt Björn, Schweißtropfen springen unter seinem Haaransatz auf und strömen ihm übers Gesicht. Ich glaube und bin davon überzeugt, dass in uns die gleiche Schläue, der gleiche Mut und die gleiche Voraussicht steckt wie in unseren Vorfahren, als sie auf zerbrechlichen Schiffen über das offene Meer segelten und ein raues Land besiedelten. Ja, die berühmten Ahnen und die wackeren Freiheitshelden, die der Dichter besang. Wenn wir diesen Mut aufbringen, wenn wir die Tatkraft zeigen, die es braucht, um die Erneuerung zu beginnen, wenn wir uns jetzt dazu aufraffen – ja, warum die Beschlüsse dazu nicht gleich jetzt treffen? –, dann kann ich gleich morgen Früh in die Stadt fahren und den Parlamentariern Bescheid geben, und alles wird seinen Lauf nehmen. Wenn genügend Mut vorhanden ist, dann wird dieser heutige Abend wie ein Blitz weit ins nächste Jahrhundert hineinleuchten! Und fürchtet nichts, selbst wenn die Knechte der Gewohnheit aus anderen Gemeinden kommen, um sich über unsere Initiativen lustig zu machen! Ihr nebulöses Gespöttel wird sich in neidisches Winseln verwandeln, und, liebe Mitbürger, vergesst nicht: Wo hoher Gedanke Bahn sich bricht, es auch dem Helden an Mut nie gebricht.[3]

Und da lachte Þórður los.

Genau, das war die Stelle, an der Þórður losplatzte. Er lachte, und Björn verlor die Zauberkraft, die der unaufhörliche Strom seiner Worte ihm verliehen hatte. Sein Tonfall, die Gestik, Mimik, die Konzentriertheit seiner Worte hatten ihm diese magische Aura verliehen und zugleich jedes eigenständige Denken in den Köpfen der Versammlung eingeschläfert. Björn schien es mehr oder weniger instinktiv zu spüren, ob und wann jemand

---

[3] Schon mehrfach hat Björn in seine Rede Anspielungen auf den romantischen Dichter Jónas Hallgrímsson (1807–45) einfließen lassen. Hier zitiert er nun (falsch) zwei Zeilen aus dessen Gedicht an eine Elfe *(Hulduljóð)*.

Zweifel an seinen Behauptungen und Argumenten hegte, wann er einen Satz tiefer einhämmern, ein Argument verdichten oder jeden erdenklichen Einwand mit bombastischen Wortungetümen wie Wirtschaftswachstum und Arbeitslosenquote im Keim ersticken musste. Vielleicht wollte er nur seine perfekte Vorstellung damit krönen, ein feierliches Zitat einzuschieben, über Þórður und andere vollends triumphieren, indem er ihnen Verse entgegenschmetterte, die den Glanz der Dichtkunst über sich trugen. Aber was immer Björn im Sinn hatte, Þórður wachte davon aus der Betäubung auf, die sich zeitweilig auch über seine Sinne gelegt hatte. Er warf den Kopf in den Nacken und wieherte los.

Und der Bann war gebrochen.

Ólafur Ólafsson, Bauer auf Melholt, erhebt sich und sagt etwas in der Art, dass es ihm grundsätzlich scheißegal sei, wenn so ein dahergelaufener Vollidiot aus der Stadt dämlich genug wäre, für das unfruchtbare Geröll auf seinem Land ebenso hartes Geld auf den Tisch zu blättern, aber mit dem verdammten Hügel sei es nun einmal so, dass dieses Arschloch von Wüstenei den Hof vor dem dreimal verfluchten Nordostwind schütze, der in diesem zugigen Windloch alles kalt mache, und selbst wenn man dafür Geld bekäme, wäre es doch verdammt ungemütlich, die ganze Scheiße voll in die Fresse zu kriegen. Mehr hab ich dazu nicht zu sagen. Sagt Ólafur, setzt sich, kreuzt die Arme über der Brust und scheint mit sich selbst ganz zufrieden zu sein.

Jau, sagt Björn und zieht das Wort ein wenig verunsichert in die Länge, wirft auch einen Seitenblick auf Þórður, der versucht, sein Gegiggel in der Handfläche zu ersticken. Ja, der Windschutz. Gut, dass du darauf zu sprechen kommst, Nachbar. Dem, der den Fortschritt will und genügend Weitsicht und Mut aufbringt, ihn in Angriff zu nehmen, wird anfangs oft der Wind ins Gesicht schlagen. Du weißt selbst, Ólafur, und wir wissen es alle: Der, der vorangeht, bekommt das meiste ab. Ich will aber auch daran erinnern, dass die Gefahr besteht, in harten Zeiten Schutz zu suchen und dann in den Unterschlüpfen einzuschlafen, in Untätigkeit dahinzudämmern. Ich will daran erinnern, dass man manchmal die Stürme seiner Zeit am eigenen Leib erleben muss, sonst weiß man nämlich nicht, woher der Wind weht.

Sagt Björn und scheint vorübergehend den Saal wieder in seine Gewalt bekommen zu haben. Es herrscht Grabesstille, und in diese Stille hinein gießt er sich Wasser in sein Glas, trinkt, lächelt und will endlich fortfahren, da ist die Rede von Bauer Björn zu Ende. Die Stille war nur die Ruhe vor dem Sturm. Eine trügerische Ruhe. Als hätte jemand ein Handzeichen gegeben, bricht in der Versammlung ein Debattieren aus, in dem keiner mehr richtig zu Wort kommt. Die Leute drehen sich auf ihren Stühlen um, streiten sich mit ihren Sitznachbarn oder pflichten ihnen bei, und manche haben einfach den Kanal voll. Es geht auf halb zwölf zu, Rúnar greift optimistisch nach seinem Akkordeon und wartet ab, dass die Leute des Wortgemenges müde werden, die Argumente beiseite legen und endlich juchhu und juchheisassa rufen und eine Polka hören wollen. Ja, es geht auf Mitternacht zu, und Jón ist blau.

Ich dachte, ich wäre der Gemeindevorsitzende, brüllt er ein paar Mal, kommt auf die Beine und wiederholt es mehrmals ohne ersichtlichen Grund.

Natürlich bist du der Gemeindevorsteher, was soll denn das Ganze?, zischt seine Frau und versucht ihn auf seinen Platz herabzuziehen.

Bin nicht ich hier der Gemeindevorsteher?, grölt er wieder, achtet nicht auf seine Frau und schiebt sich mit den Ellbogen zum Pult durch. In Reichweite von Björn macht er Halt, und so stehen sich die beiden Häupter der Gemeinde gegenüber. Welch ein Anblick! Der eine im Anzug, der andere in hellem

Blouson mit Schirmmütze. Jón hat aufgehört laut brüllend zu fragen, wer denn hier eigentlich der Gemeindevorsteher sei, und stochert stattdessen mit hoch erhobenem Finger herum; Björn ebenfalls, und so versuchen sie den jeweils anderen mit tadellosen Argumenten und endlosen Erklärungen zu vernichten. Jón läuft zu immer besserer Form auf, mit einem geradezu brillanten Wortschatz, verblüffend in seiner Unverschämtheit, mit einem feinen Näschen für den schnellen Hieb. Björn schwerfälliger, vor allem, wo er nicht vorbereitet ist, dafür aber beharrlicher und unermüdlich. Wie ein behäbiger Strom fließt seine Rede durch die Ausbrüche und Tiraden des Gemeindevorstehers. Dann erwähnt einer von ihnen die neuen Lichter von Hnúkar, und da kommt Schwung in Björn, denn das ist ein Thema, das er gründlich durchdacht und für das er sich ein paar Sätze zurecht gelegt hat, die er anderen um die Ohren hauen wollte. Er wird erregt und beredt zugleich, und ganz unerwartet blitzen dichterische Ausdrücke in seiner sonst etwas ungehobelten Wortwahl auf. So erregt es zum Beispiel Aufsehen, als Björn ausruft, dass seine Lichter wie eine Brosche an der nachtdunklen Brust der Erde funkelten. Allerdings wies Starkaður schon am nächsten Tag nach, dass die Metapher aus einem Gedicht geklaut war. Überhaupt wäre Björn besser bei seinen eigenen Worten geblieben, denn kaum hat er das Wort »Erde« ausgerufen, da springt Sam auf, als habe ihm jemand einen glühenden Speer durch die Brust gestoßen. Alle Wetter! In dem einen Moment sitzt er noch neben mir, und im nächsten steht er aufrecht da und heult los, dass alle vor Schreck das Reden einstellen. Noch einmal stößt Sam einen Schrei aus, diesmal aus besinnungsloser Wut. Beim dritten Mal legt er den Kopf zurück und brüllt aus Leibeskräften. Vielleicht um Überdruck loszuwerden, und damit er sprechen kann, ohne dass der Zorn seine Worte zerstückelt.

Sam, mit Augen wie glühende Kohlen: So, das nennst du also Fortschritt, was?! So viele Straßenlaternen aufzustellen, dass du den nächsten Hof nicht mehr siehst. Du nennst es Fortschritt, einen solchen Lichtzauber zu veranstalten, dass du den Sternenhimmel nicht mehr sehen kannst. Fortschritt nennst du es, Schrott einzusammeln und in der Erde zu verbuddeln, und für ein paar Kronen ganze Hügel und Gesteinsfelder abzutragen. Und was willst du tun, wenn Hügel und Brachflächen verschwunden sind und nur noch nackter Fels und Schrotthaufen zum Himmel starren? Wirst du dann deine Geldscheine fressen und zuhören, wie der Wind durch die Stahlskelette pfeift? Fortschritt! Du drischst hier Phrasen von Fortschritt und Weitblick. Weißt du überhaupt, was das Wort bedeutet? Es bedeutet, dass man einen weiten und freien Blick hat. Aber du machst um dich herum so viele Lampen an, dass du nichts siehst als Glühbirnen. Du versteckst dich hinter einem Vorhang aus elektrischem Licht!

Björn, fast beschwichtigend: Na, na, na. Wir sollten uns doch an die Vernunft halten und nicht in Zorn und Dummheiten verstricken; denn das Eine kann ich dir sagen, Sam, ich sehe weit voraus, sehr weit sogar. Ich bin mir durchaus bewusst, dass einige unserer Schuttflächen unter Naturschutzgesichtspunkten wertvoll sind, besonders Stóridalur. Genauso wie viele andere Stellen unseres schönen Landes. Aber wir werden nicht drum herum kommen, etwas zu opfern, vor allem nicht, wenn der Gewinn auf der anderen Seite so groß ist.

Jón: Schon möglich, mein werter Bjössi, dass du weit vorausschaust, aber, mein Lieber, das Grasbüschel vor deinen Zehen, das siehst du nicht, und deshalb wirst du auf die Schnauze fallen und in deinem eigenen Hochmut ertrinken.

Sam: Ja, genau, auf die Schnauze fallen, die etwas von unserer Pflicht gegenüber der Mitwelt und den Nachkommen faselt. Aber was ist mit dem Land? Sollen wir nur mal eben danke sagen für tausend Jahre und dann Erdhügel zu Häusern verarbeiten und Gebirge aus Stahl aufrichten? Und meinst du, man kann einfach mit solchen Vorhaben loslegen, ohne vorher die Folgen zu bedenken?

Björn, siegessicher: Du kannst wohl kaum die Landschaft essen, du mistest den Stall nicht mit schönen Flötentönen aus, du kaufst keinen Heubinder für einen Strauß Butterblümchen. Was weißt du schon von Folgen? Du solltest hübsch die Klappe halten, Sam. Geh vor die Tür und friss Gras! Wir hier drinnen aber müssen über die Zukunft entscheiden, und das tut man am besten mit Vernunft und Überlegung, nicht mit Sentimentalitäten. Die gehören in die Literatur, hier aber muss man klar denken, mit Entschlossenheit und der Bereitschaft, Opfer zu bringen ...

Rúnar: Soll ich nicht mal was spielen?

Sam brüllt einen lästerlichen Fluch heraus und sagt etwas, das ich hier nicht wiederholen möchte, doch da verliert Björn die Beherrschung und zahlt ihm mit noch gröberer Münze zurück; sicher hat er es nicht so gemeint, aber wegen des Fortgangs der Ereignisse muss ich es leider wiedergeben, denn Björn knurrt ihn geradezu an: Was redest ausgerechnet du eigentlich von Pflichten gegenüber unserem ererbten Land und unseren grandiosen Vorfahren? Es ist wohl kaum zu übersehen, dass du nicht von Gunnar auf Hlíðarendi, Egill oder dem heiligen Olaf abstammst. Denn du bist ja gar nicht von hier, du hast keine Ahnung, du zählst überhaupt nicht; nicht, wenn's drauf ankommt, denn du bist nicht von hier, bist nicht auf isländischem Boden gewachsen, du ...

Þórður springt auf: Verdammt noch mal, redest du eine Scheiße zusammen!

Rúnar: Soll ich nicht mal was spielen?

Salvör: Die Hunde sollte man auf dich hetzen!

Björn, erschrocken: Ich ...

Guðmundur auf Hamrar: Wir brauchen hier keine Hunde. Ich bin doch da.

Björn: Na ja, ich ...

Sam, noch immer laut, aber doch mit unheilschwangerer Ruhe in der Stimme: Soll ich dir mal sagen, was es braucht, um ein Isländer zu sein? Eine kleine Belehrung darüber kannst du offenbar vertragen. Dazu braucht man nämlich weder mit Egill noch mit Gunnar verwandt zu sein. Dazu braucht man ganz was anderes: Man muss dazu Wasser getrunken haben, das noch durch unberührtes Land geflossen ist, man muss auf einem Grashalm aus einer Wiese gekaut haben, die noch nie Kunstdünger gesehen hat, man sollte die Saga vom weisen Njáll gelesen haben, Hallgrímur Pétursson, Páll Ólafsson, *Isländischer Adel* und *Advent im Hochgebirge* und in seinen fröhlichsten Stunden unbedingt *Über kalten Wüstensand* singen wollen ...

Jón: Und die *Islandglocke* nicht zu vergessen, die muss man unbedingt lesen.

Þórður: Ja, kann schon sein; aber es reicht die englische Übersetzung.

Jón: Du lügst, du Schurke!

Sam: ... davon ausgehen, dass die meisten immer zu spät kommen; ein bisschen rücksichtslos, aber auch leicht manipulierbar sein, fleißig und voll guter Einfälle, in den Bergen Angst vor Geistern haben, Hügelchen wegen der Elfen respektieren und Felsbrocken wegen der Zwerge – und genau deshalb verhökert man auch nicht einfach irgendwelche Steine, ob sie sich nun als Baumaterial eignen oder nicht, und man lässt gewisse Hügel in Ruhe, was einem dafür auch geboten werden mag. Um ein Isländer genannt zu werden, muss man dieses Land so von Herzen lieben, dass es blutet, man muss stets daran denken und darf nie vergessen, dass dich dieses Land besitzt und nicht umgekehrt, und wer es dennoch verkauft, hat auf ewig seine

Seele verkauft! Dem wird nicht nur sein Sterben zur Hölle, sondern auch die ganze Ewigkeit danach. Trolle werden ihn piesacken und in tiefste Finsternisse stoßen, und, Björn, man muss dieses Land bis zum Schmerz lieben und bereit sein, selbst seinen guten Ruf zu opfern, wenn es darum geht, solche wie dich zu stoppen, die blind glauben, Technik sei das Gleiche wie Fortschritt, glauben, dass Vorsicht und Behutsamkeit Schwächen seien und dass elektrisches Licht besser sei als das Funkeln der Sterne. Und jetzt Gnade uns Gott, uns beiden, Bauer Björn, denn ich bin so besoffen von diesem Land, das du verscherbeln willst. Jetzt Gnade uns Gott, Björn, und irgendwer muss mich jetzt zurückhalten, denn ich selbst kann es nicht!

So endet die fiebernde Rede des Bauern auf Tunga.

Und bevor jemand mit den Augen zwinkern oder piep sagen kann, ist er aufs Podium gesprungen, fegt den massigen und kräftigen Jón beiseite wie ein Knäuel Wolle, schnappt Björn am Schlafittchen, ringt ihn zu Boden, brüllt dabei wie ein Berserker und fängt an, auf ihn einzudreschen. Björn krümmt sich und verstummt unter dem völlig Ausgerasteten, der Gemeindevorsteher, der gestürzt war, als Sam ihn beiseite schubste, steht auf und johlt: Ja, polier ihm die Fresse!

Die Leute springen auf, Stühle fallen um. Was ist los?, kreischt jemand. Guðmundur auf Hamrar, Sveinn auf Brekka und Þórður schaufeln die Menschen beiseite, um selbst zum Pult zu kommen, ehe Sam Björn den Garaus macht.

He, was soll das denn?!, wird gerufen, Rúnar beugt sich über sein Akkordeon, um es mit dem eigenen Körper zu schützen. Verdammte Scheiße noch mal!, ruft die Stimme wieder, da wirft sich plötzlich jemand auf Rúnar, Unnur ist es, und schüttelt ihn: Spiel was, Mann, spiel!

Was soll ich denn spielen?, fragt Rúnar und fährt ratlos mit den Händen über Tasten und Knöpfe.

Egal, spiel irgendwas! Bloß keine Polka. Egal, was sonst, aber spiel, Mann!

Und mitten in dem ganzen Tohuwabohu, dem Lärm und Getöse beginnt Rúnar auf Mýrar seine Quetschkommode auseinander zu ziehen und zusammenzudrücken. Sam wird von Björn heruntergezogen, dessen Nase blutet, sein Hemd und sein Jackett sind zerrissen, die Versammlung löst sich auf und wird unversehens zum Ball.

Der Apostel verkündet ein paar Worte über die Zukunft

Derart problematisch kann es sein, ein Gespräch über die Zukunft zu beginnen. Sie bringt die zurückhaltendsten Menschen zur Weißglut, lässt selbst die Sensibelsten ausflippen. Man darf wohl sagen, dass die Zukunft brisant ist, nicht gut für Herzkranke, viel über sie zu reden. Der Apostel kaut Zuckerstücke in der Küche auf Karlsstaðir und spricht mit Þórður und Salvör über die tieferen Gründe hinter der Aufregung, die auf der Versammlung um sich griff.

Also, hmm, sagt er, füllt sich zum dritten Mal die Tasse mit schwarzem Kaffee, und deutlich hört man, wie das Zuckerstück zwischen seinen Zähnen knackt. Mmmhh, die Zukunft, jaa. Der Apostel rührt langsam im Rahm, die schweren Lider legen sich über die Augen, und ich sehe sein Gesicht vor mir, wie es an jenem Augusttag vor bald zwanzig Jahren aussah, sehe den ganzen Mann, wie er in der Sahne rührt, lang und fast hager, grobknochig, die Schulterblätter wie Flügelstummel vorstehend, der Hals lang und weiß, auch das Gesicht länglich, ein sensibler Mund unter gebogener Nase. Und die sehr hellen Augen liegen tief unter gewölbten Brauen.

Also, sagt er, streicht sich sacht über das dünne, aschblonde Haar. Die Zukunft. Ja, die ist, nun, wie soll ich sagen, sie ist die Zeit, die noch nicht gekommen ist. Sie gehört der gesamten Menschheit. Nicht mehr und nicht weniger. Und sie wird kommen, ob wir wollen oder nicht. Nicht morgen und nicht übermorgen, sondern in so weiter Ferne, dass niemand weiß, wie sie aussehen wird. Wir wissen nur eins, dass sie kommt. Was uns aber aus der Ruhe bringt, ist, dass wir sie trotzdem mitgestalten. Unsere Worte, unsere Taten geben der Zukunft Form und Gestalt. Unser Leben ist die Zauberformel, die schon jetzt kommende Zeiten formt. Ich könnte mir denken, das ist der Grund, weshalb jedes Gespräch über die Zukunft in Träumereien oder Prügeleien ausartet. Wir ertragen das einfach nicht. Könnte ich mir vorstellen.

So sprach der Apostel zwei Tage nach dem Treffen. Der Herbst rückt näher, und bald finden die Aktivitäten des Vorreiters Eingang in meine Erzählung, bald tritt die Frau, die den Dichter Starkaður Jónasson fast an den Rand des Grabes bringen sollte, aus der Erinnerung und kleidet sich in Worte. Doch vorher will ich noch rasch etwas notieren, das sich nach der Auflösung der Versammlung auf dem Plan ereignete.

»Es war, als hätte Gott vom Himmel herab zu mir gesprochen«

Ich werde es wohl kaum je vergessen, wie Guðmundur, Sveinn und Þórður den tobenden Sam von Björn herunterzogen und wie durch die ganzen Schreie, das Stühleklappern, Gerangel und Geschimpfe unbekümmerte und fröhliche Akkordeonklänge laut wurden.

Das Blut schoss Björn aus der Nase, der feine Anzug hing in Fetzen. Die Gefolgsleute des Bauern auf Hnúkar trugen ihn fast hinaus zu seinem Auto. Einer der angesehensten Großbauern der Gegend, Ágúst auf Sámsstaðir, meinte, das ginge nun doch zu weit, und fuhr ebenfalls. So verschwand etwa die Hälfte der Teilnehmer; die anderen tanzten.

Rúnar traktiert das Akkordeon, das Paar von Skógar schwebt raumgreifend über das gesamte Parkett, und der Irrwisch von Sam tanzt sich die Wut aus dem Leib. Schweiß perlt ihm auf der schwarzen Stirn, und meine Güte, wie tanzt du denn, als wenn ich Holzfüße hätte, beschwert sich Unnur. Auch ich, der Junge, zappele mir einen ab, trunken vor Freude und Glück, Zeuge eines großen Ereignisses geworden zu sein.

He, Óli Skans, Mann, geh zum Franzmann!, krakeelt Sam. Rúnki, noch ein Lied!

Und die Nacht schreitet fort.

Hier, altes Haus, trink mal was Ordentliches, dröhnt Jón und reicht Þórður eine Flasche Remy Martin. So was trinkt man im Himmel, behauptet er und erkundigt sich dann nach Starkaður.

Wo steckt er denn? Þórður lacht und ruft durch den Tumult, dass sein Bruder an der Matratze horche, während andere das Tanzbein schwängen.

Das liegt daran, dass er ein Skalde ist, sagt Jón ergriffen, packt Þórður bei der Schulter und brüllt ihm ins Ohr, dass es ein schweres Los sei, Dichter zu sein. Manchmal müssten sie die Zeit und die Welt ganz für sich allein haben. Es gibt viel, über das sie nachdenken müssen, aber, hier, probier noch mal den Kognak und sag mir, wie du meinen letzten Anschlag gefunden hast. Du darfst ihn mir nicht übel nehmen! Du bist mir doch nicht böse? Das will ich nicht hoffen, denn, jetzt hör mir zu, Þórður, ich sage dir aus der Tiefe meines Herzens, wir können in vielem uneins sein, das können wir, aber, hör zu, trink noch ’nen Schluck und hör mir zu, Freund, denn wir sollten Freunde werden, ja, das müssen wir, kann schon sein, dass wir in vielem verschieden sind, aber wir kommen beide von der Literatur, verstehst du, Þórður? Komm mal hier an die Wand, dann erzähle ich dir, wie ich noch als Knirps einmal in den Bergen war und die Dichtkunst in meinem Blut singen fühlte, singen und brausen. Das ist eine heilige Erinnerung für mich, die ich noch niemandem anvertraut habe. Es brauste und sang, es war, als hätte Gott vom Himmel herab zu mir gesprochen, mich zur Dichtung berufen, denn die Poesie ist Gottes Sprache hienieden auf Erden. Ah, komm her, mein Freund, ich wollte dir schon so lange das eine oder andere sagen, denn auch du bist ein Abkömmling des Geistes, sogar fast ein Dichter.

So redet der Gemeindevorsteher, trinkt aus der Flasche, und Þórður trinkt aus der Flasche, manchmal auch andere, meist aber nur die beiden. Guðmundur auf Hamrar kommt dreimal vorbei und nimmt jedes Mal einen anständigen Schluck.

Wie kann das eigentlich sein, Jón?, fragt er schließlich. Jetzt habe ich schon dreimal tief in die Flasche geguckt, und immer hast du noch einen guten Schluck übrig. Ich trinke doch nicht aus einem Fass ohne Boden?

Da lacht Jón und zieht noch eine zweite Halbliterpulle aus der Tasche, damit alle sehen, dass er zwei von der gleichen Sorte dabei hat, und der Gemeindevorsteher muss so über seinen Streich lachen, dass er zu Boden sinkt, mit ausgestreckten Beinen da sitzt und vor Lachen Schluckauf bekommt. Rúnar zieht und quetscht das Akkordeon, und draußen ist Nacht mit verstummten Vögeln und dem Fluss, der sich durch das Land gräbt, und gerade als die Ausgelassenheit allmählich nachlässt und eine wohlige Müdigkeit die Schritte schwerer macht, gehen die Freunde Jón und Þórður vor die Tür, um sich zu prügeln. Die Freunde, denn Þórður hat dem Gemeindevorsteher einen Schlag auf die Schulter gegeben, wie ein König einen Knappen zum Ritter schlägt, und verkündet, dass Jón ein anständiger Kerl sei, mit der einen Ausnahme, dass er viel zu viel Verehrung für Halldór Laxness hege. Das wäre allerdings eine im ganzen Land verbreitete Unsitte.

Aber, lieber Freund, sagt Jón zu seinem frisch gekürten Freund. Halldór ist unser Nationaldichter, und ihm gebührt als solcher der Lorbeer. Das kannst du doch nicht bestreiten. Bitte, streite es nicht ab!

Nationaldichter, sagt Þórður und kaut eine Weile auf dem Wort herum. Nationaldichter, meinetwegen. Aber nur, weil er unser gängiges Verständnis von Literatur widerspiegelt. Er ist der epische Traum. Þórbergur dagegen, der Allwalter isländischer Zunge, befindet sich in permanentem Aufstand gegen festgefahrenes Denken. Er ist viel zu sprunghaft und quecksilbrig, um sich für Feierstunden zu eignen, zu unberechenbar, um einen Nationaldichter abzugeben. Seine Art, die Welt zu betrachten, und der Kern seines Denkens, werter Herr Gemeindevorsteher, sind ganz ähnlich denen von Æra-Tobbi[4], und Autoren solcher Art werden niemals Nationaldichter, denn selbst noch ihr gröbster Nonsens kann sich im Handumdrehen in wahrhafte Prophezeiungen verwandeln. Daher scheuen gewisse Leute, sie am Rednerpult zu zitieren, weil der Schuss nämlich nach hinten losgehen könnte. Ein unschuldiges Sätzchen von ihnen könnte blitzschnell allen Anwesenden die Hosen runterlassen, den Redner selbst inbegriffen. Halldór in allen Ehren, mein bester Jón! Gut, in ihm haben wir einen ordentlichen Schriftsteller, meinetwegen sogar einen Meister, der zu seiner Zeit ein paar schwere und gerechtfertigte Hiebe austeilte; aber du musst auch sehen, dass es im Charakter und vorgezeichneten Weg so manches kritischen Spielverderbers liegt, sich im Lauf eines Abends zum Festredner zu wandeln, und seine Bisse zu blumigen Küssen.

Das sagt Þórður mit klarster Stimme und in Remy Martin schwimmenden Augen; doch Jón ist nicht nur zum Vergnügen Gemeindevorsteher. Er weiß, wie man in entscheidenden Situationen reagieren muss. Daher endet das nächtliche Vergnügen damit, dass die beiden mal eben vor die Tür gehen und mit den Fäusten entscheiden wollen, wer der bessere Autor sei, Þórbergur oder Halldór.

Jón: Komm mal eben mit raus, Junge, und ich werde dich

---

[4] Æra-Tobbi = der durchgedrehte Tobias. Isländischer Dichter des 17. Jahrhunderts, über dessen Leben wenig bekannt ist. Jedenfalls verfasste er ziemlich eigenwillig-schnurrige Gedichte, derentwegen er von vielen als geisteskrank angesehen wurde. Andere glaubten, ihnen wohne die Kraft von Zauberformeln und Prophezeiungen inne. Heute klingen diese Nonsens-Gedichte überraschend modern, und es hat sich gezeigt, dass in vielen eine durchaus nicht schwachsinnige Kritik versteckt ist. Das vermeintlich unsinnige Wortgeklapper machte Tobbi allerdings für die Obrigkeit unangreifbar. Hätte sie ihn deswegen belangt, wäre er damit für zurechnungsfähig erklärt und seine Gedichte wären aufgewertet worden.
Ein (frei übersetztes) Beispiel: Umbrum brumbrum seisdrum und johlen, knackgehen brackgehen und glühende kohlen, der teufel soll die dänen holen

samt deinem Þórbergur zwischen die Wiesenhöcker stampfen, dass ihr euch nicht mehr rühren könnt!

Þórður: Das wollen wir mal sehen!

So hatte sich das entwickelt. So liefen die Vorgeplänkel zu dem bemerkenswerten Ereignis ab, dass sich zwei Bauern aus dem Westland prügelten, um festzustellen, wer der größere Autor sei, Halldór Kiljan Laxness oder Þórbergur Þórðarson.

Es ist eine Augustnacht vor vielen Jahren, Berge ragen aus der Dunkelheit, ein Fluss strömt zum Meer, der Staubdrachen schläft in der Schotterstraße, die Wiesen machen Buckel, Insekten sind im Gras unterwegs, und vor dem Gemeindehaus stehen sich diese beiden Männer gegenüber. Der eine, mittelgroß, untersetzt mit breiten Schultern und ohne ein Gramm Fett am Körper, wischt sich mit kräftigen Armen über die kurze Nase und grinst. Der andere ist gut sieben Zentimeter größer und auch kräftiger, hat längere Arme und reckt den Kopf vor wie ein Bulle; aber er hat schon etwas angesetzt und seine Bewegungen sind langsamer; außerdem ist er fünfzehn Jahre älter. Dann gehen sie aufeinander los, und wir Übrigen kreischen vor Spannung und Vergnügen darüber, wie unterhaltsam das Leben ist. Da ringen zwei Bauern miteinander, und einer von ihnen ist sogar Gemeindevorsteher. Die Erde bebt unter dem Anprall, Gras stiebt auf, sie keuchen und ächzen, spannen sämtliche Muskeln an, versuchen sich gegenseitig auszuhebeln, brüllen, zerreißen Kleider und wälzen sich im Gras.

Das sind schon gesunde Menschen, die da hinter dem Pass leben. Anstatt sich mit Worten fertig zu machen, wälzen sie sich im Gras.

Doch die Nacht ging herum, und das taten die nächsten Tage auch.

Endlich kommen wir zum Vorreiter, und da ist die Liebe auch nicht mehr fern. Sieh, wie sie sich über das Flachland des Realismus erhebt und mit dem Blau des Himmels verschmilzt!

Der August ist weit fortgeschritten, und ich bin schon darauf vorbereitet, den Schauplatz zu wechseln. Björn ist nämlich nicht der Einzige, der an die Zukunft denkt und Pläne schmiedet. Denn es lebt ein Mann im Ort, der sollte seine Fingerabdrücke auf dem merkwürdigen Wesen hinterlassen, das Zukunft heißt.

Ich spreche vom Vorreiter.

Endlich ist die Reihe an ihm.

Und da ist auch die Liebe nicht weit. Sieh, wie sie sich über das Flachland des Realismus erhebt und mit dem Blau des Himmels verschmilzt!

Die Versammlung ist vorbei, und fünf Tage sind seither vergangen.

Fünf Tage lang ballten sich dichte Wolken über der Gemeinde, rieben sich an den Bergen, manchmal piekste die daunenweichen und feuchten ein steiler Gipfel, und dann regnete es. Am fünften Tag aber reißt die Bewölkung allmählich auf, blauer Himmel blinkt durch, und ich bekomme den Auftrag, den Hühnerstall auszumisten. Eine beschissene Arbeit, die fast immer an mir hängen bleibt. Vielleicht hegte ich deswegen lange eine Abneigung gegen diese Vögel, die nie fliegen, außer in ihren Träumen – obwohl ich so meine Zweifel habe, dass überhaupt Träume in diesen kleinen Köpfen Platz haben. Ich kratze also den Mist unter diesen ewig kackenden Hühnern weg, mit denen ich mich erst versöhnen konnte, als ich viele Jahre später Hagalíns *Elfenbeinpalast* las, und murre die ganze Zeit »Verdammter Mist!« vor mich hin, da taucht Starkaður auf und erklärt auf mein Fragen hin, dass er uns einen Job als Mitarbeiter des Vorreiters besorgt hat, für mindestens eine Woche, wahrscheinlich aber die ganze Schlachtsaison über.

Starkaður: Ich habe von Óli den Lada bekommen. Morgen früh um neun fangen wir an. Du weckst mich.

So sah die Welt aus, ehe alles anders wurde

Es ist früh am Morgen. Starkaður hat beide Hände am Lenkrad, beugt sich weit vor, und es fehlt nicht viel, dass seine Stirn an der Scheibe klebt. Der Rekorder spult die Beatles ab, und wir fahren durch einen zwanzig Jahre alten Morgen, es wird von einem Taxman gesungen, von einsamen Menschen, die vergessen werden, sobald sich die Erde über ihnen schließt, über Müdigkeit, die so groß ist, dass sie nicht einmal der Schlaf überwältigt, und am Ende taucht auch noch ein gelbes U-Boot auf. Es ist früh am Morgen, und der Lada verwandelt sich manchmal selbst in ein Yellow Submarine. Eine dicke Wolke siebt das Sonnenlicht, die Vögel sammeln sich auf den Wiesen, und vom Sommer ist nur noch so wenig übrig, dass er bald auf dem Rücken eines einzigen Regenpfeifers Platz hat. Der fliegt dann davon und verschwindet übers Meer.

So sah die Welt aus, ehe sich alles änderte.

Damals wusste ich natürlich nicht, was ich jetzt so gut weiß, viele tausend Morgen später. Jetzt sehe ich, wie das Schicksal naht. Trotzdem kann ich es nicht ändern. Ich bin ein machtloser Allmächtiger. Sitze am Schreibtisch und versuche die Erinnerungen, die irgendwo durch die Sprache klingen, in Worte zu fassen. Draußen liegt ein dunkler, von Straßenlichtern durchlöcherter Morgen, vereinzelt fahren Autos aus der Stadt und verschwinden im Dunkel des Landes. Doch ich erinnere mich noch so gut an einen anderen Morgen, einen viel helleren, als Starkaður und ich uns der Ortschaft mit fünfundsiebzig Stundenkilometern näherten. Ich weiß jetzt, wie gesagt, was ich damals nicht wusste; nämlich dass wir nicht nur dem Ort entgegenfuhren, sondern dem Schicksal, Starkaður's Schicksal. Doch was ich sagen wollte: Bald rollt ein gelbes U-Boot als roter Lada getarnt in den Ort, und dort erwartet Starkaður Jónasson von Karlsstaðir sein Schicksal.

Der Vorreiter wird förmlich in die Geschichte eingeführt

Wie viele wissen, gehört der Vorreiter heute zu den angesehensten Männern der Gegend. Aufgrund seiner Tüchtigkeit, seiner Weitsicht und seines Mutes hat mittlerweile eine Reihe von Leuten Arbeit, fahren Neuwagen über asphaltierte Straßen und saugen Satellitenschüsseln auf den Hausdächern die weite Welt in den kleinen Ort. An jenem Augustmorgen aber, an dem Starkaður und ich uns dem Ort näherten und Harrison mit Blues in der Stimme sang: *I want to tell you, my head is filled with things to say*, da waren die umfangreichen Tätigkeiten des Vorreiters noch wenig anderes als Träume und vage Pläne.

Der Vorreiter stammt aus einem alten, ehrwürdigen Geschlecht von Großbauern, das seit der Besiedlung Islands stets auf derselben Scholle saß. Am zahlreichsten war es im dreizehnten Jahrhundert und dann wieder um die Mitte des neunzehnten, doch als das zwanzigste anbrach, hatte die Zeit die Zweige der Familie so stark beschnitten, dass nur noch der Vater des Vorreiters, der alte Þorgils, übrig war. Mit ihm schien der uralte Stamm abzusterben. Er war noch immer kinderlos und unverheiratet, als er auf die Sechzig zuging. Sicher, ein trauriges Ende, aber doch nicht ohne Würde. Þorgils war nämlich fleißig, vergrößerte seine bewirtschafteten Wiesen, meliorierte kahle Geröllflächen, baute die Hofgebäude aus und war seiner Zeit in manchem voraus. Ganz urplötzlich aber, als die Leute sich schon mit dem Gedanken abfanden, dass eine einflussreiche Familie bald von der Bildfläche verschwinden würde, setzte er sich in den Kopf, seine Wirtschafterin zu heiraten. Sie war nicht nur halb so alt wie er, sondern auch aus einem ganz anderen Bezirk und galt als nicht sonderlich flink in der Küche. Man hielt die beiden für ein ziemlich ungleiches Paar. Þorgils schlug ganz nach seinen Vorfahren, war groß und kräftig, mit einem grobknochigen, ausdrucksstarken Gesicht. Sie dagegen klein und dünn wie ein Strohhalm. Dann bekamen sie ein Kind zusammen: den Vorreiter. Anfangs wurde er zwar auf den Namen Snorri getauft, doch bald machten Sprüche die Runde, der Knabe wäre der lebende Beweis dafür, dass der Becher der Familie geleert und nur noch der Bodensatz übrig gewesen sei. Der Junge würde im besten Fall ein schwacher Abklatsch seines Vaters werden; der allerdings sei ein echter Bahnbrecher gewesen. Spöttisch begann man daher den Sohn den Vorreiter zu nennen.

– Hä, hä, hä.

Ja, einige lachten, und tief sitzender Neid auf Menschen, die sich hervortun, machte sich in gehässigen Anspielungen und Bemerkungen Luft.

Der Samen in dem alten Knacker war wohl schon vergammelt, ranzig geworden. Hä, hä.

Den Jungen haben sie durch ein Taschentuch gefiltert, ha, ha, ha.

Auch für Þorgils war wohl eine Welt zusammengebrochen, als ihm die Hebamme den zartgliedrigen und zerbrechlichen Winzling in die schwieligen Pranken gab. Es wird erzählt, Þorgils habe den Kleinen in die Arme seiner Mutter gelegt und sei mit schweren Schritten aus dem Zimmer gestapft. Ohne ein Wort zu sagen, habe er sie völlig erledigt und deprimiert, ja, verängstigt im Bett zurückgelassen, sei durch die nächste Schlucht in die Berge gestiegen und erst fünf Stunden später wieder herabgekommen. Nun ja, der Junge wuchs heran, blieb klein und dürr, man hielt ihn früh für einen Nichtsnutz, der wohl kaum den großen Besitz beisammenhalten werde. Für die Landwirtschaft zeigte er wenig Eignung und überließ sich stattdessen irgendwelchen Hirngespinsten. Überflüssigen Träumen, die oft um die Frage kreisten, ob es ein Leben nach der Landwirtschaft geben könne. Schließlich, als der Junge zwanzig Jahre alt wurde, verkaufte die Familie das Land, das sie tausend Jahre lang bestellt hatte, erwarb stattdessen ein zweigeschossiges Holzhaus im Ort, und der Junge begann das Familienvermögen zu verschleudern. Es gab nur sehr wenige, die dem Vorreiter überhaupt etwas zutrauten.

Jahre vergingen.

Eines Tages fuhr er nach Süden und kam übers Meer zurück, mit einer Art Speedboot. Sicher, es sah elegant und schnittig aus, hatte unter Deck bequeme Sitze und eine so starke Maschine, dass sich, wenn der Vorreiter richtig Vollgas gab, der spitz zulaufende Bug aus den Wellen hob, so steil, als wollte das Boot geradewegs in den Himmel schießen. Aber warum, zum Donnerwetter, musste der Bursche das Vermögen seiner Vorfahren für etwas so Überflüssiges wie ein Boot zum Fenster hinauswerfen? So fragten die Einwohner der Ortschaft erstaunt, denn sie selbst betrieben keinerlei Seefahrt. Ein einziger kleiner Kutter läuft an ruhigen Tagen aus dem Fjord, vielleicht gegen fünf oder sechs Uhr an einem Sommermorgen. Man hört tucker, tucker, tucker, das Boot schleicht den Fjord entlang und verschwindet in der Stille, samt seinem Besitzer, einem steinalten Mann. Ein paar Stunden später kommt es zurück, mit einigen Kilo Dorsch in einem grauen Korb.

Das war das gesamte Fischereiwesen des Ortes.

Bestimmt 150 Jahre ist es her, seit der Fisch aus dem Fjord verschwand, und seitdem muss man weit aufs offene Meer hinausfahren, ehe etwas beißt, sehr weit, zu weit für einen Kutter, der in der Morgenstille tucker, tucker sagt. Dafür bräuchte es schon einen ausgewachsenen Trawler, doch für einen solchen Riesen gibt es keinen Liegeplatz. Außerdem hatten die Bewohner des Ortes eine Abneigung gegen das Meer und alles, was mit ihm zusammenhängt, aufgrund von schrecklichen Ereignissen, die sich vor langer Zeit zutrugen. Aber die haben in dieser Geschichte absolut nichts verloren.

Im ganzen Ort gibt es also nur einen altersschwachen Kutter, morsch und, wie es scheint, allein vom Meersalz zusammengehalten. Natürlich darf man einwenden, dass es kaum etwas Trostloseres gibt als ein unbefahrenes Meer. Kein Schiff, das diesem Riesenbiest den Buckel kratzt, außer einem einzigen Kutter mit einem alten Mann am Ruder.

Dann kam der Vorreiter auf seinem Speedboot angerauscht. Was wollte er mit einem Boot? Außer im Fjord herumdüsen, Vollgas geben und den Bug auf den Himmel richten, den schläfrigen und friedvoll rundlichen Engeln zum Schrecken? Wohl kaum auf Fischfang gehen. Du hast doch nicht etwa vor, ein so edles Boot mit Fischschuppen zu versauen, oder? Obwohl der Fisch mit Sicherheit lieber bei dir landen würde, als zum letzten Mal mit dem Schwanz auf die morschen Planken des Kutters zu schlagen. Nein, sagte der Vorreiter und lächelte fast ein wenig entschuldigend. Ich habe nicht vor, damit Fische zu fangen.

Na, was denn? Gespenster vielleicht und böse Geister?

Nein, nein.

Was sonst?, war die Frage, und die Antwort fiel wenig spannend aus: Er wartete auf Touristen. Er kreuzte durch den Fjord und suchte Plätze, die jene seltsame Art Menschen besichtigen will. Die Leute seufzten auf und stöhnten: Aach, jetzt redet er schon wieder von Touristen. Die letzten Jahre hast du kaum von was anderem gesprochen, und nichts ist passiert. Da kannst du ja noch besser nach dem ausgestorbenen Riesenalk suchen!

Der Vorreiter lächelte, ließ sich nicht beirren und wiederholte in aller Bescheidenheit seine Ansicht, dass die Zukunft nicht in Milchvieh und Graswachstum liege, sondern in Touristen; Ausländern, die mit voll gestopften Koffern über das Meer kämen und nur allzu bereit wären, gewaltige Summen dafür zu bezahlen, das Land zu bestaunen. Das behauptete er schon seit Jahren, und die Leute schüttelten immer wieder verwundert die Köpfe: Wie verrückt konnte jemand werden?

Ausländer, hierher! Ja, wozu denn, um alles in der Welt?

Die haben doch alles: Tivolis, billigen Schnaps, Kneipen, große Städte, besseres Wetter, Asphaltstraßen, Wälder. Warum sollten diese glücklichen Menschen zu uns kommen? Über solchen Blödsinn konnte man sich tagelang kaputtlachen. Und genau das taten die Leute auch. Sie lachten.

Der Vorreiter aber war auf solches Gelächter vorbereitet.

Jahre vorher nämlich, als er noch ein Heranwachsender war, hatte der alte Þorgils zu seinem Sohn gesagt: In ein paar Jahren verkaufen wir das Land. Wir werden es tun, weil du kein Bauer bist. Jahrhundertelang hat unsere Familie diesen Boden bebaut und reich geerntet. Das wird sich jetzt ändern. In deinen Händen würde der Hof vor die Hunde gehen, und du würdest als Versager dastehen. Aber in deinen Adern fließt das Blut von Siegern. Und du wirst neue Wege gehen. Ich weiß es, und deine Mutter weiß es auch. Deswegen haben wir nie etwas gegen deinen Spitznamen eingewandt. Die Leute glauben, es sei der pure Hohn, aber das stimmt nicht. Es liegt in deiner Natur, neue Wege zu bahnen. Suche also einen schmalen Pfad und mache ihn zu einer Straße. Stell dich darauf ein, dass sie sich anfangs das Maul über dich zerreißen werden, aber das spielt keine Rolle. Unglaube und Vorurteile sind das Problem anderer, nicht deins. Erinnere dich an das, was ich dir sage! Denk daran, unsere Familie hat tausend Jahre von diesem kargen Land gelebt, und im Gegensatz zu den meisten unserer Nachbarn sind wir nie so verbohrt und vernagelt gewesen, nicht etwas Neues zu versuchen, wenn es dafür an der Zeit war. Deshalb haben wir Erfolg. Und ich schwöre Stein und Bein darauf, dass es dieses vermaledeite Festhalten und Beharren gewesen ist, das jegliche Verbesserung in diesem Land abgewürgt hat. Das sture Beharren und die Angst, sich zum Gespött zu machen.

So predigte Þorgils seinem Sohn, und deshalb ritzte der Spott der anderen höchstens seine Haut; tiefer drang er nicht. Und während die Ortsbewohner an Land standen und sich vor Lachen die Bäuche hielten, fuhr der Vorreiter kreuz und quer durch den Fjord und suchte Besichtigungspunkte für Touristen.

Und dann geschah es.

Es war Mitte Juli, alle waren mit dem Heumachen beschäftigt, da betrat ein Paar mittleren Alters den Genossenschaftsladen. Zuerst glaubte das Mädchen an der Kasse, es wären Betrunkene aus der Stadt, doch dann ging ihm ein Licht auf. Túrist?, rief es. Das Paar machte ein verdutztes Gesicht, dann nickte es. Da stürzte das Mädchen nach hinten in den Laden und rief, bei ihm wären Touristen angekommen und wo denn der Vorreiter sei.

Frau Sigríður hätte den Tumult, der nun entstand, sicher im Keim erstickt, aber auch sie hatte Heuferien, und es war niemand da, der die sich ausbreitende Erregung unter den Einwohnern gedämpft hätte. Von allen am meisten drehte der Leiter des Lagerhauses durch, den man den Kommunisten nannte. Er rannte durch die Gegend und machte alle verrückt vor Aufregung. Doch als seine lächerlichen Übertreibungen auch die Besonnensten kopflos gemacht hatten, verschwand er wieder in seinem Lager und wurde nicht mehr gesehen, ehe alles vorbei war.

Folgendermaßen ging es weiter:

Irgendwann fiel der Blick des Vorreiters, der wieder einmal auf dem Fjord unterwegs war, zurück zum Land, wo er die Hälfte der Einwohnerschaft am Ufer stehen und mit den Armen fuchteln sah. Vater stirbt!, durchzuckte es ihn, und er raste dem Ufer zu. Doch nicht der Tod erwartete ihn an Land, sondern ein Paar aus Deutschland, schreckgelähmt inmitten der erregten Ureinwohner. Wahrscheinlich hatten sie nur zum Austreten in den Laden gehen wollen und um nach dem Weg zu fragen, aber da brach ein Aufstand aus, und eine Horde Eingeborener verschleppte sie mit Rufen und Gebärden ans Meer. Nicht undenkbar, dass der Mann seiner Frau zuraunte: Tun wir, was sie von uns wollen, jeder Widerstand wird sie nur noch wilder machen. Das sind zurückgezogen lebende Nachfahren blutrünstiger Wikinger, da kann man nie wissen ...

Der Vorreiter machte an der bröckelnden Mole fest, und binnen kürzester Zeit saß das Paar im Boot, wwuummm, dröhnte der Motor, und Mole und Ort blieben in der Ferne zurück. Eine geschlagene Stunde düste der Vorreiter durch den Fjord, völlig durcheinander vor Aufregung, jagte von Punkt zu Punkt, stoppte das Boot, beugte sich gespannt über das Steuer, wagte nicht, sich umzudrehen und seine Passagiere anzusehen, sondern raste dem nächsten Punkt zu, sobald er meinte, sie hätten genug gesehen. Nach einer gut einstündigen Exkursion enterte das Paar die Mole hinauf; zehn Minuten später verließ sein Wagen den Ort, und der Mann trat das Gaspedal durch.

Tage funkeln an der Brust der Erde.
Der Vorreiter macht sich bereit,
und ich komme mit Starkaður in den Ort

Mit dieser Spritztour begann der Erwerbszweig im Ort, der alles verändern sollte. Der Anfang war nicht gerade umwerfend, aber immerhin ein Anfang. Und fast von einem Moment auf den anderen verkehrte sich die Meinung des Ortes über den Vorreiter in ihr Gegenteil. Er stieg aus der Aschentonne, nicht länger die Schießbudenfigur, der ständige Witz über die Ladentheke, der Idiot, mit dem die Mütter ihre Kinder erschreckten. Jetzt sagten die, die sich früher über ihn lustig gemacht hatten, auf einmal: Ja, ja, der Vorreiter, gar nicht dumm, der Junge. Der hat's faustdick hinter den Ohren. Gebt auf ihn Acht! In dem steckt noch so manches.

Doch er selbst erkannte, dass es noch einiges zu verbessern gab. Noch im Herbst baute er die Garage zu einem Büro um. Da saß er und stützte das schmale Kinn in die feingliedrigen Hände, schaute vor sich hin und dachte nach.

Und die Zeit verging.

Das Gras wurde gelb, das Heidekraut rot, und der Herbst füllte die Welt mit Farben. Dann verblassten sie unter dem Anhauch des Winters. Da stand der Vorreiter auf, ging ins Haus und suchte bei seinen Eltern Rat, bei Þorgils und Hallgerður. Er groß und kräftig, sie klein und schmal. Er mit dem Organ eines Stiers, das die Berge zum Zittern brachte, sie mit einem so weichen, leisen Vogelstimmchen, dass selbst die Blumen die Köpfe reckten, um etwas zu verstehen. Er alt, schwerhörig und fast blind, sodass die Welt ihm nur noch in undeutlichen Schemen, gedämpften Tönen und Gerüchen erschien. Sie noch wie eine junge Frau, und wenn sie ihr helles Kleid anzog, konnte man versucht sein, in Bildern zu denken, etwa dass sie das Licht in der ewigen Dämmerung ihres Mannes war. Der Vorreiter ging zu ihnen hinein und suchte ihren Rat. Der alte Mann war nämlich keineswegs aus der Welt, obwohl manche ihren Spaß daran hatten, derartiges zu verbreiten, und sogar ausstreuten, der alte Þorgils wisse nicht einmal, dass das Land inzwischen verkauft war, er habe keine Ahnung, dass er längst in einem zweigeschossigen Haus im Ort wohne; der Sohn und diese Frau würden ihm etwas vormachen.

Ja, ja, jeder muss mit seiner Boshaftigkeit selbst zurechtkommen.

Der Vorreiter muss ganz nah bei Þorgils sitzen und laut sprechen, während seine Mutter auf der anderen Seite des Tisches sitzt, denn sie hört ausgezeichnet. Da sitzt sie und ist das Licht in ihrem Leben. Als der Vorreiter seine Idee und seinen Plan vor ihnen ausgebreitet hat, schlägt sich Þorgils mit der Faust in die Handfläche und sagt mit Donnerstimme: Du hast den Weg gefunden!

Den ganzen Herbst über hat der Vorreiter dagesessen und gegrübelt, jetzt steht er auf und geht geradewegs zur Bibliothek. Den Hügel hinab, die nächste Straße links, und er steht vor dem roten Wellblechhaus und tritt ein.

Die Bibliothek! Nichts wäre jetzt leichter, als die ganze Sache mit dem Vorreiter zu vergessen – so interessant sie auch ist – und eine Tausend-Seiten-Schwarte über die Ortsbibliothek zu verfassen, die sich in dem roten Wellblechhaus mit den gelb gestrichenen Fensterrahmen und dem grünen Dach befindet. Drei Räume voller Bücher, und dann erst der Bibliothekar! Was kann man anderes sagen als: Da haben wir jemanden, der nicht weniger als eine lebende Legende war. Aber psst, ruhig, sage ich. Jetzt ist Disziplin gefordert, jetzt gilt es das wild auskeilende Pferd, das die Erzählung ist, zu bändigen, das erzählerische Feuer zu ersticken, das aufflammt, wenn die Rede auf den Bibliothekar kommt, jegliche Disziplinlosigkeit zu unterdrücken und mit kühler Bedachtsamkeit zu sagen: Vielleicht muss ich von diesem Mann noch einmal erzählen, aber wenn, dann in einem anderen Buch, das mit diesem hier nichts zu tun hat.

Der Vorreiter betritt die Bibliothek und sagt zu der Legende: Ich muss wissen, wie es im Ausland zugeht und wie die Menschen dort denken.

Natürlich musst du das, erwidert die Legende trocken, bedeutet dem Vorreiter, ihm zu folgen und die Arme auszustrecken. Dann zieht er Bücher aus den Regalen und lädt sie dem Vorreiter auf die Arme. Sie ziehen durch diese großartige Bibliothek, durch alle drei Räume, die Flure, die in sämtliche Richtungen zu führen scheinen, und überall sind Winkel, die man leicht übersieht, und überall sind Bücher, und der Stapel auf den Armen des Vorreiters wächst, die dünnen Ärmchen zittern, Schweißtropfen laufen ihm über Wangen und Rücken, aber er keucht und stöhnt nicht, denn keiner kritisiert den Bibliothekar, das fällt im Traum niemandem ein, der an Bücher kommen will. Höchstens Þórður und Starkaður, die ihre Ansichten hegen und damit nicht hinter dem Berg halten. Aber sonst fällt mir kein Beispiel ein. Mit Mühe und Not erreicht der Vorreiter mit dem schweren Stapel Bücher sein Zuhause und beginnt mit der Lektüre. Genau in der Reihenfolge, die ihm die Legende verordnet hat. Zuerst Geografiebücher, die meisten auf Dänisch, dann verschiedenste Reiseberichte, die Biografie eines deutschen Geistlichen, eines Schweizer Politikers, eine Kirchengeschichte Frankreichs, einen dicken Schinken über den Sezessionskrieg in den Vereinigten Staaten, einen ebenso dicken über die spanische Inquisition und schließlich zwölf übersetzte Romane aus fünf Ländern. Wochen gingen ins Land, und der Vorreiter tat nichts anderes als Bücher zu lesen und dabei immer klüger zu werden. Ja, Wochen vergingen, oder wie es heißt:

Tage blinkten an der Brust der Erde, Nächte dehnten sich aus, voll von Träumen und Sternen, und manchmal flammte das Nordlicht. Unser Leben reiste durch dunklen Winter, wo der Nordwind wütet, Unwetter brachen aus Schluchten hervor, und die, die allein unterwegs waren, in dunkler Nacht auf leeren Straßen, vermieden es möglichst, in den Rückspiegel zu blicken, und pfiffen etwas Munteres vor sich hin, wenn etwas vom Rücksitz knurrte. Und dann waren die Berge weiß wie auf halbem Weg zwischen Himmel und Erde.

Dann kam das Frühjahr, und die Lebensaufgabe des Vorreiters beginnt ernsthaft.

Er stellt eine halbe Kraft ein und sucht Sam auf Tunga auf, der einmal im Ausland lebte, in einer riesengroßen Stadt, und damals ein berühmter Wissenschaftler war.

Sag mal, Sam, du bist doch früher weit gereist, ehe du entdeckt hast, dass der Mittelpunkt der Welt hier liegt. Ist es falsch zu sagen, was bei uns alltäglich ist, findet bei anderen großes Interesse? Sag mir, sind Geister nicht für manchen Fremden eine große Sache? Sag mir, schlechte Straßen, finden sie die nicht abenteuerlich? Sag mir, wie es ist, in einer unvorstellbar großen Stadt zu leben, wo Häuser aus Beton aufragen so weit das Auge reicht und sogar noch weiter. Ist es nicht der helle Wahnsinn, so zu leben?

Sam, dieser Prachtkerl, sitzt in einem roten Pullover in seinem Lieblingssessel, ein Schälchen Kandiszucker in Reichweite, und steht nach bestem Wissen und Gewissen Rede und Antwort. In einer Stadt leben. Bäh! Er schüttelt sich. Schrecklich!

Schrecklich?

Dieser ganze Beton, Mann! Die Erde erstickt darunter. Nie Stille. Städte kennen keine Ruhe. Sogar wenn man meint, es wäre still, ist es noch wie ein Brausen im Kopf. Nie dunkel. Nicht, wie du es kennst, weich und voller Poesie und Weite, die einen zum Träumen bringen, einem Gedanken eingeben und Demut; sondern ein hartes und kaltes Dunkel. Ein Dunkel, das Angst gebiert, das die Steine in einem umdreht und pechschwarzes Gewürm darunter hervorkriechen lässt.

Ach, so ist das, sagt der Vorreiter. Kein Wunder, dass es dir hier gefällt.

Sam: Nach Geistern fragst du. Ich will dir eins sagen, die Menschen, die in Städten leben, fürchten sich im Dunkeln nicht vor Geistern, sondern vor anderen Menschen mit Messern und Baseballschlägern. Diese Menschen, die du gern hierher locken möchtest und Touristen nennst, kommen aus einer Welt, aus der man alles Unbekannte vertrieben hat, von Kindesbeinen an sind sie daran gewöhnt, dass es für alles eine Erklärung gibt, dass immer irgendwo ein Spezialist eine Antwort geben kann. Aber Weniges ist so erschreckend wie eine Welt, die keine Geheimnisse mehr birgt, in der die Fantasie von mathematischen Formeln zu Boden geknüppelt wird. Geh mit solchen Leuten in das Dunkel draußen in der Natur, gestatte ihnen für eine Weile, sich in dieses Dunkel zu versenken und die Unbarmherzigkeit der Erklärungen zu vergessen, und du kommst mit einer Gruppe von Menschen zurück, die glauben möchten.

Oder?

Das Frühjahr kam und ging vorüber.

Dann kam der Sommer, und es ist wieder dieser Morgen spät im August, an dem Starkaður mit mir in den Ort fährt. Ich stelle den Kassettenrekorder lauter, Gitarren- und Klavierklänge füllen die Weite, Ringo bearbeitet das Schlagzeug, der Bass holt Luft, dann kommt alles in einem Akkord zusammen, und Harrison singt: Ich muss dir sagen ... Wir kurbeln die Fenster runter und erreichen den Ort. Es ist ein normaler Tag, Frau Sigríður öffnet gerade den Laden, der Kommunist rollt auf O-Beinen über den offenen Platz und streicht sich nachdenklich den dichten Schnauzbart. Gewiss ein völlig gewöhnlicher Tag, der anbricht, der Himmel ist bedeckt, und wir kommen im Lada, mit runtergekurbelten Seitenscheiben, die Ellbogen ragen nach draußen. Wir rollen durch den Ort und sind cool. Kühl, die Lippen gespitzt und voller Beatles. Dann ist das Stück zu Ende und alles genau so, wie es sein soll: In dem Moment, in dem Harrison verliebt ausklingt, hält der Lada vor der Garage, und da wartet der Vorreiter. Er begrüßt uns. Ich starre auf seine Hände. Sie sind dermaßen zart, fast durchsichtig. Er bittet uns, in die Garage zu kommen. Das tun wir. Noch immer cool. Dann beginnt der erste Arbeitstag.

Roter Bus im Nebel

Drei Tage gehen herum, nicht viel zu tun. Wir hocken in der Garage, und außer uns sind da noch zwei Schreibtische, auf einem eine Schreibmaschine, eine Kaffeemaschine auf einem runden Tischchen und die Wände mit Landkarten bedeckt. Der Vorreiter hält uns einen Vortrag über eine besondere Gattung Menschen: Touristen. Um die Mittagszeit gehen wir ins Haus, bekommen am ersten Tag gebratene Innereien und Kartoffelbrei vorgesetzt, Bratwurst mit Bohnen am zweiten, gekochten Schellfisch in Hammeltalg am dritten, hören schweigend die Nachrichten im Radio, gehen wieder nach draußen, machen Kaffee, und die Belehrung wird fortgesetzt. Ich schaue häufig auf die zierlichen Hände des Vorreiters, so fein, als würde das Licht durchscheinen. Der ganze Mann so zart gebaut, aber die Augen manchmal wie Scheinwerfer, die alles erhellen. Um halb vier gehen wir zum Nachmittagskaffee wieder ins Haus. Brot, isländisches Fladenbrot und sieben Sorten Kekse auf dem Tisch.

Bald wird etwas passieren, sagt der Vorreiter am zweiten Tag.

Heute kommt irgendwas auf uns zu, fügt er am nächsten Morgen hinzu.

Ja, gut. Aber was?

Ich weiß es nicht, kann es nur fühlen. Seht doch, wie nervös ich bin! Starkaður, erzähl doch mal eine Geschichte, damit ich mich entspannen kann! Lass die Zeit herumgehen!

So ist die Lage. Starkaður beginnt seine Geschichte, und gleichzeitig wird es draußen dunkler.

Die Wolken senken sich herab, und die Berge verschwinden. Die Wolken sinken tiefer und verwandeln sich in Nebel, der die ganze Welt verschluckt und auch den Ort. Totale Waschküche. Ich stehe an der Tür, strecke den Arm nach draußen, und es sieht aus, als wäre er am Ellbogen amputiert.

Sieh mal an, sagt der Vorreiter, da wird sich jemand verirren.

Zwei Stunden versickern in die dichte Suppe, alle Geräusche sind gestorben, und bei dieser Sicht bleibt jeder zu Hause. Selbst wenn man nur eben im Ort von einem Haus zum anderen gehen wollte, könnte man am Ende oben auf der Heide landen, weit ab von jeglicher menschlichen Behausung. Dann steht man lange da oben in dieser Grabesstille, bis man endlich etwas hört. Ein Geräusch nähert sich; Füße, die durch Gras tappen. Sie kommen näher. Du kannst nicht ausmachen, woher, denn im Nebel gibt es keine Richtungen. Es nähert sich, es schiebt sich näher und näher heran. Dann wird alles still. Wieder dieses Schweigen. Dann legt sich eine schwere Hand auf deine Schulter, eine schwere, eiskalte Hand. Und du wolltest eigentlich nur mal eben zum Nachbarhaus im Ort, aber jetzt legt sich dir eine schwere, eiskalte Hand auf die Schulter, du hast dich auf die Heide verirrt, wo ... das Klingeln des Telefons Starkaður's Erzählung unterbricht. Das Mädchen aus dem Genossenschaftsladen ruft an. Es sieht so aus, als würde ein roter Bus auf dem Vorplatz stehen.

Der Vorreiter legt auf; er dreht sich zu uns um und spricht nur diese geflügelten Worte: Kameraden, die Stunde ist da.

Folgendes war passiert:

Zwei Tage, bevor ich mit Starkaður cool in den Ort einfuhr, die Beatles sich noch jung im Kassettenrekorder drehten und noch keiner von ihnen gestorben war, da war aus Reykjavík ein roter Reisebus aufgebrochen, mit drei Dutzend deutschen Touristen an Bord, Busfahrer und Reiseleiter. Man fuhr zwischen Wasserfällen und heißen Quellen umher, Erdspalten und Gletschern, was ja so weit ganz nett ist, aber was sind Wasserfälle bei näherer Betrachtung anderes als Wasser, das irgendwo herabfällt, und heiße Quellen Wasser, das in die Höhe springt? Um es geradeheraus zu sagen, am vierten Tag der Reise begannen die Deutschen das überall herabstürzende Wasser langweilig zu finden. Um etwas Abwechslung in die ermüdende Busreise zu bringen, verlegte sich der Reiseleiter darauf, sie auf die einzelnen Bauernhöfe aufmerksam zu machen. Es waren ganz gewöhnliche Höfe, weiß mit roten Dächern, und die Traktoren davor sahen aus wie übergroße Käfer, aber nichtsdestoweniger waren dort in früheren Zeiten Köpfe abgeschlagen worden, hatten sich Helden auf die Brust geklopft, gemeine Fieslinge Feuer an die Häuser gelegt. Er zeigte auf Berge, die aus der Wüste aufragten, und gab Geschichten von Trollen und Geächteten zum Besten. Der Fahrer aber saß breitschultrig und mit wirrem Haar daneben, schob den Priem in den einen Mundwinkel und sagte ihm aus dem anderen die Geschichten von Helden und Massenmördern vor; so wie er immer redet, die Worte tonlos aus dem Mundwinkel leiernd, sodass man sich fast zu ihm hinüberbeugen muss, um etwas zu verstehen. Und der Bus rollte weiter, und alles war gut und schön, da werden plötzlich die Pfeiler aus Helligkeit unter den Wolken weggekickt, und sie fallen vom Himmel, stürzen auf die Erde und laufen zu Nebel aus. Undurchdringlich dichtem.

Schöne Scheiße. Der Busfahrer sieht gar nichts mehr, und lange Zeit tastet sich der Bus voran wie ein kurzsichtiges Insekt, das Scheinwerferlicht versickert im dicht gesponnenen Nebel. Unter den Touristen werden besorgte Rufe laut.

Nein, nein, antwortet der Reiseleiter auf deutsch, natürlich haben wir uns nicht verfahren, ganz bestimmt nicht.

Nein, nein.

Wäre es nicht sicherer, fragt er den Fahrer leise, anzuhalten und das Ganze hier abzuwarten?

Der Fahrer: Zum Teufel noch mal, Junge, ich bin schon über diese Straßen gerüttelt, als du noch in die Windeln gepieselt hast, und ich bin schon über die einschlägigen Damen in Hamburg, Grimsby, Hull und Kiel gerutscht, da wusstest du noch nicht mal, wozu der kleine Mann da unten überhaupt da ist. Big Joe haben sie mich in Kiel gerufen, Junge. Verstehst du? Großer Joe, und damit meinten sie nicht meine Körperlänge, so viel kann ich dir verraten. In Kiel habe ich immer in demselben Haus verkehrt. Zehn Frauen gab es da, und ich hab's mit allen getrieben. So oft, dass ich sie in- und auswendig kannte. Und trotzdem kann ich dir das eine sagen, die Löcher in den isländischen Straßen kenne ich noch besser als die der Weiber in Kiel. Du verstehst, was ich dir sagen will, und jetzt mach dir nicht länger ins Hemd, denn Big Joe hat alles im Griff. Er ist schon öfter in blindestem Schneesturm über Bergpässe gefahren als du ein Mädchen abgeschleckt hast, und Big Joe lässt sich nicht nachsagen, dass er in Sommernebel an den Rand gefahren sei. Aber das will ich dir immerhin sagen, das hier ist eine der dicksten Suppen, in denen ich jemals gelandet bin, als wären wir einer Hexe in den Arsch gefahren. Und jetzt hältst du die Klappe, denn ich muss mich konzentrieren.

Kannst du obendrein vielleicht sogar Deutsch?

Glaubst du etwa, ich wäre ein Scheiß-Nazi?

Du hast doch behauptet, du wärst in Kiel und Hamburg gewesen und hättest dort mit einer Reihe Damen verkehrt. Irgendwie werdet ihr euch doch unterhalten haben.

»Mit einer Reihe Damen verkehrt«! Woher kommst du eigentlich? Das waren Nutten und keine Sprachlehrer.

Aber besteht nicht das Risiko, dass wir uns verfahren?

Risiko? Vielleicht das Risiko, dass ich dir eine reinhaue! Aber jetzt halt endlich das Maul, denn wenn ich mich nicht täusche, fahren wir mittlerweile bergauf, und das bedeutet, dass wir bald zu beiden Seiten schwindelnde Abgründe haben, auf deren

Grund bleiche Knochen liegen, Menschenknochen, fürchte ich, mein Junge.

Was sagt denn der Fahrer, fragt jemand aus der Gruppe, und der Reiseleiter antwortet, er habe ihm nur erzählt, wie er als gut Zwanzigjähriger zum ersten Mal ein Mädchen geküsst habe. Er wäre ganz aufgeregt und nervös gewesen. Mittlerweile seien sie verheiratet und hätten drei Töchter.

Das kann man sich gar nicht vorstellen, aufgeregt und nervös, dieser Baum von einem Kerl, sagen die Touristen zueinander und schauen bewundernd auf den breiten Rücken ihres Fahrers im karierten Hemd, die Ärmel bis über die Ellbogen aufgekrempelt.

Noch immer wallt der Nebel, das monotone Brummen des Dieselmotors schläfert alle ein, bis auf den Fahrer, der so angespannt die Augen zusammenkneift, dass es in den Schläfen schmerzt. Der Bus schleicht weiter, voller Träume und Schnarchgeräusche, und irgendwo tief im Nebel stürzen Wasserfälle. Die Zeit vergeht. Dann erwacht der Reiseleiter, der Fahrer hat den Motor abgestellt. Er sitzt über das Lenkrad gebeugt und murmelt etwas vor sich hin.

Wo sind wir?, fragt der Reiseleiter und blinzelt mit schlaftrunkenen Augen in den Nebel.

Der Fahrer: Genau das ist das Problem: Ich habe nicht die leiseste Ahnung.

Der Reiseleiter: Wir haben uns verfahren, willst du damit sagen.

Der Fahrer: Ich will nur sagen, dass ich nicht weiß, in welchem Satansarschloch wir gelandet sind.

Der Reiseleiter, erbarmungslos: Du hast dich verirrt. Du bist vom richtigen Weg abgekommen, der große Big Joe hat sich verfahren!

Der Fahrer: Nein, du verdammter Hosenscheißer, ich weiß bloß nicht, wo wir sind.

Der andere grinst und dreht sich zu den Touristen um, die einer nach dem anderen zerknautscht und verwirrt aus den Tiefen ihrer Träume auftauchen, mit Nebel um sich herum und in den Augen. Der Reiseleiter öffnet den Mund, da schreit eine Frau auf.

Sie sitzt etwa in der Mitte des Busses auf einem Fensterplatz, schreit auf und zeigt nach draußen. Einige stimmen in ihren Ruf ein, anderen stockt der Atem, der Fahrer hat sich aufgerichtet, kaut eifrig auf seinem Priem. Draußen im Nebel stehen zwei Trolle. Der Reiseleiter schluckt und denkt: Das ist Zaubernebel, schwarze Magie, wir sind weit in die Vergangenheit zurückgefahren, in graue Vorzeit, wir sind verloren, wir haben uns in längst vergangene Zeiten verirrt. Alte Schauergeschichten aus den Hochlandeinöden steigen aus der Erinnerung auf, schreckliche Trolle, die menschliches Gebein benagen. Schaut euch den da rechts an, den kleineren, der hält doch ein Bein in der Hand oder, nein, einen Arm, Jesus Maria, heiliger Franz, lieber Gabriel, Herr im Himmel! Das sind Trolle, Trolle, die mich holen wollen!

Trolle?

Nein, nicht der mit dem Bein oder Arm. Der ist so klein, kann gar kein Troll sein. Höchstens ein Trollkind, aber der andere ist riesig. Drei Meter. Uff.

Die Trolle stehen reglos, sinken manchmal in den Nebel zurück und tauchen dann wieder daraus hervor.

Vergehen Minuten?

Oder Stunden?

Endlich hebt sich der Nebel ein klein wenig, er lichtet sich um den Troll und seinen Begleiter, und da sind es gar keine Trolle, sondern Zapfsäulen und ein langer Lulatsch mit ungekämmter Mähne, der Nebel hat nur getäuscht, seht mal, und da ist noch ein Mann, haha, kein Trollkind, sondern ein kleiner Mann, haha, so was aber auch! Guckt mal, wie jetzt alles unter dem Nebel hervorkommt! Da an der Zapfsäule steht ein Auto. Die Touristen lachen, sind ungeheuer erleichtert, der Reiseleiter seufzt auf, da wird kurz und trocken an die Tür geklopft, völlig überraschend. Sogar der Busfahrer zuckt zusammen und öffnet, fast unwillkürlich. Der Vorreiter steigt ein und sagt: Willkommen! Seien Sie herzlich willkommen! Das ist aber auch ein Nebel heute.

Der Beginn von Starkaðurs Weltruhm

Wie Trolle standen sie da im Nebel, sagt der Reiseleiter und meint Guðmundur auf Hamrar und den Tankwart, die an der Zapfsäule stehen. Die Touristen klettern steif gesessen hinaus, trauen sich aber nicht vom Bus weg, denn der Nebel ist noch immer dicht, und man kann den Kaufladen kaum ahnen. Ansonsten sehen sie gerade noch ihre Zehen und ein Stück von dem löcherigen Vorplatz, der sich irgendwohin verliert. Der Fahrer schüttelt eine geraume Weile heftig den Kopf, spuckt den Kautabak aus, schüttelt wieder den Kopf, völlig erschüttert, dass er sich verfahren konnte, und fragt den Vorreiter: Hör mal, ich frage jetzt wie der dämlichste Esel, aber wo sind wir eigentlich? – Ach, du meine Güte, in dem Hottentottenkaff!, entfährt es ihm, als er die Antwort hört.

Ach, wie schön! Bis hierhin bin ich ja noch nie gekommen, sagt der Reiseleiter höflicher und wirft gleichzeitig dem Fahrer einen wütenden Blick zu.

Der raunzt verärgert: Wer ist überhaupt schon hierher gekommen?

Aber sicher gibt es hier auch etwas zu sehen, beeilt sich der Reiseleiter zu sagen, und da hebt der Vorreiter seine fast durchsichtigen Hände: Moment, Moment, zu sehen? Irgendetwas zu sehen? Na, das möchte ich wohl annehmen!

Der Busfahrer gähnt. Der Vorreiter wendet ihm ruhig den Blick zu, kneift die Augen zusammen, und der Fahrer stellt das Gähnen ein.

Ja, fährt der Vorreiter fort, es gibt viel zu sehen, und zählt einige der Kostbarkeiten auf, die im Schoß des Landes ruhen, schöne verlassene Täler, uralte Gehöfte aus Grassoden, Schluchten, die sich tief in Berge graben ... und überspielt damit seine innere Aufgeregtheit.

Im Reiseleiter erwacht Interesse, als der Torfhof erwähnt wird, und als die Rede auf eine Bootsfahrt über den Fjord kommt, steigt ein Lächeln auf seine Lippen. Die Exkursion führt zu steilen Felsen, die senkrecht ins Meer abfallen, in malerische Buchten ...

Ja, sagt Starkaður und fällt seinem Chef unerwartet ins Wort. Er hebt den Finger, sein Adamsapfel hüpft auf und ab, ein sicheres Zeichen, dass er etwas vorbringen will.

Ja, der Fahrer erwähnte Zauberei, du sprichst von Trollen, und das ist ja soweit alles gut und schön, aber erlaubt mir, euch von den Wiedergängern in Dimmuvík zu erzählen, zwei Männern, die manchmal auf den Ufersteinen erscheinen. Da beweinen sie seit dreihundert Jahren ihr grausiges Geschick, und manchmal stürzt sich der eine von ihnen in der Hoffnung ins Meer, die See sei groß genug, um seine Trauer zu schlucken.

Der Busfahrer: Das ist normal. So ist das Leben.

So in etwa hört sich der Auftakt zum Ruhm des Dichters von Karlsstaðir an, als seine Erzählung ins Deutsche übersetzt wurde, und vielen schien das eine große Sache, dass Ausländer an fernen Orten mit Starkaðurs Worten in ihrem Blut herumliefen, dass diese Worte weiterlebten in ausgedehnten Wäldern, auf breiten Autobahnen, in prächtigen Städten. Starkaður schließt rasch die Augen, der Adamsapfel ruckt auf und ab, und er beginnt seine Erzählung von den Wiedergängern in Dimmuvík.

Sprich langsam, damit ich mit der Übersetzung nachkomme, kann der Reiseleiter gerade noch sagen, ehe eine dreihundert Jahre alte traurige Geschichte auf dem holprigen Vorplatz des Genossenschaftsladens wieder zum Leben erwacht.

Die weltberühmte Geschichte der Blutsbrüder Snorri und Narfi

Ob du durch die Berge Nepals wanderst oder deine Lungen mit trockener Wüstenluft bei den Nomaden der Sahara füllst. Ob du den unablässigen Großstadtlärm New Yorks hörst oder durch die alten Straßen Wiens läufst; ob du auf den offenen Steppen Russlands deine Arme ausbreitest oder die Hände an einer Tankstelle in einer kleinen isländischen Ortschaft in die Hosentaschen stopfst – es läuft alles auf das Gleiche hinaus. Ja, wenn man es genau betrachtet. Unter dem äußeren Anschein. Wenn man die eigentliche Triebkraft des Lebens betrachtet und die Missverständnisse beiseite räumt, dann bleibt allein eins zurück: die Liebe. Das Gefühl, das eine Atomexplosion im Herzen auslösen kann, nach der sich Radioaktivität im Blut verbreitet.

Es geschah vor dreihundert Jahren in dieser Gemeinde.

Denkt euch die Häuser weg, die sich jetzt leise im Nebel bewegen, nur leere Geröllflächen und Heideland gab es hier, bis auf ein zwölf Ellen langes Balkenhaus mit Doppelgiebel, darin Regale voller Kramwaren, ein Schnapsfass unter der Ladentheke und Fisch im Keller. Sonst nichts, bis auf drei, vier elende Torfhütten, die wie Parasiten von dem Haus leben. Dreihundert Jahre ist es her, und der Wind bläst über Geröll und Heide, fällt von der Uferböschung hier unterhalb, weht kleine Kiesel in den Fjord, steigt drüben feucht ans andere Ufer, und da liegt ein gutes Stück oberhalb des Fjords ein kleiner Hof. Dort wird ein kleines Mädchen geboren, und seine Schönheit und seine Tugend sollten noch schlimme Folgen haben. Doch der Wind weht weiter, und in dem Tal jenseits der Berge, die über dem Hof des Mädchens aufragen, wachsen zwei Freunde auf, Snorri und Narfi.

Eine solche Freundschaft hat die Welt kaum je gesehen.

Alles taten sie gemeinsam, machte der eine etwas falsch, brachte der andere es in Ordnung. Verletzte sich der eine am Fuß, begann der andere zu hinken. Die Zeit verging, und einer war der Augenstern des andern. Im Alter von sechzehn schworen sie einander Blutsbrüderschaft, ritzten sich die Handflächen, schnitten tief ein und pressten die Hände aufeinander. Blut mischte sich mit Blut. Wir schwören, dass mein auch dein ist und dein mein; was ich sehe, sollst auch du sehen; wenn du weinst, laufen mir die Tränen über die Wangen; wo ich lebe, sollst du ein Zuhause haben. Und dein Grab werde auch mein Grab. So schworen sie, und die Berge standen als stumme Zeugen dabei. Vier Jahre vergingen.

Vier Jahre vergehen, und dann reitet Narfi über die Berge, kommt bei dem kleinen Hof herab, in dem sie lebt, und hält um ihre Hand an. Sie ist die Schönste von allen, das Haar fließt ihr über die Schultern und fällt wie ein breiter Wasserfall über ihren Rücken, Locken umschmeicheln ihre Wangen. Blond ist ihr Haar, und wo sie geht, folgt ihr Helle; unter dem Himmel, den ihre Augen sehen, möchte so mancher leben – und sterben. So und nicht weniger. Sie ist erst dreizehn, als der erste Freier bei ihrem Vater um ihre Hand anhält. Als sie sechzehn ist, haben schon dreizehn um sie gefreit. So verständlich, wie man die Helligkeit des Tages festhalten möchte, hält der Vater sie fest. Dann kommt der Vierzehnte, und das ist Narfi.

Der Vater betrachtet ihn lange und sagt dann: Dreizehn sind schon hier gewesen, und du bist der Vierzehnte. Ich überlasse sie dir unter einer Bedingung: Du gibst alles her, bestellst das Land mit mir gemeinsam und wirst erst Bauer, wenn ich tot bin.

Sechs Jahre vergehen, und der Alte stirbt. Narfi schickt nach seinem Blutsbruder Snorri, der nie geheiratet hat, und fortan leben sie wieder zusammen, dem Namen nach Bauer und Knecht, am Tisch jedoch Brüder, die alles teilen. Alles, bis auf eins. Das Eine, das über dem Blutsbrüderrecht steht, stärker ist als alle Blutsbande. Das weiß Snorri. Sicher ist die Frau so schön, dass sich manch einer vor Qual abwendet, aber sie ist einfach Narfis Frau. Doch eines Frühlingsmorgens erwacht Snorri und sieht die Frau an ihre Arbeit gehen, und die Sonne strömt durch das kleine Dachfenster herein. Tausendmal ist er aufgewacht und hat sie an die Arbeit gehen sehen, und es war einfach nur so, wie es sein sollte. Kein Wort weiter darüber zu verlieren. An diesem Morgen aber erwacht er, die Sinne voller Sonnenschein, erblickt sie, und die Welt wird anders. Snorri kommt erst ein gutes Stück vom Hof entfernt wieder zu sich, er krümmt sich, am Boden zerstört vor Liebe.

So ist es gekommen. Blitzschnell, ohne Erbarmen. Er wacht auf, und die Liebe zu ihr überschwemmt alles. Dann vergehen Jahre, Snorri arbeitet in allem mit Narfi zusammen, er schnitzt Spielzeug für die Kinder, und niemand ahnt, dass er ein verlorener Mann ist. Dann ist Spätsommer.

Die Blutsbrüder reiten mit Wolle zum Kaufmann im Balkenhaus, und viele sind dort zusammengekommen. Die Männer liefern ihre Wolle ab, kaufen dafür andere Waren, der Kaufmann schenkt aus dem Branntweinfass aus. Gegen Abend schlägt Snorri Narfi auf die Schulter und sagt: Reite du nachher allein mit dem Eingekauften heim, ich bleibe noch in der Gegend, denn auf einem Hof hier in der Nähe gibt es eine Magd ...

Snorri reitet sofort los, in den Abend hinein, und die Dunkelheit schließt sich dicht um ihn. Er reitet voran, heimwärts, er nimmt den Weg am Ufer entlang, mit versteinertem Gesicht, reitet voran, starrt vor sich hin, denkt an nichts. Früh in der Nacht kommt er zu Hause an, alle schlafen.

Leise schleicht er durch den dunklen Gang zur Badestube[5], tastet sich weiter, nicht zu seinem Lager, sondern ohne zu zögern zum Bett der Eheleute. Dann streicheln seine Hände über ihre weiche Haut, weiß wie Milch. All die Jahre über hat Snorri in seinem Winkel gelegen, und das Liebesgestöhn des Paares hat sich ihm in jeden Nerv gebrannt. Unbewusst verhält er sich genau wie Narfi, er atmet und flüstert wie Narfi, bewegt sich wie Narfi. Doch nur am Anfang, dann brechen alle Dämme. Er hat nicht einmal die Kleider ausgezogen, doch sie ist nackt, lächelt im Halbschlaf vor Erregung. Du bist so heftig, murmelt sie. Vorsicht, tu mir nicht weh!

Kurze Zeit später ist Snorri wieder draußen in der Nacht, reitet zurück, reitet in aller Hast zurück.

Was du empfandst, habe ich empfunden.

In Dimmuvík steigt er vom Pferd, jagt es davon und scheucht es nach Hause. Er setzt sich und wartet auf Narfi. Der kommt sturzbetrunken und fast schlafend dahergeritten, den Zügel des Packpferds hat er an den Sattelknauf gebunden.

Lautlos steht Snorri auf, greift dem Reitpferd in die Zügel und zieht Narfi aus dem Sattel. Er stößt seinem Freund das Messer ins Herz und sieht das Leben in seinen Augen verlöschen. Dann hebt er die Klinge vor die Augen, er betrachtet das Herzblut seines Blutsbruders und schneidet sich selbst die Gurgel durch. Am nächsten Tag wurden sie gefunden.

Doch niemand stirbt wirklich. Man schließt die Augen und öffnet sie wieder. Snorri und Narfi kamen am Ufer zu sich, der

---

[5] Weil in früheren Zeiten in isländischen Häusern nur im eigentlichen Wohnraum ein Feuer brannte und man über dessen erhitzte Steine bei Bedarf Wasser goss, um sich wie in einem Dampfbad zu reinigen, bürgerte sich für diesen Wohnraum der Begriff »Badestube« ein. Siehe dazu auch unten S. 156.

eine mit einem Messerstich zwischen den Rippen, der andere mit durchschnittener Kehle. Allmählich dämmerte ihnen, dass sie jetzt Geister waren, an diesen Schauplatz, an diese Bucht gekettet, die sie nicht verlassen konnten. Sie sehen die Nachbarn durch die Bucht reiten und älter werden. Manchmal reitet auch sie vorüber, aber sie leuchtet nicht mehr. Eines Tages sehen sie, dass sie alt geworden ist.

Dreihundert Jahre sind seitdem vergangen.

Noch immer gehen sie um; noch immer lodert der Hass in Narfi, brennt die Schuld in Snorri. Der Blutschwur bindet sie aneinander, und sie wissen nicht, dass der Bann gebrochen wird, wenn der Hass erlischt und die Vergebung des einen die Schuld des anderen tilgt. Dann können sie in eine lichtere Welt eingehen. Doch das wissen sie nicht, und in ihrer vergifteten Langeweile und Einsamkeit jagen sie manch unschuldigem Reiter Todesschrecken ein. Vor sechzig Jahren wurde nahe der Bucht ein Bauer erwürgt aufgefunden.

Es ist daher nicht ganz ungefährlich, nach Dimmuvík zu fahren, besonders wenn der Herbst kommt; dann flackert der Hass wie nie zuvor, und Schuldgefühle träufeln wie Säure ins Herz. Nein, nicht ungefährlich, nach Dimmuvík zu fahren, und wer nach Einbruch der Dunkelheit fährt, tut es auf eigene Gefahr, der begibt sich ins Ungewisse, denn niemand weiß, was in Gespenstern vorgeht.

So sieht die Zukunft aus

Niemand weiß, was in Gespenstern vorgeht, endet Starkaður seine Erzählung. Er hat alles gegeben, seine Worte mit Betonungen, Stimmlage und Mimik zu unterstreichen, und ist jetzt leer und erschöpft. Gebeugt steht er da, das schwarze Haar fällt ihm in die Augen; das Feuer in seinem Gesicht ist erloschen. Aus einem entflammten Geschichtenerzähler ist er zu einem Stück ausgebrannter Schlacke geworden.

Während er erzählte, hat sich der Nebel gehoben. Er ist zu Wolken geworden, die aufsteigen und die Berge freigeben. Die Touristen blicken sich um, sehen den Ort, sehen die Landschaft, und man braucht kein Hellseher zu sein, um zu erkennen, dass diese Leute jetzt nicht einfach in den Bus steigen und weitere Wasserfälle besichtigen wollen. Die Geschichte und der Nebel haben die Gegend mit einem Zauber aufgeladen. Es ist ja meist so, dass Land, das aus dem Nebel auftaucht, einen träumerischen, ja, geheimnisvollen Anstrich erhält. Kurz: Die Leute blicken um sich und wollen nicht fahren. Der Vorreiter lächelt.

Er kündigt ein ausgetüfteltes Programm an, dessen Höhepunkt in einer mitternächtlichen Bootsfahrt nach Dimmuvík besteht. Dann werden die Ärmel aufgekrempelt und Decken und Matratzen ins Gemeindehaus geschleppt. Der Reiseleiter, ganz erledigt von der Strapaze, Starkaðurs Worte ins Deutsche zu übersetzen, ist mit allem einverstanden. Der Busfahrer schiebt seinen Priem in die Backe und sagt: Ja, was zum Teufel ...?!

Damit spricht er den Ortseinwohnern aus dem Herzen, die das alles mit Verblüffung ansehen, ja, nicht weniger als das, sie sind perplex. Der Tourismus hat nämlich seinen Einzug gehalten; neue Perspektiven machen sich breit, neue Welten tun sich auf. Um nur ein Beispiel zu nennen: An diesem unglaublichen Tag erhielten nicht weniger als vier Frauen beinharte Devisen dafür, dass sie Skyr anrührten! Quark rühren, Schmalzkringel ausbacken, Brote und Fladen belegen. Tätigkeiten, die bis dato nicht mit Geld aufgewogen, sondern zur selbstverständlichen Gastfreundschaft gerechnet wurden. Am Tag darauf setzt sich der Wahnsinn fort, indem die gleichen Frauen Säcke voll schmutziger Wäsche zu sich nach Hause schleppen, dort in die Waschmaschine stopfen und dafür ebenfalls Geld bekommen. Keine Verrechnung, die in der Hitze des Genossenschaftsladens zu Zahlen umgeschmolzen wird, für deren Gegenwert man dann Waren entnehmen darf, nein, nein. Durchaus nicht. Hier zirkulieren weiche, duftende Scheine. Dabei entfährt es einer der Frauen: Mein Bester, willst du uns am Ende noch dafür bezahlen, dass wir einfach nur anwesend sind?!

Da hebt der Vorreiter die Hände und antwortet: So sieht die Zukunft aus.

Aber warten wir noch einen Moment und kehren zum Vorplatz zurück. Dort legt mir der Vorreiter die Hand auf die Schulter und raunt: Du und Starkaður, ihr geht zurück in die Garage und wartet da auf mich. Du kannst schon mal wegen Kaffee und Kuchen ins Haus gehen.

Zwei Stunden später kommt er, das Gesicht ein einziges Lächeln.

Du warst wunderbar, Starkaður. Das ist es, was ich immer gesagt habe, du verfügst über eine ganz besondere Gabe, mein Junge. Aber jetzt müssen wir uns noch etwas ausdenken, denn ich habe schon so meine Vorstellungen, was Dimmuvík angeht.

Ja, ich habe mir schon etwas einfallen lassen, aber dazu muss es richtig dunkel werden, keine helle Beleuchtung von Mond und Sternen.

Starkaður gießt Kaffee ein und leert seinen Becher in drei Zügen, nickt und sagt nur: Es ist Bewölkung vorhergesagt.

Am nächsten Morgen rollt der Bus in aller Frühe aus dem Ort und fährt durch die gesamte Gegend. Der Vorreiter zeigt hierhin und dorthin, der Reiseleiter übersetzt. Diese Fahrt weckt beträchtliches Aufsehen, und der Bus zieht viele Ferngläser auf sich. Bei einigen bricht Hektik aus, sie räumen die nächste Umgebung um ihre Höfe auf und werden rot vor Scham über schief stehende Zaunpfosten. Gegen zwei Uhr mittags raunt und staunt die Gruppe unter den Anschlagtafeln von Gemeindevorsteher Jón, die wieder wie im Vorsommer über der Straße prangen, nur dass Jón und Bæring sie diesmal so fest eingerammt haben, dass selbst die heftigsten Herbststürme ihnen nichts anhaben können. Und während sich der Reiseleiter damit abstottert, die Worte auf den Tafeln ins Deutsche zu übertragen, wer kommt da angefahren, wenn nicht Jón höchstpersönlich? Jawohl, in eigener Person klettert er aus dem Landrover, zieht sich die Hose hoch und sagt: Tag zusammen!

Der Vorreiter deutet auf Jón und präsentiert langsam und ehrerbietig: Das Haupt der Gemeinde.

Der Reiseleiter: Öhhh ... *der Gemeindevorsteher.*

Tja, sagt Jón herablassend, man tut sein Bestes, und dreht die Augen zu einer der beiden Anschlagtafeln hinauf, auf der ein Auszug aus Þórbergurs *Isländischer Adel* steht. Auf der anderen Jóns Interpretation. Ganz recht, Þórbergur. Einigen war die Spucke weggeblieben, als Jón und Bæring die Tafel mit einem Text von Þórbergur aufgestellt hatten. Sollte das ein Friedensangebot sein, fragten sich die Leute. War vielleicht noch Glut in den Freundschaftsbeteuerungen auf der großen Versammlung, oder verbarg sich dahinter eine Herausforderung. Jóns Interpretation ließ sich so oder so lesen.

Aber jetzt sind gut dreißig Deutsche unterwegs, der Reiseleiter hat seine liebe Not, die Worte Þórbergurs, die über ihnen aufragen, zu übersetzen, und da naht Jón. Er räuspert sich. Trägt etwas unter dem Arm. Vorsichtig wickelt er das Paket aus, und das Bild von Halldór Laxness kommt ans Licht. Das Bild, sage ich, und meine das Geschenk Halldórs zu Jóns Sechzigstem. Das gleiche, auf das Þórður auf Karlsstaðir im Vorjahr gespuckt hat, worauf er dem Gemeindevorsteher auch noch eine Flasche Whisky entwendete. Chivas Regal.

Das, sagt Jón, und hebt das Bild hoch über seinen Kopf, ist *der* Dichter. Dann sieht er den Reiseleiter auffordernd an, der unwillkürlich übersetzt: *Der Dichter.*

Jón: Ja, der Dichter Halldór Kiljan Laxness.

Der Vorreiter, auf Deutsch: *Ja, der Dichter Halldor Kiljan Laxness.*

Und was sagt man dazu? Drei Mann haben schon mal ein Buch des Dichters gelesen!

Jawohl, sagen sie, und Jón nickt eifrig mit dem Kopf und sagt ebenfalls: *Jawohl.*

Ein vierter behauptet, er habe einmal ein Pferd von ihm gekauft. Ein Pferd? Nein, das kann nicht sein. Das einzige Pferd, das Halldór je besaß, hieß Pegasus, und dieses Prachtpferd steht nicht zum Verkauf, auf ihm ist der Dichter über den Himmel geritten.

Ja, Bæring, sagt Jón am Abend im Gemeindetelefon, der Vorreiter hat mich als Haupt der Gemeinde vorgestellt, und als ich auf Halldór zu sprechen kam, sagten diese Ausländer *jawohl*, weil Halldór nämlich eine Weltmacht ist, kein Provinzdichter, sondern berühmt auf der ganzen Welt. Und jetzt pass auf, Bæring! Als ich bei der Gruppe ankam, quälte sich der Reiseleiter damit ab, Þórbergur ins Deutsche zu übersetzen, und die Leute hörten ihm höflich, aber desinteressiert zu; doch dann kam ich mit meinem Bild von Halldór. Halldór Kiljan Laxness, sage ich nur, und da brechen sie in Rufe aus: *Jawohl!* Vor lauter Begeisterung, wohlgemerkt, begeistert rufen sie *jawohl!*

Bæring: Denk mal an!

Jón: Sollte uns diese Reaktion nicht das eine oder andere über den Unterschied zwischen den beiden Autoren sagen? Ohne Þórbergur herabsetzen zu wollen, aber kann man umhin, den Größenunterschied zu bemerken?

Bæring: Ja, da sagst du was, lieber Schwager, das fragt man sich.

Jón: Ja, man kommt nicht umhin.

Bæring: Nein, kommt man nicht.

Jón: Zum Kuckuck noch mal!

Bæring: Aber sag mal, wo wir gerade davon reden, wozu hat der Vorreiter die Leute denn nach Glæsivellir kutschiert?

Fragt Bæring und spricht damit die Verwunderung vieler, ja, ihre Entrüstung aus, die nicht ohne Verletzung ist. Denn anstatt nach Skógar zu fahren oder meinetwegen auch nach Sámsstaðir, das ohne Zweifel der stattlichste Hof der Gemeinde ist und mit solch prächtigen Gebäuden versehen, dass es eine Freude ist, sie anzuschauen, lässt der Vorreiter den Bus lieber über eine staubige Piste rumpeln, wirft die Leute aus dem Bus und lässt sie über dieses holprige Brachland stolpern, auf Steinen über einen Bach balancieren, nur damit sie sich eine Torfkate anschauen! Und dann fahren diese Fremden in ihre Heimatländer zurück und verbreiten da, die Isländer seien gerade erst aus stinkenden, engen und dunklen Erdlöchern gekrochen wie die Ratten. Ob der Vorreiter überhaupt erwähnt hat, dass schon sechs von zehn Bauern dieser Gemeinde über einen Heubinder verfügen? Pfui Teufel!, sagen viele, hauen mit der Faust auf den Küchentisch und haben an der schwärenden Verleumdung zu kauen.

Pfui Teufel!

Außerdem war Gemeindevorsteher Jón der einzige Repräsentant, mit dem die Touristen in Berührung gekommen sind. Daran ist im Prinzip nichts auszusetzen, sagt Björn Skúlason auf Hnúkar zu Hávar, dem Liederdichter und Strophenschmied der Gemeinde, als sie die Angelegenheit untereinander am Telefon besprechen. Ja, das ist schon in Ordnung, an und für sich. Jón ist schließlich der Vorsteher der Gemeinde und hier in der Gegend ein angesehener Mann, kann in seinem Redefluss verdammt überzeugend sein, das will ich gern anerkennen. Er hat die Belange der Gemeinde gut im Griff – so wie die Dinge zurzeit stehen. Man darf auch das Bibliothekszimmer nicht außer Acht lassen, das bestimmt ganz nett ist, alles schön und gut, aber auch wenn jemand nach innen eine gute Figur macht, heißt das ja nicht automatisch, dass derjenige die Gemeinde auch nach außen gut vertreten muss, das scheint mir auf einem ganz anderen Blatt zu stehen.

Das ist wirklich eine ganz andere Sache, mein lieber Hávar, wiederholt Björn und verstummt. Hávar räuspert sich.

Hávar: Wahr sprichst du, Björn. Eines ist es, ein angenehm Antlitz nach innen zu weisen, doch nach außen ist es ein ander Ding. Da nämlich gilt es, die Gestalt in bess'res Gewand zu gewanden, sorgsam zu wählen ist der Gemeinde Verwalter, wenn er waltet der Gemeinde Erscheinung nach außen. Manchmal taugen nicht alltägliche Kleidung und literarische Bildung. Eins ist es, zu kennen eines Buches Erscheinen, ein anderes, was man trägt an Körper und Beinen.

Björn: Absolut richtig, Hávar, und ich erinnere nur daran, obwohl es mir eigentlich widerstrebt, aber ich sehe mich gezwungen, daran zu erinnern, wie der Gemeindevorsteher heute in Erscheinung trat. Nicht nur, dass er mit seinem alten Wrack von Landrover angeschaukelt kam, nein, ich meine, jeder hat deutlich gesehen, wie er aus diesem Schrottteil kletterte und sich vor den Augen all dieser Ausländer erst einmal die Hosen hochzog wie der letzte Waldschrat. Sie haben sich garantiert gedacht, wenn so schon das »Haupt der Gemeinde« auftritt, wie wird dann erst der Rest aussehen? Und der Rest, das sind wir. Ich will das nur mal sagen. Das muss man sich schließlich einmal klar machen. Aber wir sollten uns die Sache vielleicht nicht so zu Herzen nehmen, dem Ganzen seine komische Seite abgewinnen und sagen, wenn sich schon das Haupt der Gemeinde in aller Öffentlichkeit die Hosen hochzieht, dann war es nur folgerichtig, die Touristen zu einer Torfhütte zu führen. Eine solche Behausung hat zweifellos den richtigen Hintergrund zu Jóns Benehmen geliefert.

Mehr kann sich der Gemeindevorsteher nicht bieten lassen. Er fällt in das Gespräch ein und faucht: Hätte ich ihnen besser mit heruntergelassenen Hosen entgegengehen sollen?

Björn, mit eiskalter Überlegenheit: Warum nicht, bei dir hängt und schlottert doch sowieso alles.

So verlief das Gespräch an diesem Abend, und Zwist und Hader von der großen Versammlung flackerten wieder auf und wurden augenblicklich zu einem Großbrand. Doch müssen die Streitereien in der Gemeinde für eine Weile zurücktreten, weil nämlich anderes zu Wort kommen will. Ich meine die Revolution um den Vorreiter, ich meine Dimmuvík und ich meine die Liebe. Ja, die Liebe. Sieh, wie sie sich über die Worte erhebt und Aufmerksamkeit fordert!

Ein Boot legt vom Land ab und verschwindet im Abenddunkel. So dunkel, wie es Ende August nur werden kann.

Man kann sich Schlimmeres im Leben vorstellen, als an einem dunklen, stillen Augustabend mit einem Boot auf einem ruhigen Fjord unterwegs zu sein, dahinzugleiten und nichts als das unterdrückte Brummen des Motors und das weiche Geräusch zu hören, mit dem der Kiel die Wellen pflügt. Eine Bootsfahrt auf einem Fjord, zu beiden Seiten Dunkelheit, ein weiches Wiegen unter den Füßen, und man fährt tiefer in den Abend hinein, der voller Ruhe und solchen Friedens ist, dass selbst der schlimmste Kummer nichts als ein wehes Ziehen verursacht.

Das Boot schleicht voran, und obwohl die Menschen an Bord dicht gedrängt stehen, ist es, als ob sich der eine vom anderen löst und in das samtige Nichts aufschwebt, wo alle Geräusche des Tages sterben und die Ereignisse des Lebens aus der Erinnerung aufsteigen wie schweigende Bilder. Der Busfahrer kaut nicht länger auf seinem Priem, beißt auch nicht mehr die Zähne aufeinander, sondern stützt die groben Hände auf die Reling, lässt die Lider über die Augen gleiten und ist wieder ein kleiner Junge in einem Garten, in dem das Gras weich ist, der Duft betäubend und nie eine Wolke vor die Sonne zieht. So gleitet das Boot voran, voll stiller Träume, und der Abend birgt es in seiner Hand. Vereinzelt ragt eine Schäre schwarz aus dem Wasser, ein Vogel fliegt auf und streicht ab.

Sacht steigert der Vorreiter das Tempo, behutsam weckt er die Passagiere aus den Tiefen ihrer Träume und Erinnerungen und beginnt vom Flug der Vögel zu erzählen und wie das Gras im Frühjahr durch die Schneedecke stößt. Ganz allmählich öffnet er Einblicke in vergangene Zeiten und lenkt das Interesse auf die Menschen, die durch Jahrhunderte dieses raue Land bestellten. Vorsichtig erinnert er an die Schwurbrüder Snorri und Narfi.

Als das Boot in Dimmuvík einläuft, ist es durch ein Dunkel geglitten, das von menschenleeren Einöden durchatmet ist, und in der Bucht ist nicht ein Licht zu sehen. Es herrscht Dunkelheit ohne Ende. Das Brummen des Motors erstirbt, und wirkliche Stille macht sich breit, irgendetwas regt sich im Bewusstsein der Leute; das vernunftbestimmte Denken bekommt Risse, und durch sie sickert das Ungewisse ein, der Zweifel, das Zögern, das den Menschen von Beginn an begleitet hat. Das Zögern gegenüber Dunkelheit und Schweigen.

Und den Menschen gehen die Augen auf.

Denn dort, über den dunklen Ufersteinen, leuchten Schemen auf, todbleiche Gesichter, die kurz hervortreten und ebenso schnell wieder tief in der Finsternis verschwinden.

Seht mal, flüstern einige, doch dann wagt niemand mehr zu zeigen oder zu sprechen. Die Leute schauen nur. Wieder erscheinen die Gestalten, an anderer Stelle diesmal, ein drittes und ein viertes Mal, dann nicht mehr. Die Spannung lässt ein wenig nach, die Spucke kehrt zurück, leise wird etwas gesagt, doch da durchbricht das Jammern die Stille.

Ein lang gezogenes Jammern, und zunächst spüren die Menschen nur seine Traurigkeit, dann begreifen sie seine abgrundtiefe, schmerzerfüllte Verzweiflung. Es verklingt wieder, wird zu einem unterdrückten Wimmern, und die Menschen sehen es vor sich, wie Snorri auf den Ufersteinen kauert, seine Schuld herausschreien möchte, die Worte aber nur unartikuliert aus seiner klaffend offen stehenden Kehle quellen. Dann ist Snorri zusammengesunken, liegt wimmernd am Ufer, über ihm Narfi, voll von dreihundert Jahre schwärendem Hass.

Da kommt das Schicksal

Am Morgen darauf setzt sich der Bus vor dem Gemeindehaus ächzend in Bewegung. Ein Hauch von Herbst liegt in der klaren Luft, und der Bus entfernt sich mit drei Dutzend zufriedenen Deutschen – wir werden sie nie wiedersehen – mit süßem Schwarzbrot und Skyr im Bauch, manche mit Lebertrangeschmack im Mund.

Wunderbar, wunderbar, sagten sie und waren verschwunden. Auf und davon über den Pass, in einem roten Reisebus. Der Reiseleiter hoch zufrieden, mit dampfendem Kaffee im Becher, der Fahrer seufzt wohlig, streichelt mit beiden Händen das Lenkrad, legt den Kopf schief, mahlt mit den Zähnen und sagt: Na dann, Junge, trink deinen Kaffee, schalte dein Mikrofon ein und komm mal wieder in dieses verdammte Deutsch zurück.

Der Reiseleiter trinkt von dem brühheißen Kaffee, verbrennt sich die Zunge, schaltet das Mikrofon ein und fragt: Was jetzt?, während er den Fahrer anschaut, der verbissen über dem Lenkrad kauert.

Was jetzt?, fragt der zurück. Nichts weiter, als dass wir uns dem Pass nähern, und da ist es doch Zeit, eine kernige Gespenstergeschichte loszuwerden, also fackele nicht lange und sprich mir nach: Es war einmal vor gut hundert Jahren, da war hier ein Bauer unterwegs, und ohne jede Vorwarnung brach ein gewaltiger Sturm los, ein wahrer Höllenwind, der immer weiter zunahm und mittendrin dieser Bauer, stark und sehr von sich überzeugt, aber jetzt schlug ihm dieser Schneesturm voll ins Gesicht. Es herrschte dichtestes Schneetreiben und ...

... der Bus kämpft sich die Steigung hinauf, mit einem angestrengt vorgebeugten Fahrer am Lenkrad, einem Reiseleiter, der sich schwitzend abmüht, den verworrenen Wortschwall des Fahrers ins Deutsche zu übersetzen, und Touristen mit isländischem Sauerquark im Bauch, Trockenfisch auf den Knien. Sie hören zu, wie der vorgebeugte Fahrer seine Gespensterstory zum Besten gibt und sich dabei so konzentriert, dass ihm ein Faden tabaksbrauner Spucke aus dem Mund läuft, als wäre es das Blut des Bauern, der in dem hundert Jahre alten Schneesturm verröchelt. So entschwindet der Bus aus der Gemeinde und kehrt eine Woche später zurück, mit vierzehn Amerikanern an Bord. Gemäß einer geschäftlichen Vereinbarung.

Ich komme in einer Woche wieder, hatte der Reiseleiter zum Vorreiter gesagt. Mit einer anderen Gruppe, wahrscheinlich Amis. Ich werde mich nicht in deinen Part einmischen, denn das ist alles prima so, du bist ein Profi bis in die Fingerspitzen. Von mir aus wieder das gleiche Programm, kannst auch wieder diesen Gemeindevorsteher auftreten lassen, ein richtiges Original, der Typ. Und die Torfbude natürlich! Ach ja, ich bin entschieden für die gleiche Verpflegung, sie waren völlig begeistert davon, Brot mit Leberwurst, Gewürzkuchen und *Prins Póló-Schokoriegel.* Zum Abendessen Salzfisch oder gekochter Schellfisch, es gibt nichts Besseres, nur die Würmer könntet ihr ein bisschen sorgfältiger rauspulen, nicht wahr?! Und die Bootstour, mein lieber Mann, ein echter Volltreffer. Unglaublich, wie gut es einem tut, ein bisschen im Dunkeln herumzusegeln! Meinst du, du kannst die Gespenster wieder anheuern? Ist mir völlig egal, wie du das machst, und wenn du willst, bin ich sogar bereit zu glauben, dass ihr einen besonders guten Draht ins Jenseits habt. Der Punkt ist jedenfalls, dass ihr hier die reinste Goldgrube aufgetan habt. Die Deutschen fühlten sich, als wären sie in einer anderen Welt. Vergiss den Supermarkt, häng die Landwirtschaft an den Nagel, das hier ist *die* Sache. Jetzt strömt Kapital herein. Die richtigen Akzente setzen, eine gute Organisation, und in zwei Jahren können die Leute hier im Ort jeden Tag in feinen Klamotten rumlaufen.

So sprach der Reiseleiter und wollte in den Bus steigen, hielt aber inne, nahm den Vorreiter beim Arm und führte ihn abseits an die Hauswand.

Ich wollte dir nur noch eins zu dem Dichter sagen: Da hast du eine glänzende Investition. Der Mann ist eine Kapitalanlage, man muss ihn nur noch ein wenig zähmen, wenn ich so sagen darf. Ihn ein wenig lenken. Nur ein ganz klein wenig. Nimm's nicht übel, wenn ich mit überflüssigen Tipps komme, aber sieh mal, es ist ganz wichtig, all dieses Folkloristische in seinen Geschichten zu haben. Die Leute sind begeistert davon. Aber man muss auch berücksichtigen, dass sie keine Ahnung von unserer Geschichte und unseren Traditionen haben. Das muss der Dichter begreifen. Du solltest ihm klar machen, dass jetzt Zeiten angebrochen sind, in denen Schriftsteller nicht länger nur zu ihrer eigenen Nation reden, sondern zur ganzen Welt, und danach müssen sie ihre Worte richten. Es ist zum Beispiel selbstverständlich, Jón forseti zu erwähnen. Wir wissen natürlich, wofür er steht, der wackere Freiheitsheld, aber die Touristen haben noch nie von ihm gehört. Da müssen sein Leben und seine symbolische Bedeutung in prägnanten Sätzen kurz erläutert werden. Das Gleiche gilt für die Badestube, die in der schönen Geschichte vorkam. Sie ist etwas typisch Isländisches, das in einer Geschichte für ausländische Touristen nicht fehlen sollte, aber so eine Badestube muss erklärt werden, sie haben keinerlei Vorstellung davon, und sie wissen auch nicht, dass hier früher fast alle nackt zu Bett gingen und Narfi daher »ihre weiche Haut, weiß wie Milch« berühren konnte. Du verstehst schon, worauf ich hinauswill, nicht wahr?

Doch, antwortet der Vorreiter, du meinst, es sei eine Sache, zur Heimatgemeinde zu sprechen, aber eine andere, sich an die Welt zu richten, und das müsse Starkaður begreifen.

Ich sehe, wir verstehen uns voll und ganz, sagt der andere froh.

Der Vorreiter: Der Dichter muss nur ein wenig gelenkt werden.

Der Reiseleiter: Nur so weit, dass er auf gewisse Dinge achtet.

Der Vorreiter: Aber den Geist und den Ton bewahrt.

Der Reiseleiter: Absolut! Da liegt genau das Genialische, das ich Kleingeist so schwer rüberbringen kann.

Dann fügte er noch hinzu, es sei unbedingt zu empfehlen, dass der Dichter seine Geschichten zu Papier bringe. Das würde nicht nur die Übersetzung bedeutend erleichtern und verbessern, sondern auch die Lenkung des Skalden vereinfachen, denn es sei ihm dann leichter klar zu machen, welche Stimme passend sei für die ganze Welt.

Dann schieden diese beiden bedeutenden Männer mit Sympathie voneinander.

Sieben Tage später kommt der Bus zurück. Mit vierzehn amerikanischen Touristen an Bord, und jetzt ist kein Nebel nötig, um sie in den Ort zu bringen. Der Bus biegt einfach von der Ringstraße in Richtung Pass ab. Er biegt zum Pass hin ab und hält eine Stunde später vor dem Gemeindehaus. Auf den Stufen steht ein lächelnder Vorreiter, der sich ein wenig über das veränderte Aussehen des Busfahrers und des Reiseleiters wundert. Letzterer ist piekfein zurecht gemacht, mit zurückgekämmtem Haar, in grauen Stoffhosen aus England, weißem Rollkragenpullover, dunklem Jackett und knarrenden Lederschuhen. Der Chauffeur dagegen in einem gewalkten Wollpullover, Gummistiefeln, Dreitagebart und wirrem Haar, auffällig schweigsam und einsilbig in der Nähe der Reisegäste. Nur hin und wieder flucht er urplötzlich vor sich hin, hängte die wüstesten und unflätigsten Schimpfworte aneinander. Oben auf dem Pass hatte er sich über das Lenkrad gebeugt, den Kopf schief gelegt und, vor sich auf den Weg starrend, zwischen zusammengebissenen Zähnen auf einmal Geschichten zum Besten gegeben. Drei Stück hatte er geschafft. Eine wüste Horrorstory, die von dem Bauern im Schneesturm und dann von einem ausgesetzten Kind, das durch die unbewohnte Gegend geistert, manchmal im Kegel der Scheinwerfer auftaucht, sich auf Knie und Hände aufrichtet und zu heulen beginnt.

Das macht doch nichts, sagt der Vorreiter höflich und sieht zu, wie die Amerikaner aus dem Bus steigen und dabei dem Fahrer scheue Seitenblicke zuwerfen. Der blickt vor sich hin, als könne er kein Wässerchen trüben.

Er erzählt auf eine ganz andere Art als dein Dichter, sagt der Reiseleiter entschuldigend, als wolle er zum Ausdruck bringen, dass man der Gruppe durchaus noch mehr einheizen könne. Da lächelt der Vorreiter, denn was ist schon ein armer Buschauffeur gegen einen Starkaður? Gegen einen Starkaður, der die zurückliegenden sieben Tage gut genutzt hat, ein ganzes Lager voller Geschichten gehortet und sich mit Erzählungen für jede Gelegenheit präpariert hat. Auf das Wetter für die Bootsfahrt war kein Verlass, der Herbst kam näher und vielleicht bekäme man schlechtes Wetter, gemeinen Nordwind, der die See aufrührte. Nein, Starkaður Jónasson von Karlsstaðir ist auf alles vorbereitet. Er hat schicksalsschwere Ereignisse aus der Geschichte der Gegend gesammelt und nicht versäumt, Lückenhaftes zu ergänzen, die Handlung zu straffen, die Personen und das Tragische zu vergrößern. Ja, die sieben Tage waren voller Beschäftigung vergangen. Ich war mit einem Notizblock von Haus zu Haus gegangen, hatte die Reaktionen auf den Touristeneinfall festgehalten und woran sie das meiste Interesse gezeigt hatten. Sieben Tage vergingen, und unser Treiben blieb der Einwohnerschaft nicht verborgen. Sie wurde von Neugier und Spannung ergriffen und wohl auch von dem schrecklichen Verdacht, dass große Veränderungen ihre Schatten vorauswarfen.

Doch bevor ich zu den Weiterungen komme, sollte noch gesagt werden, dass auch der Besuch der amerikanischen Touristen ein voller Erfolg wurde. Am Tag, an dem sie wieder über den Pass verschwinden, hocken wir drei in der Garage und besprechen verschiedene Dinge. Starkaður, der Vorreiter und ich. Wir sitzen unter der großen Weltkarte, die der Vorreiter aufgehängt hat, damit wir nicht vergessen, dass die ganze Welt unser Betätigungsfeld ist, obwohl wir auf ausgedienten Sesseln in einer Garage in einem kleinen Ort unweit des ewigen Winters hocken. Wir besprechen also ein paar Dinge und denken schon einmal ans nächste Frühjahr. Starkaður hat sich auf seinem Sessel zurechtgesetzt und will uns ein paar Geschichten von Geistern und Menschen erzählen, die er aus Büchern gegraben, aus einigen Leuten heraus- oder aus seiner eigenen Fantasie hervorgeholt hat. Danach will uns der Vorreiter noch ein paar wichtige Dinge aus der Tourismusbranche nahe bringen.

Wirtschaftszweig, nicht Branche, korrigiert Starkaður, gießt sich Kaffee ein, brummelt irgendwas und fängt mit dem Erzählen an. Er ist noch ganz am Anfang, als die Sekretärin hereinkommt, die dem Vorreiter das letzte halbe Jahr über geholfen hat.

Gut, dass du kommst, sagt er. Wir halten nämlich gerade eine Konferenz ab. Starkaður wollte uns ein paar Gespenstergeschichten auftischen, die er irgendwo aufgetrieben hat, und dann wollte ich noch ein paar grundsätzliche Dinge aus der Bran ... aus unserem Wirtschaftszweig erklären. Könntest du nicht noch einmal Kaffee aufgießen, die Kanne ist nämlich leer, sagt er zu mir, und während die Maschine rumpelt und Wasser zu Kaffee wird, erzählt Starkaður von dem Umgetriebenen, der ...

Nein.

Jetzt mache ich es nicht noch länger.

Ich zögere es nicht weiter hinaus. Pfeif auf die Getriebenen und den Nebel, in dem man sich so leicht verirrt! Der Teufel kann den Troll haben, der hinter dem Wasserfall lebte, Reiter aus dem Sattel riss und mit den Hilfeschreienden auf Nimmerwiedersehen verschwand. Scheiß auf Zwerge und Elfen! Vergessen wir die Grundregeln und Basiselemente und wie sie alle heißen! Genug der Täuschungskünste, denn die Assistentin kommt herein, und der Vorreiter sagt: Gut, dass du kommst, Ilka.

Jawohl, er sagt: Ilka.

Das ist sie: Ilka.

In der nicht endenden Schufterei Starkaðurs hatte also doch kein Buchstabe gefehlt, als er sich im Traum blutig schund, sich im Acker der Sprache die Nägel brach, das Fleisch blutig riss, nur um vier Buchstaben zu finden:

I el ka a

Das ist sie.

Da ist sie also endlich gekommen.

Die, die drohte, Starkaður die Beine abzusägen. Sie ist es. Sie ist da. Die, die dem Dichter sämtliche Ruhe raubte, ihm die Welt unter den Füßen wegzog, die alles oder nichts bedeutete, Ende oder Anfang, da ist sie, sie ist gekommen, diese Frau, ja.

Die Tür geht auf und: Das Schicksal tritt ein.

Und, was passiert? Bebt die Erde?

Sie war es, die Starkaður zu einem Gespenst machte. Und mich ebenso. Sie nähte uns Gewänder aus nachtschwarzem Stoff, fand eine Creme, die aus knochenbleichem Mondlicht gemacht zu sein schien, und schminkte uns totenbleich und gespensterhaft.

Wir fühlten uns auch wie Gespenster, und noch lange, nachdem das Boot mit den Deutschen die Bucht verlassen hatte, hockten wir benommen auf den Steinen am Ufer, erst schweigend – außer den tiefen Atemzügen der See war nichts zu hören. Dann begann mir Starkaður mit großer Überzeugungskraft, unterstützt durch das Dunkel der Spätsommernacht und meine Angst vor Gespenstern, darzulegen, dass unser Schauspiel nicht nur die Deutschen überzeugt, sondern ebenfalls die Lebensgeister in den dünnhäutigen Seelen der ehemaligen Freunde geweckt habe.

Wir haben sie auf den Geschmack gebracht.

Auf den Geschmack?

Ja, auf den Geschmack, wiederholte Starkaður nach einem Furcht einflößenden Schweigen. Sie sind erwacht, ihnen stieg der Geruch von Leben in die Nase, von lebenswarmem Blut, sie erhoben sich, schmiegten sich an unsere Körper, verschmolzen mit dem schweren, heißen Rauschen des Bluts, und nur unsere Liebe zum Leben trieb sie zurück. Wusstest du, dass Liebe zum Leben das einzige Abwehrmittel gegen Geister ist? Doch ob es immer hilft? Zum Beispiel gegen solche, die nach dreihundert Jahren Einsamkeit wieder seine Wärme spüren? Merkst du nicht, dass wir den längst vergessenen Lebenswillen der Geister wiedererweckt haben? Sie sitzen jetzt bestimmt ganz nah bei uns und wärmen sich an der Wärme des Lebendigen. Wir sind endlos weit vom nächsten Haus entfernt, rundum ist es finster, und ausgehungerte, bleiche Gespenster starren uns an und warten nur auf die nächste Gelegenheit, sich wieder an unser körperwarmes Fleisch zu schmiegen, den Geschmack des Lebens auf ihren todeskalten Lippen zu spüren. Psst! Hast du gehört? Was war das ...?

Was du immer für einen Mist verzapfst! Ich sprang auf und lief in langen Sätzen zum Auto, das einige hundert Meter oberhalb des Ufers stand. Starkaður lachte hinter mir her.

Ja, er lachte. Das tat er nicht, wenn uns Ilka schminkte und kostümierte, erst für die Deutschen, dann für die Amis. Nein, Starkaður, dann blieb dir dein Lachen im Hals stecken. Dann hocktest du nur stocksteif auf deinem Stuhl und sagtest keinen Ton. Mit halb offenem Mund, als hätte dir jemand Zement eingetrichtert, der dann ausgehärtet sei. Doch auch sie sprach wenig und schien sich ebenso wenig aus der Anwesenheit des Dichters zu machen. Sie machte ihn zu einem Gespenst und verschwand.

Ist das vielleicht der Kern vieler Liebesgeschichten? Einer macht den anderen zum Gespenst, und das Märchen ist aus.

Oder was?

Wir sitzen in der Garage, Konferenz unter der Weltkarte, die Kaffeemaschine blubbert, Ilka ist gerade hereingekommen, und Starkaður hat angefangen zu erzählen. Lang und hager sitzt er da, mit schwarzen Haaren, zartgliedrigen Händen, langen Fingern, eckigen Schultern und riesengroßem Adamsapfel, und richtet seine Worte an sie, die feuerrotes Haar hat. Ja, Locken wie züngelnde Flammen, und die Nase ein ganz klein wenig gestupst, als würde sie ständig in die Welt schnuppern.

Starkaður atmet tief durch. Vielleicht hat er sich gedacht, er könne sie mit seinen Worten erobern, mit seinem erzählerischen Talent, mit seinen Gesten, seiner Mimik, vielleicht möchte er etwas erzählen, das ihre geheimnisvollen grauen Augen mit Angst erfüllt. Er atmet tief durch und beginnt zu erzählen. Doch anstatt sich zu Gipfeln aufzuschwingen, sinkt seine Rede zu tonlosem Murmeln herab, wird zu einer unbedeutenden Aufzählung von Ereignissen.

Ganz nett, sagt sie, und es vergehen Tage.

Ganz nett.

Ihr Interesse an Starkaður scheint in zwei Silben Platz zu finden. Ganz nett. Sagt sie, die Frau aus den Gedichten, die Frau mit dem Haar und der Nase. Auch die Augenbrauen könnte ich beschreiben, wie sie sich ein klein wenig über die Augen senken, dass es aussieht, als würde sie scheu vor sich niederblicken, zögern, aufzusehen. Doch schüchtern ist sie nicht, diese mittelgroße Frau mit dem breiten Antlitz und den geröteten Händen (vielleicht von vielen Jahren harter Arbeit); womöglich ist die Haut empfindlich, doch sie selbst nicht. Vielmehr hält sie sich nur aus allem heraus, macht nicht viele Worte. Doch wenn sie den Mund aufmacht, tut sie es klar und entschieden, ohne herumzustottern.

Ganz nett, hat sie gesagt, und dann vergehen Tage, der Herbst kommt mit seinen wütenden Tiefausläufern, aber auch mit kräftigen Farben, tiefer Stille.

Aber lassen wir den Herbst noch ein Weilchen warten, denn fast ein ganzes Jahr ist Starkaður jetzt rettungslos verliebt durch die Welt getaumelt, den Namen Ilka wie einen Stachel in der Brust; ihr Bild hat sein Herz durchbohrt, er hat sich in Gedichte verblutet, ist geschwächt in sich zusammengefallen, in Liebeswimmern ausgebrochen. Jetzt sind sie einander begegnet, jeden Morgen in der Garage und wieder am Nachmittag. Und was ist passiert? Bebt die Erde, stürzt der Himmel ein? Überfluten

Glück oder Trauer ihr Leben? Ich meine, geschieht nichts Großartiges? Es muss doch zu etwas mehr reichen als zu einem beschissenen Ganz nett.

Ja, einige Tage nach der Konferenz feiern wir Erntedank, und da kommt es zu etwas mehr als einem Ganz nett.

Ist das die ganze Herrlichkeit?

Der Vorreiter hat in der Stadt zwei Flaschen Smirnoff bestellt und dazu einen Karton *Prins Póló* im Laden gekauft. Als die erste Flasche geleert ist, sagt er: Meine lieben Kinder, ich bin glücklich. Dann vertraut er uns seine vielseitigen Pläne an, die sich durchaus nicht nur um Touristen drehen, denn er ist ein Mann, der nicht nur auf ein Pferd setzt. Jaja, meine Kinder, meine lieben Kinder, ihr wisst gar nicht, wie gern ich euch habe!

Sagte dieser Mann, der noch große Dinge vorhatte, heute landesweit bekannt ist und einer Menge Menschen Arbeit gibt. Doch damals in der Garage waren es nur wir, die Pioniere, mit einer Flasche Wodka intus, und der Vorreiter sagt zu uns: Ich habe euch richtig lieb, aber jetzt gehe ich ins Bett, es war ein anstrengender Tag. Ihr seid noch jünger, meine Kinder, und könnt weitermachen. Eine Flasche ist noch da. Erinnert mich nur bei Gelegenheit daran, dass unser Wirtschaftszweig keine Grenzen kennt und seine Währung kreative Ideen sind. Und Starkaður, großer Meister, denk an das, was ich dir vor ein paar Tagen ans Herz gelegt habe. Wer sich an die ganze Welt wendet, benutzt nicht dieselben Worte wie der, der zu seiner Heimatgemeinde spricht. Er denkt anders und er redet anders. Macht's gut!

Damit zieht sich der Edle zurück, und wir drei bleiben übrig. Starkaður öffnet die zweite Flasche, schenkt sich in den leeren Kaffeebecher und kippt den puren Schnaps in sich hinein. Dann blickt er irgendwie deprimiert vor sich hin.

Und dann?

Starkaður wird wohl kaum ewig so verbiestert da sitzen bleiben und ihren Namen seufzen. Das Seufzen wird schon nicht zur Lebensaufgabe des Dichters von Karlsstaðir werden. Was also geschieht? Was tut er, was tut sie? Sagen sie dies oder jenes, und die Liebe überflutet alles? Was tut ein Dichter, der vor der Frau seiner Gedichte steht? Ich meine, ein Dichter von heute. Der den Horror des Menschen kennt, den Abraum der Seele, der weiß, dass jeder Mensch aus Fleisch besteht, das verwest, dass keine Frau nur hehre Schönheit ist, sondern auch schwitzt, aus dem Mund riecht und schlechte Laune hat. Was also tut der Dichter der fragmentierten Gegenwart im Angesicht der Frau seiner Gedichte? Denn das ist sie: Ilka ist die Frau, die Starkaður auf den Anschlagtafeln des Gemeindevorstehers Jón besang, auf den Tafeln, die drei Wochen lang über der Straße aufragten, sodass sich jeder fragte: Wer ist diese Frau, die Starkaður alle Ruhe raubt, sein Leben durcheinander wirbelt, wer ist sie? Ist sie von hier?

So wurde gefragt, und nun sitzt sie da. Hat schulterlanges, rotes Haar und heißt Ilka. Was tut Starkaður? Steht er auf, reißt sich das Herz aus dem Brustkorb, reicht es ihr und sagt: Fühl den Pulsschlag meines Lebens! Und fügt noch dies und jenes hinzu, irgendetwas ungeheuer Dichterisches, und die Sterne werden aus ihrer Bahn gerissen, die beiden fallen sich in die Arme und blicken sich in die Augen, und es existiert nichts mehr im Universum als dieser tiefe Blick; Sonnensysteme, schwarze Löcher, schwindelnde Fernen des Alls, alles wird ausgelöscht, und nur noch diese beiden gibt es, die sich in die Augen sehen, Gott im Himmel, und ich reichere mein Leichtbier mit Smirnoff an. Starkaður blickt sie an, und jetzt kommt es; der Augenblick, der alles verändert, den Regen, die Zeit. Sieh, die Liebe ersteht aus den Tiefen der Zeit und erleuchtet die Sprache! Starkaður blickt sie an. Und sagt etwas!

Nein. Er guckt weiter schweigend auf die Frau mit dem flammend roten Haar, den geheimnisvoll grauen Augen und der Nase, die in die Welt schnuppert. Vielleicht fragt er sich im Stillen: Wer bist du? Woher kommst du? Das haben sich viele gefragt, denn Ilka tauchte vor etwa einem Jahr im Ort auf, und keiner wusste, wo sie herkam. Stieg sie vielleicht mit ihrem lohenden Haar geradewegs aus der Morgenröte und mietete sich eine Zweizimmerwohnung in einem gelben Haus?

Starkaður gießt sich den Becher mit Smirnoff halb voll und nimmt einen guten Schluck, ohne eine Miene zu verziehen. Dann fragt er Ilka, ob sie auch eine nennenswerte Auswahl an Büchern besitze.

Über mir bricht alles zusammen.

Ist das die ganze Herrlichkeit?

In diesem hageren, schwarzhaarigen Mann ragen Gebirge der Dichtkunst auf, sie ragen hoch in die blaue Weite, in der sonst nur noch der Adler schwebt, doch anstatt die Welt mit dem Blitz des Gedichts zu erhellen, fragt er, ob sie eine nennenswerte Anzahl Bücher besitze.

Ilka: Ein paar.

Starkaður: Dürfte ich vielleicht ... bei Gelegenheit einmal vorbeikommen und sie mir ansehen? In den Häusern hier herum gibt es nämlich nicht so besonders viele Bücher.

Ilka: Spekulierst du vielleicht noch darauf, dass ich dir meine Briefmarkensammlung zeige?

Starkaður, erstaunt: Ich interessiere mich überhaupt nicht für Briefmarken.

Ich hatte mich darauf eingestimmt, Augenzeuge des ersten Kapitels *der* Liebesgeschichte des Jahrhunderts zu werden, und dann so was! Unsere Zeit kennt keine Größe mehr. Ich bin am Boden zerstört, erhebe mich, greife zittrig wie ein Alkoholiker nach der Flasche.

Du bist doch Schriftsteller, sagt Ilka. Höre ich einen unangenehmen Unterton in ihrer Stimme?

Starkaður: Ich bin wohl eher ein Trottel.

Ilka: Manche behaupten, das eine hätte schon immer gut zum anderen gepasst. Aber wenn du ein Dichter bist, erstreckt sich dann dein ganzer Ehrgeiz darauf, Horrorstorys für Touristen zusammenzulügen?

Hm, sage ich und erinnere an die Gedichte auf den Anschlagtafeln. Die waren nicht für Auswärtige gedacht. Sie handelten auch nicht von Geistern. Ob sie von denen nicht gehört hätte; dann würde ich sie einmal aufsagen. Sage ich eifrig und richte mich auf, um die Gedichte vorzutragen, die ich komplett auswendig kann:

Was Du auch sagst
Komme ich ...

Der Dichter selbst unterbricht mein Deklamieren, indem er sagt, Gedichte seien nicht bloß Worte. Sagt er und verstummt.

So, so. Ilka hat die Gedichte sehr wohl auf den Tafeln gesehen, und soweit sie sich erinnere, seien sie durchaus aus Worten gemacht gewesen. Befriedige ihn das wirklich, von Liebe zu säuseln und Gruselgeschichten für Touristen zusammenzufantasieren? Gäbe es da nicht noch anderes, das in ihm brenne? Nichts anderes im Leben, in der menschlichen Natur, das in ihm zum Wort dränge?

Starkaður: Wie zum Beispiel was?

Ilka: Hast du noch nie etwas von Überzeugungen gehört?

Starkaður fährt seine Beine aus, kommt in die Höhe und ist betrunken, jetzt sehe ich es, stockbesoffen sogar. Er wankt durch die Garage, und sein Gesichtsausdruck ist schwer zu deuten. Am Schreibtisch des Vorreiters bleibt er stehen, lacht auf, greift nach dem großen Wörterbuch des Kulturfonds, schlägt es auf und murmelt: über, überzeitlich, überzeugen, aha, hier ist es,

Überzeugung, und auch Überzeugungstäter. Jemand, der wegen seiner Überzeugung im Gefängnis sitzt. So ist es.

Sagt er vollkommen ruhig, legt das Lexikon weg, verneigt sich vor Ilka, geht gemessenen Schritts zur Tür, öffnet, geht hinaus, die Tür fällt hinter ihm zu. Ilka und ich bleiben in dröhnendem Schweigen zurück.

Eine Minute vergeht, vielleicht auch zwei.

Das hat gesessen, sagt Ilka und wirkt betroffen. Da wird die Tür aufgerissen, und Starkaður steht da. Mit der Rechten hält er die Klinke und beginnt zu sprechen. Jetzt liegen keine schweren Steine über seinen Worten, er hält die Tür halb offen, als ginge es auch den Tag draußen etwas an, als wolle er sein Programm der ganzen Welt verkünden, als sollten es die Berge hören und anderen Bergen weitererzählen, sodass seine Worte von Berg zu Berg hallen bis hinunter ans Meer, dessen Strömungen sie in ferne Länder tragen sollen. Dabei ist es nur für Ilka bestimmt, denn sie ist die ganze Welt. Die Berge und bewohnten Gegenden und der blaue Himmel sind in diesem Frauenkörper Gestalt geworden, liegen in diesen starken Augen, die Starkaður ansehen. Und er steht im Türrahmen der Garage und spricht von Überzeugungen.

Starkaður steht im offenen Garagentor und hält eine Rede über Überzeugungen

Du meinst also, ich wäre nur eitel Vogelzwitschern und ein Pausenclown und würde mich einen Dreck darum scheren, ob die Welt unter meinen Füßen in Flammen steht. Kennst du nicht die Zeiten, in denen wir leben? Meinst du etwa, ein Schriftsteller könne jeden Morgen aus dem Haus gehen und Überzeugungen an seinem Fahnenmast flaggen? Weißt du nicht, dass wir in der schrecklichsten aller Epochen leben? In einer Zeit der Übersättigung. Wir leben in einem Übermaß an Sättigung. Die Festen der Überzeugungen bröckeln, Überdruss wächst auf ihren Ruinen und gedeiht gut, denn die Ruinen von Visionen sind der beste Nährboden für Überdruss. Die Menschen besitzen doch schon alles. Häuser, Autos, zwei oder drei Kinder, die zur Schule gehen, zum Vergnügen reisen sie ins Ausland, und noch einmal ein Hungergefühl zu verspüren wird zu einer begehrten Lebenserfahrung. Übergewicht ist die einzige wirkliche Sorge. So sieht unsere Welt aus. Wo sollen da Überzeugungen ihren Platz finden, und wofür soll man kämpfen? Höhere Löhne, mehr Urlaub? Sollen wir Dösköppe vom Land unser Leben für einen höheren Lammfleischpreis in die Bresche schlagen oder unsere Autos in Brand setzen, um etwas mehr für den Liter Milch zu bekommen? Überzeugungen sind das, was etwas verändert, und zwar nicht einen Tarifabschluss, sondern die Welt. Wer aber schon alles hat, will keine Veränderungen. Visionen für eine bessere Welt? Wenn du das draußen auf der Straße rufst, meinen die Leute, du zögest in den Wahlkampf und würdest bessere Kindergärten und längere Sommerferien versprechen. Wir leben im Zeitalter der Überfütterung und wir sind satt. Überzeugungen sind schlecht für die Verdauung. Die Menschen bekommen Magengeschwüre davon und anderes Bauchgrimmen, und das wird ein teurer Spaß für die Krankenkassen. Überzeugungen belasten den Etat. Wir leben in der Epoche des Schlafs. Mag schon sein, dass irgendwo Tausende gefoltert werden, Gewalt, Folter, Kinder, die auf Bajonette gespießt werden. Vielleicht regen wir uns ein paar Minuten darüber auf, dann kommt eine nette Unterhaltungssendung im Fernsehen. Aber es war gut, sich einmal aufgeregt zu haben, in Zeiten der Übersättigung erfrischt das und reinigt das Blut.

Und du, Frau, willst, dass ich ein Dichter der Überzeugung sein soll?!

Ein engagierter Dichter. Ich will dir sagen, was das bedeutet: Man schnitzt sich eine Keule aus Worten und drischt damit auf die verdammte Ungerechtigkeit ein, dass das Blut nur so spritzt, man macht weiter und schlägt so fest zu, dass die Arme abreißen. Dann erst lässt sich von Opfern sprechen. So sind engagierte Dichter, und sie verschmähen jede Anerkennung, jeden bourgeoisen Schnickschnack, der ihre Konsequenz und Geradlinigkeit einschläfert. Alles andere ist Verrat, Heuchelei der Satten. Alles andere ist so, wie einem hungernden Kind einen Keks hinzuhalten und mit der anderen Hand eine Lammkeule hinter dem Rücken zu verstecken.

Wir leben in Zeiten des Gemurmels, in denen weniges so lächerlich ist wie ein Dichter großer Worte. Denn was für ein Mensch ist ein Dichter, der Gedichte gegen die Ungerechtigkeit schreibt und selbst in wohligem Luxus lebt, der über den Hungertod dichtet und den Kühlschrank voller Essen hat? Willst du, dass ich mein Mitleiden in Gedichte bluten lasse gegen Völkermord, grauenhafte Folter und das Hinschlachten unschuldiger Kinder, dass ich engagierte Literatur voll Schwindel erregender Schlagkraft verfasse und mich dann lächelnd vor dem Applaus verbeuge? Oder soll ich lieber leise gestimmte Verse dichten, mit einem nicht ausgesprochenen tiefsinnigen Unterton, und ernsthaft und feierlich das Lob für meinen eleganten Stil, meine unbeirrbare Beherrschung der Bildsprache und mein starkes Gerechtigkeitsgefühl entgegennehmen? Soll ich für eine bessere Welt auf die Barrikaden gehen und mir mein Aufbegehren dann wie einen Orden um den Hals hängen, wie ein Ehrenzeichen ans Revers stecken und dann eine Party geben? Respekt ernten, Auszeichnungen und Ehrungen einheimsen, eine Ausstellung meiner von Gerechtigkeitsgefühl und schlechtem Gewissen so durchtränkten Gedichte veranstalten, im Frack die Blumen und Küsse der Kritik entgegennehmen und mit Champagner anstoßen? Frau, siehst du nicht das Falsche, das Widerwärtige, die Heuchelei, den Verrat darin? Wir leben in Zeiten, in denen die Sattheit wie ein Albtraum über jeder Aktivität liegt, und kein Dichter wagt es, mit einem Gedicht wie einem lumpigen Fetzen aufzutreten und zu schreien, bis ihm der Hals blutet. Nein, so etwas tut man nicht, denn dann würde dir bloß kalt, man würde dich wegen Umsturzversuchs ins Gefängnis werfen, du bekämst kein Schriftstellergehalt mehr vom Staat. Aber ich kann dir zeigen, wie der engagierte Schriftsteller unserer Zeit aussieht. Er kleidet sein Gedicht ins verführerisch glitzernde Kleid seiner Bildsprache, weckt Begeisterung und Bewunderung, er wird in den Medien Schöngeist und ernstzunehmende Begabung genannt, hat ein paar Gedichte wider die Ungerechtigkeit in Schulbüchern untergebracht, und die Lehrer führen seine kunstfertige Behandlung der Sprache vor, seine genialen Metaphern, wie ein verbrauchtes und doch klassisches Thema in den Weiten seiner Kunst wieder Geltung erlangt: Seht, wie kunstvoll der Dichter seinen Zorn in die leise Stimme seines Gedichts flicht, achtet auf seine Metaphorik, bedenkt seinen Stil!

Erkennst du nicht, dass die Qual anderer im besten Fall zum Beispiel eines gelungenen Stils wird?

So ist unsere Zeit.

Und du fragst nach Überzeugungen.

Wer seine Stimme für die gequälte Kreatur erheben will, muss über Worte verfügen, die wie der Blitz einschlagen, und über ausreichend Sprengkraft, um sich durch den Panzer aus Überdruss und Sattheit zu sprengen und zum Herzen durchzudringen. Ein solcher Dichter aber muss auf der Hut sein, denn weißt du, wie man mit denen verfährt, die das Gewissen hart bedrängen? Man erhebt sie auf einen Sockel, man zitiert sie zu feierlichen Anlässen und nimmt ihren Worten damit die Schärfe. Der Dichter wird zum harmlosen Pausenfüller. Und diejenigen unter ihnen, die wirklich hart mit der Gesellschaft ins Gericht gehen, die zieht man einfach an ihren Eselsohren auf den Medienmarkt der Eitelkeiten, macht sie zu Kolumnisten, damit sie zu allem ihren Senf abgeben, zum Charakter von Hunden, zu Miss-Wettbewerben, zur Verderbtheit des Menschen. So wird auch ihnen der Zahn gezogen. Sie werden zu einem Teil der ganzen Mischpoke. Entertainer. Vielleicht ein wenig spöttische, aber doch Entertainer. Denn so liest man ihre Artikel: Hast du gelesen, wie er das formuliert hat? Nicht, *was* er gesagt hat.

Starkaður verstummt. Seine brennenden Augen blicken lange in die ihren. Sie hat geschwiegen und ihn sich austoben lassen, doch draußen brandet der Tag. Starkaður stützt sich am Türrahmen ab. Das ausgiebige Besäufnis, das lange Aufbleiben und die innere Spannung, die jetzt ihren Auslauf fand, indem er vor dieser Frau steht, machen sich nun geltend. Seine Stimme sinkt zu einem Murmeln ab, und wir, sie und ich, müssen den Atem anhalten, um die letzten Worte aus der programmatischen Rede des langen Schlackses von Karlsstaðir mitzubekommen: In Zeiten der Übersättigung, murmelt er, da reißt ein Dichter den Leuten nicht das Fleisch vom Körper, kommt er nicht bis zum

Herzen ... Schreckliche Zeiten ... Das Einzige, was möglich ist ... vielleicht das Einzige, sie zu überraschen. Vielleicht ist es meine Lebensaufgabe, Staunen zu wecken ... Sich wundern ist noch die größte Bedrohung für die Sattheit.

Die Bezirkschronik scheint Starkaður völlig mit Beschlag zu belegen, aber wir wissen es besser

Tage gehen ins Land.

Das ist aber auch das Einzige, was ihnen einfällt, zu kommen, um zu vergehen. Gerade hat man sich an einen gewöhnt, ist er schon wieder weg und ein anderer, völlig unbekannter erhebt sein Haupt. Es wird Herbst. Bald gehen wir auf die Berge und Hochheiden und treiben die Schafe zusammen, und dann brechen die blutigen Tage des Schlachthofs an.

Wenige Tage, nachdem er in der Garagentür von Überzeugungen gesprochen hat, geht Starkaður in die Berge und auf die Heiden. Es wird früh herbstlich. Anfang September setzen schon die Nordwinde ein, die höchsten Gipfel werden weiß, und die dunkelblauen Beeren verlieren ihren Geschmack. Und Starkaður will unbedingt auf die Berge. Warum, frage ich.

Um aus der Gesellschaft auszusteigen und Gedichte wie Blitze hinab in besiedelte Gegenden zu schleudern?

Nein. Heutzutage geht es nicht mehr, sich in menschenleeres Gebiet zu verlieren. Dann rückt die Bergwacht aus und bringt einen notfalls unter Zwang wieder zurück. Man kann nicht so einfach aus der Gesellschaft aussteigen. Starkaður hat vor, hinter dem Hof nach Nordwesten aufzusteigen, auf den Berg, dann auf die anschließende Hochheide, und nicht Halt zu machen, ehe er eins mit dem leeren Land geworden ist. Dort wird der Wind zu ihm kommen, von weit her aus dem tiefsten Eismeer, der Wind, der über unberührtes Land angezogen kam, der sich an Felsen brach und durch Klüfte pfiff, und Starkaður wird der erste Mensch sein, auf den er trifft.

Starkaður: Ich werde die Arme ausbreiten und den Wind umarmen, der nichts kennt als das tausendjährige Schweigen der Gletscher und das dumpfe Tosen des Meeres. Und ich werde zu ihm sagen, wehe, Wind, blase mir die verbrauchten Wörter aus dem Kopf, blase, und sie werden aus mir herausfegen wie eine Staubfahne! Die Wörter, mein Junge, sind nämlich verbraucht. Sie sind verschlissen und abgetreten nicht nur bis zu den Knien, sondern bis hinauf zu den Schultern. Nur der Kopf ist noch übrig, nicht das Herz. So sehen die Wörter aus, die wir benützen. Jeder Geschmack ist aus ihnen herausgekaut. Sie haben ihre ursprüngliche Kraft verloren und können nicht länger überraschen. Deshalb verschwinde ich, noch bevor die Morgensonne den Himmel einnimmt, hinauf in die Berge und bitte den Wind, mich zu reinigen. Wind, puste mir den Schimmel der Wörter ab!

Und dann verleiht dir der Wind die Kraft, alles mit neuen Wörtern zu benennen?

Warum die Welt aufs Neue in Worte kleiden? Ich bitte eher um die Macht des Schweigens.

Er geht. Geht und kommt zurück.

Kann er nun alles in neue Worte fassen?

Oder geht Starkaður fortan mit der Tiefe des Schweigens durch die Welt, und das Schweigen verändert die Welt?

Starkaður schüttelt den Kopf und geht in sein Zimmer, um zu schlafen.

Die Tage ziehen weiter jeden Morgen klar herauf und schlafen später in der dunklen Umarmung des Abends ein. Es gibt Verschiedenes, was in Worte gefasst werden könnte, aber ich sage nur so viel: Der Herbst klopft an, ruhiges Wetter, klarer Himmel, die klare Reinheit des Nordens, und in der Stille schießen die Farben auf, Heidekraut und Blaubeergebüsch laufen rot an, die Berghänge stehen in hellen Flammen. Fünf Tage nach seiner Begegnung mit dem Wind, stülpt Starkaður sich den roten Helm auf, wirft das Motorrad an und fährt davon. Diesmal kreist er nicht liebeskrank um das Bátsfell, sondern fährt los und verschwindet über die Anhöhe. Er verschwindet über die Anhöhe und fährt auf geradestem Weg nach Fell. Zu Jón, dem Gemeindevorsteher persönlich, der staunend auf die Eingangstreppe herauskommt. Vielleicht ein bisschen vorsichtig. Er sieht den Dichter von seinem Ross steigen, den roten Helm an den Lenker hängen und Steinn Elliði streicheln.

Starkaður: Grüß dich, Gemeindevorsteher!

Beide stecken sie in Kordhosen, der Dichter und der Gemeindevorsteher. Jón trägt dazu rote Hosenträger über dem blauen Baumwollhemd.

Sæll, grüßt er zurück. Ich hoffe, du machst dir nichts daraus, dass ich so verdutzt dreinblicke, aber dich sieht man nicht alle Tage hier auf diesem Hof.

Nein, gibt der andere zurück, aber ich habe ein Anliegen an dich, und zwar ein dringendes. Guck, ich habe ein paar Hefte bei mir und einen Stift, und weißt du, was ich vorhabe, Jón? Ich will sie mit dem Leben der Gemeinde füllen, mit ihrem Fleisch und Blut. Ich will mit den Leuten sprechen, mit allen, jung und alt, den guten wie den schlechten Bauern. Ich will Berichte über ihre Tätigkeiten und Interessen, Anekdoten vom Schafabtrieb, Erzählungen von gefährlichen Situationen. Ich will das alltägliche Leben der Gemeinde aufschreiben, so wie es jetzt ist, heute, und auch wie es früher war. Ja, ich will mit den Leuten sprechen, und ihre Worte sollen auch die vergangenen Tage erhellen. Das habe ich vor, Gemeindevorsteher.

Jón, vorsichtig: Du redest von so etwas wie einer Gemeindechronik oder Bezirkschronik?

Starkaður: Ja, ich will uns zu Wort bringen. Unser Leben.

Jón holt tief Atem, schließt kurz die Augen, dreht sich einmal tänzelnd um sich selbst, klatscht in die Hände und setzt sein breitestes Lächeln auf. Er hüpft die drei Stufen hinab und steht schon neben dem Dichter, greift ihn um die Schultern und sagt mit unterdrückter Begeisterung, das habe einen Whisky verdient. Fast trägt er Starkaður in sein Kellerzimmer, schenkt ihm und sich Whisky ein und lächelt schüchtern errötend, als der Dichter seine Büchersammlung lobt.

Man braucht einfach Bücher, sagt er, sonst erstickt man, geht vor die Hunde. Aber so gefällst du mir, Junge. Eine Bezirkschronik! Wie willst du es anfangen? Was soll vor allem drin stehen? Was hast du dir gedacht ...? Nein, entschuldige, was geht mich das an? Du bist der Schriftsteller. Du wirst Vergangenheit und Gegenwart unserer Gemeinde zu Papier bringen. Starkaður, ergreif die Feder, und wir werden nie vergessen werden! Spitz die Feder, und wir bleiben unseren Nachkommen im Gedächtnis! Trink, Junge, nimm einen ordentlichen Schluck darauf!

Damit begann die Suche nach den Quellen.

Starkaður fährt von Hof zu Hof, und das Haupt der Gemeinde selbst lässt ein Gebot ausgehen, dass Starkaður eine visionäre Arbeit begonnen habe, dass er Leben in der Gemeinde in Buchform festhalten wolle, unseren Nachkommen zur Unterhaltung und Belehrung.

Was gibt es denn schon zu erzählen, beginnen die Leute meist. Dann lächelt der Dichter, fragt nach den alltäglichsten Verrichtungen, und dann hört der Betreffende nicht eher wieder auf, als bis er fast sein ganzes Leben erzählt hat.

So vergehen drei Tage.

Ja, drei Tage. Gut und schön, aber jetzt lenkt mich nichts mehr ab. Ich schiebe die Bezirkschronik beiseite.

Ich mag nicht mehr von ihr reden; nichts soll mich mehr zurückhalten. Ich fange einfach an, überspringe diese drei Tage und versuche, die Liebesgeschichte des Jahrhunderts zu erzählen.

Gibt es noch etwas anderes zu tun, als sich kopfüber auf die Liebe zu werfen?

Für mich ist Schüchternheit das Schönste, was es gibt. Zurückhaltung und Bescheidenheit. Und trotzdem kommt manchmal die Stunde, da will man seinen Namen in die Rinde der Zeit schnitzen, damit sie ihn bewahrt wie andere Tatsachen auch, auf dass er nie vergehe. Dann wieder kommt ein Tag oder auch nur eine andere Minute, und schon ist Namenlosigkeit das Beste, was man sich vorstellen kann. Dass der eigene Name nirgends auftauchen möge, außer im Rechnungsbuch der Genossenschaft vielleicht. Ich weiß, dass mich die zweite Alternative zu einem besseren Menschen macht. Es ist so vieles merkwürdig. Ist Bekanntheit nicht das Schlimmste, was einem widerfahren kann? Vielleicht einer unter tausend verträgt ihren Glanz, ohne dass Überheblichkeit und Arroganz ihn bis auf die Knochen korrumpieren. Oder noch tiefer, bis ins Mark. Da ist ein Mann, der ein Kind aus einem brennenden Haus rettet: Eine bewundernswerte Großtat, heldenhaft, selbstlos, und doch findet er keine Ruhe, ehe ihn das Fernsehen interviewt und die Zeitungen sein Bild bringen. Manchmal glaube ich, dass Eitelkeit und Geltungssucht die Triebkräfte hinter allem sind, alles andere nur vorgeschobene Kulisse. Liegt der Ursprung der Eitelkeit vielleicht in Gott? In ihm, der die Welt erschuf? Man sollte meinen, es wäre jedem genug, die Welt erschaffen zu haben, aber nein, anstatt die Schönheit der Welt sich selbst genug sein zu lassen, schafft Gott noch den Menschen und befiehlt ihm, ihn und seine lobenswerte Schöpferkraft anzubeten; ansonsten werde er ihn wieder von der Erde vertilgen. Weißt du, was der Himmel ist?

Die Rückseite des Spiegels, in dem sich Gott selbst bewundert und vor dem die Engel Lobpreisungen murmeln. Kennst du etwas Eingebildeteres als Gott? Oder klage ich vielleicht nur den Gott an, den sich der Mensch erdachte, einen Götzen?

Óli: Mir scheint es völlig überflüssig, hier Gott ins Spiel zu bringen.

Starkaður sieht seinen Freund abwesend an und brummelt etwas vor sich hin.

Was?, fragt der Skógarbauer, aber sein Freund schüttelt den Kopf: Was verschwende ich überhaupt meine Zeit auf solche sinnlosen Spekulationen. Man lebt, hinterlässt vielleicht ein paar Spuren, vielleicht sogar tiefe; aber im Getrampel ganzer Generationen die Abdrücke eines Einzelnen zu finden, ist das nicht das Gleiche wie auf einem Gletscher einzelne Schneeflocken voneinander zu unterscheiden? Ein Atemzug, und das Leben ist vorbei. Ein zweiter, und das Grab fällt in sich zusammen. Wie füllt man ein Leben aus, einen Atemzug, einen Sinn – oder ist es schon höchste Vermessenheit, überhaupt solche Fragen zu stellen? Sind »jaja« oder »doch, doch« vielleicht die einzig passenden Antworten, die tiefsinnigsten? Ist dieses Jaja vielleicht allen philosophischen Systemen überlegen? Ist das Leben vielleicht Selbstzweck, alles darüber hinaus bloße Grübelei, überflüssiges Geschwätz? Glaubst du das?

Óli: Deine Fragen sind für meinen Kopf eine Nummer zu groß, Kollege. Oder war es vielleicht gar nicht als Frage gemeint?

Starkaður: Wenn es schon eitel ist zu fragen, dann muss es schlimmste Selbstüberhebung sein, Antworten zu geben.

Es ist Herbst, und wir befinden uns im Kuhstall von Skógar. Abendzeit, und Sterne am Himmel. Zweite Septemberhälfte. Den größten Teil des Tages war Starkaður, mit Notizbuch, Stift und konkreten Fragen bewaffnet, von Hof zu Hof unterwegs.

Konzentriert arbeitete er an der Bezirkschronik, und dann war es – eins, zwei, drei – vorbei. Die Konzentration war dahin, und er drehte Runden ums Bátsfell, besinnungslos vor Verliebtheit. Runde um Runde. Zweimal ins Hamrartal und zurück, einmal die ganze Strecke bis zum Ort, dann kreuz und quer durch die Gegend, auf seinem Motorrad, im hellgrünen Anorak und den Strickfäustlingen mit den zwei Daumen. Es ging auf Abend zu und der Tank zur Neige, töff, töff, sagte das Motorrad und legte sich am Straßenrand schlafen. Auf halbem Weg zwischen Fell und der Kirche. Starkaður blieb eine Weile bei seinem Motorrad stehen und marschierte dann zu Fuß nach Skógar. Die Auffahrt hinauf und geradewegs in den Stall. Begleitet vom Hund, der wie verrückt bellte, als sich Starkaður dem Hof näherte, denn es kam selten vor, dass jemand zu Fuß unterwegs war. Dann erkannte der Hund den Menschen unter dem roten Helm und sprang ihm entgegen.

Da kommt Starkaður, zu Fuß, hatte Ólöf ganz ruhig gesagt.

Óli: Nanu?

Ólöf: Und geht in den Stall, Sámur ist bei ihm.

Óli: Nanu. Dann will ich mal nachsehen, was los ist.

Ólöf: Warte mal einen Moment!

Óli: Nanu?

Ólöf: Er wird wohl kaum aus der Kraftfutterkiste fressen wollen. Und auf dem Motorrad hat er sicher auch keine Leckerbissen zu sich genommen.

Ein Viertelstündchen später stiefelt der Bauer auf Skógar zu seinem Stall hinüber. Er trägt eine volle Kaffeekanne, ein gutes Stück kalten Pferdebraten, fünf dicke Scheiben Brot mit Leberwurst und zwei mit Ei, Schmalzkringel in einer Tüte, ein paar Scheiben Marmorkuchen und eine Flasche Wodka, die das Paar vor kurzem zum Aperitif in der Stadt bestellt hat. Ein derart gern gesehener Gast war Starkaður auf diesem Hof.

Er sitzt auf dem hellbraunen Sofa unter dem Westfenster des Kuhstalls. Óli tritt ein, der Dichter sitzt auf dem Sofa und denkt, und der Hund Sámur döst zu seinen Füßen und träumt vielleicht von einem Ruhm als Hütehund. Die Kühe muhen zufrieden, als der Bauer eintritt, zwei kommen ihm zu Ehren sogar mit all ihrem Körpergewicht auf die Beine. Dann verspeist Starkaður zwei Schnitten Brot mit Leberwurst und eine mit Ei, ein Stück Marmorkuchen und zwei Schmalzringe, dazu trinkt er eine Menge Kaffee, denn alle müssen Nahrung zu sich nehmen, selbst Dichter, die über zeitlose Fragestellungen nachdenken und bis zum Wahnsinn verliebt sind. Doch obwohl die Leberwurst gut, der Marmorkuchen ein Gedicht, der Kaffee schön heiß und stark ist, ja, trotz dieser hervorragenden Beköstigung, von der Wodkaflasche gar nicht zu reden, die Óli aus der Tasche zieht, nachdem sich der Gast gestärkt hat, und obwohl es in dem reinlichen Kuhstall gemütlich warm ist, die Kühe gut duften, es sich auf dem Sofa weich sitzt und Óli und Starkaður die besten Freunde sind, ja, trotz dieser insgesamt so angenehmen Umgebung ist Starkaður nicht glücklich. Antwortet nicht oder nur einsilbig, wenn Óli ihn etwas fragt oder nachhakt, nur Sámur, der das Pferdefleisch bekommen hat, der ist glücklich. Starkaður beginnt vom Sinn des Lebens zu reden, von der Ruhmsucht, dem Geltungsbedürfnis, der Eitelkeit. Die beiden Freunde sitzen auf dem hellbraunen Sofa, links von ihnen ein Bücherregal, 170 x 75, nahezu voll gestellt mit Büchern, dem Bauernblatt *Frey* und der Landwirtschaftszeitschrift von der ersten Nummer an; rechts die Stereoanlage: Plattenspieler, Tonband, Radio. Denn wie jedermann weiß, spielt der Bauer auf Skógar seinen Kühen Musik vor oder singt auch selbst. Schubert, Stefán Íslandi, und manchmal legt Óli auch Grettir Björnsson auf, und dann tanzen die Eheleute durch den Stall, die Kühe schütteln vor lauter Glück ihre massigen Schädel, und nichts stört ihr Dasein, bis auf den Hund, dieses lästige, zottelige und stets putzmuntere Viech, dem der geliebte Hausherr viel zu viel Zuneigung erweist.

Jetzt aber tanzt Óli nicht. Mit ernstem und auch ratlosem Blick betrachtet er seinen Freund, den Dichter. Auf dem Plattenspieler stapeln sich die drei Bücher, die Starkaður ihm am Morgen überlassen hat: *Kapitel aus meiner Geschichte* von Matthías Jochumsen, *Der Berg der Stummen* von Giono und *Fischer* von Peter Tutein. Da hatte Starkaður noch konzentriert für die Bezirkschronik gearbeitet. Lies die hier mal, hatte er gesagt, das sind richtige Bücher. Dann war er losgedüst. Óli blätterte ein wenig in den Büchern und legte sie dann erst einmal auf den Plattenspieler. Vielleicht hätte Starkaður lieber ein bisschen darin lesen sollen, anstatt über den Sinn des Lebens zu grübeln. Von solchem Kopfzerbrechen muss man ja depressiv werden. Übrigens: Was ist denn jetzt mit der großen Liebesgeschichte?

Gibt es noch etwas anderes zu tun, als sich kopfüber auf die Liebe zu werfen? Wie Starkaður auf dem Motorrad dahinjagt, aus den Wolken erschallen Posaunen, und heiß und verführerisch wartet sie im Ort, vielleicht in einem schwarzen Negligé mit Rüschen, schwellende Brüste, gekämmtes Haar, tränenschimmernde Augen, denn die Liebe sprengt ihr das Herz, und sie seufzt: Oh Du!, als der Dichter in der Tür steht, außer Atem von seinem Lauf, denn jetzt fällt mir wieder ein, dass dem Motorrad ja der Sprit ausging und der Dichter ohne Pause bis zum Ort rannte, er ist völlig kaputt, aber trägt die Kraft des Gedichts in den Adern: Oh Ilka!, mehr sagen sie nicht, wozu auch Worte machen, sie befinden sich doch im Land jenseits der Sprache, wohin keine Worte reichen, nur Berührungen und Seufzer, bedeutungsschwere Blicke, sie sagen also nichts, Starkaður nimmt sie in die Arme und trägt sie in den Sonnenuntergang, hinein in die aufgehende Welt des Glücks.

Magst du einen Schuss Wodka in den Kaffee?, fragt Óli, denn

natürlich sitzen sie noch immer im Kuhstall, und aus den abenddunklen Wolken ertönen keine Posaunen. Ich habe mich nur hinreißen lassen. Ich will Liebe und keine Ausflüchte! Ich will endlich loslegen! Auf, auf, mein Herz, es brennt der Liebe Schmerz! Aber einen Moment müssen wir uns noch gedulden, denn alles muss in der richtigen Reihenfolge kommen, und nun hat Óli erst einmal Wodka zum Kaffee angeboten, frei nach dem alten Rezept, in Wunden Alkohol zu träufeln. Also trinken sie jetzt, der Bauer und der Dichter. Die Kälber muhen, und Starkaður beginnt wieder zu sprechen, redet, als hätte er zu viel Dunkelheit verschluckt. Fragt Óli, ob der nicht auch Stunden kenne, in denen es ein Wunder brauche, um aufzuwachen, die Enttäuschung lauere wie ein Heckenschütze auf Dächern, unter Autos, zwischen Grasbüscheln. Du kommst zu dir, und das Leben ist ein menschenfressender Stier, der mit Gebrüll auf dich losgeht, du aber hast beide Arme gebrochen, ja, bist wie ein Boxer mit zwei gebrochenen Armen, kurz bevor der Kampf losgeht. Kennst du das?

Nein, kann mich nicht entsinnen, meint Óli, kratzt sich den linken Arm und mag den Blick überhaupt nicht.

Findest du es nie schwierig zu leben, fragt der Dichter in fast flehendem Tonfall. Wenn dir nichts so überflüssig vorkommt, wie aufzustehen, und man so heftig nach Schlaf verlangt, dass es wehtut.

Ja, sagt Óli bereitwillig. Kratzt sich wieder am Arm. Das lässt sich vielleicht nicht ganz leugnen.

Na, immerhin! Die Miene des Dichters hellt sich ein wenig auf.

Ja, doch, manchmal geht es in die Richtung. Zum Beispiel ist es wirklich schwer, auf die Beine zu kommen, wenn man mit vierzig Grad Fieber im Bett liegt und die Beine sich wie Brot anfühlen, das über Nacht in Wasser eingeweicht wurde. Dann ist Schlaf schon etwas Verlockendes.

Starkaður guckt den Bauern dermaßen getroffen an, dass der sich beeilt, hastig zu ergänzen, er habe sich erst neulich verschlafen und sei darüber auf sich selbst wütend geworden ... das habe lange angehalten ... bis weit nach Mittag sogar ...

Starkaður schweigt lange und sagt dann, das sei eine schäbige Hölle: Warum muss ich mich so fühlen, warum bin ich so verdammt wehrlos, warum muss mir jeder Knochen im Leib einzeln gebrochen werden? Ich bin völlig kraftlos. Träumen kann ich noch, und das ist alles. Träumen, ja. Ich will dir einen Traum erzählen, den ich vor vielen Jahren gehabt habe. Damals war ich noch fast ein Kind. Ich träumte, eine wunderbare Kraft würde mich aufheben, immer höher hinauf, ich schwebte über der Gemeinde, schwebte höher, und die Berge waren nur noch Grashöcker oder Geröllbrocken, erfüllt von dieser magischen Kraft schwebte ich immer höher, sie weitete mich, ich weiß noch genau, wie sich meine Haut dehnte, das Blut dröhnte, aber es ging mir wunderbar. Dann zerriss ich und fiel in vielen tausend Bruchstücken zur Erde. Nicht als Knochensplitter und Hautfetzen, sondern in Gedichten. Mein Körper barst über den Wolken auseinander, und Gedichte regneten auf euch herab.

Der Abend schreitet fort.

Starkaður murmelt in dunklen Wolken, Óli wühlt in der Erde nach Antworten, wagt aber ziemlich lange nichts weiter zu äußern als ja, sieh mal an, also weißt du, und ist am Ende so entgeistert von Starkaðurs Fähigkeit, sich in etwas so Selbstverständlichem wie dem Leben zu verheddern, dass er den Dichter wie einen Besucher aus dem All, aber nicht wie einen Freund aus der gleichen Gemeinde ansieht. Er kann sein Staunen einfach nicht mehr verbergen, es drängt sich auf sein Gesicht, füllt nach und nach all seine Züge, und es kommt so weit, dass der Bauer den Dichter nur noch anstarrt, der immer wieder sagt, so sei es einfach. So ist es einfach, Óli.

Schließlich hat Óli Ágústsson genug. Als Starkaður bestimmt

zum zehnten Mal sagt, so sei es einfach, bringt Óli ihn ungeduldig mit einer fast wütenden Handbewegung zum Schweigen und fängt selbst so etwas Ähnliches wie eine Rede an.

Óli: Ich verstehe kaum die Hälfte von dem, was du sagst. Also ist es entweder Schwachsinn oder so hohe Dichtkunst, dass sie für meinen Schädel zu hoch ist. Weißt du, was ich glaube? Ich glaube, die Dinge sind gar nicht so furchtbar kompliziert. Du darfst mir jetzt nicht böse sein – oder doch, sei mir ruhig böse. Ich bin dein Freund und spreche offen mit dir, ich sage dir meine Meinung, und es ist mir egal, ob sie etwas schlicht gestrickt ist: Du hast einfach viel zu viel Zeit zu grübeln. Wenn ich merke, dass so eine verdammte Grippe im Anzug ist, dann nehme ich einen kräftigen Schluck aus der Lebertranpulle und gehe an die Arbeit. Arbeit ist der beste Lebertran. Man rackert sich die Schwäche aus dem Leib. Ich rede jetzt nicht vom Steine Ausgraben bis zum Umfallen. Das ist Schnickschnack, alberner Firlefanz. Ich nenne die Dinge jetzt, wie sie mir in den Sinn kommen. Es ist einfach keine gute Arbeitsweise, für kurze Zeit reinzuhauen wie ein Berserker und dann aus den Latschen zu kippen. Dann bist du entweder völlig am Ende oder du kaschierst nur deine Faulheit. Aber sieh mal, wenn man etwas erledigen muss, sollte man es am besten gleich hinter sich bringen, nicht herumstehen und Maulaffen feil halten und glauben, die Dinge erledigten sich von allein. Jeder ist seines Glückes Schmied. Und wer die Arbeit scheut, den kotzt am Ende das ganze Leben an. Das ist meine Meinung. Es bringt natürlich nichts, völlig planlos auf etwas loszugehen wie ein unerfahrener Jungstier, zu wüten, bis die Beine unter einem nachgeben, und die Arbeit ist kaum zur Hälfte fertig. Nein, Starkaður, erst sieht man sich eine Sache an, teilt sie richtig ein, betrachtet sie aber nicht zu lange, man darf nicht zu lange über etwas grübeln, dann wird selbst die winzigste Kleinigkeit unüberwindlich. Das ist jedenfalls meine Ansicht.

Damit ist Óli fertig, greift sich die Flasche, lehnt sich im Sofa zurück und nimmt einen Schluck. Er hat vergessen, dass das Zeug pur ist, und fängt an zu husten. Starkaður ist unter der unglaublich langen Gardinenpredigt des Skógarbauern bedeutend ruhiger geworden. Der nimmt noch einen Schluck, vorsichtiger diesmal, wirft von der Seite einen Blick auf den Dichter, der im Sofa zusammengesunken ist und leer vor sich hin starrt.

Hm, sagt Óli. Äh, nun ja, also meine Ólöf, die ... hm, nun ja, die scheint sich mit so was auszukennen. Du weißt, wie die Frauen sind. Manchmal scheinen sie über uns Kerle genau Bescheid zu wissen, und sie, meine Ólöf also, die wirklich richtig klug ist, die sagt manchmal: Jetzt ist es so weit, jetzt fackelst du nicht länger und lässt es einfach mal raus! So sagt sie: Jetzt wirf dich einfach mal drauf!

Starkaður richtet sich auf, blickt Óli an und fragt eiskalt: Worauf?

Óli: Na ja, das sagt sie halt so.

Starkaður, hart: Sich worauf schmeißen?

Óli: Tu doch nicht so.

Starkaður, grimmig: Óli, wenn ich doch nur wüsste, auf welchen Satansbraten ich mich denn schmeißen sollte!

Óli: Sie ist kein Satansbraten. Das solltest du am besten wissen, der Mann mit den Wörtern.

Starkaður, ruhig: Sich worauf schmeißen?

Óli, unbekümmert: Ach, Mann, mit ihr zu reden.

Langes Schweigen. Eine Kuh stöhnt, Sámur blickt rasch auf.

Óli: Himmeldonnerwetter, ich verstehe dich ja gut! Bis zu einem gewissen Punkt. Du weißt noch, wie es mir ging, und ich bin nun wirklich keiner, der Dinge auf die lange Bank schiebt, aber es fiel mir letztes Jahr auch verdammt schwer, zu ihr über den Pass zu fahren. Und ich hab's dir schon mal gesagt, ohne deine Hilfe ... Ja, leck mich am Arsch! Tatkraft, Freude an der Arbeit, alles bröckelte nur so von mir ab, und das alles, weil eine

Frau dort war und nicht hier. Dabei war sie noch nie hier gewesen, und es war durchaus nicht zu erwarten, dass sich daran etwas ändern sollte. Obendrein gibt es mehr als genug Frauen, aber man denkt nur an diese eine. Kompletter Schwachsinn. Nicht einmal die Arbeit macht einem mehr Spaß! Ob das mal jemand untersucht hat? Ich meine, wissenschaftlich.

Schweigen.

Starkaður hat sich wieder tiefer ins Sofa sinken lassen, seine langen Stelzen weit ausgestreckt, und er stiert vor sich hin. Von der außergewöhnlichen Redseligkeit des Bauern scheint er gänzlich unbeeindruckt zu sein. Der lehnt sich einmal mehr zurück und setzt vorsichtig die Flasche an den Hals. Dann verschränkt er mit weiser Miene die Hände hinter dem Nacken.

Óli: Ich will dir mal eins sagen, mein Freund, aber das bleibt unter uns: Es kann verflixt kompliziert sein, die Launen der Frauen zu begreifen. Sie sind nicht ganz so wie wir. Man hat natürlich so seine Erfahrungen mit Frauen. Doch, doch. Von Kindesbeinen an hat man immer wieder mit Frauen zu tun gehabt, mit ihnen Karten gespielt, mit ihnen nach dem Schafabtrieb Lieder gesungen, und es gab nie ein Problem. Nie. Dann gerät man an eine, die zunächst mal, ja, auf den ersten Blick, kein Stückchen anders zu sein scheint als die übrigen. Ganz normal. Und trotzdem weiß man auf einmal nicht mehr, was man sagen soll, versteht überhaupt nichts mehr von Frauen, und das alles nur wegen dieser einen, die zuerst so völlig normal zu sein schien, und dann auf einmal ist sie doch anders als all die anderen. Sie lächelt einem womöglich zu, und schon ist es, als wenn man Fieber hätte, denn dieses Lächeln ist das Seltsamste, was man je gesehen hat. Stell dir vor, nur ein Lächeln! Tja, Junge, die Weiber. Aus denen soll einer schlau werden! In irgendeinem Buch habe ich gelesen, wenn eine Frau nein sagt, meint sie eigentlich ja. Wie soll man da durchblicken? Ich halte das für Unsinn, du sollst dich nicht aufregen, ich meine dich ja nicht damit, aber manchmal denke ich, Schriftsteller sagen manche Dinge nur, um überhaupt etwas zu sagen. Bestimmt nicht immer, nein, nein, aber manchmal bringen sie totalen Quatsch zu Papier, nur weil die Wörter so schön zueinander passen. Aber Tatsache ist, dass Frauen einen manchmal ganz schön durcheinander bringen können, und so gesehen ist dein Verhalten durchaus nachzuvollziehen.

Óli trinkt nachdenklich aus der Flasche, und Starkaður zeigt sich jetzt doch von seiner Beredtheit beeindruckt.

So ist es nun mal, fügt Óli noch hinzu, und deswegen halte er es für das Klügste, ja, für das Überlegteste, wenn sie jetzt bald mal ins Haus hinübergingen und sich einmal mit seiner Frau, der Ólöf, unterhielten. Die hätte sicher den einen oder anderen guten Rat in der Hinterhand und könnte vielleicht sogar, wenn Starkaður das wolle, einmal mit der anderen reden.

Damit beendet Óli auf Skógar seine Ansprache. Er legt den rechten Ellbogen auf die Sofalehne, schaut seinen Freund an und ist mit seiner Leistung sichtlich zufrieden. Gelinde Zweifel kommen ihm jedoch, als Starkaður ohne aufzublicken sagt: Óli, glaubst du ernsthaft, ich bräuchte jemanden, der für mich spricht?

Óli: Tja, sieh mal, ich weiß nicht ...

Starkaður: Wenn ich etwas zu sagen habe, auch wenn ich einer Frau etwas zu sagen habe, dann habe ich Füße, um zu ihr zu gehen, und Wörter sind das Wenigste, bei dem ich Hilfe brauche. Ich habe, verflucht noch mal, mehr als genug davon. Sie stehen mir bis zur Unterkante der Oberlippe. Ich pisse Wörter.

Óli: Starkaður, so war das nicht gemeint.

Starkaður: Ich kann aufstehen, siehst du, ich stehe auf und, guck, mache einen Schritt, dann noch einen und noch einen, und so könnte ich bis zu ihr gehen, ganz geschwollen von Wörtern.

Óli: Ach, bester Freund. Erinnerst du dich, wie ich nach Süden zur Raststätte fuhr? Ich war wild entschlossen, meiner Ólöf alles zu sagen, geradeheraus alles loszuwerden, was mir auf dem Herzen lag. Wollte nicht mit feinen Worten um mich werfen, sondern direkt auf den Punkt kommen. Du hattest mir empfohlen, alltägliche, schwielige Wörter zu gebrauchen, du meintest, es läge eine Schönheit in solchen Wörtern, solange hinter ihnen ein durch und durch echtes Leben stünde, so massiv, dass es nicht leicht zu zerrupfen sei. Und doch gelang es mir im Rasthaus nicht, auch nur ein Wort über die Lippen zu bringen. Deshalb will ich dir sagen, mein Freund, obwohl für dich Wörter so etwas sind wie dein Viehbestand und du daran gemessen wahrlich ein Großbauer bist, kann es doch passieren, dass dir im Angesicht dieser Frau auf einmal die Worte fehlen. Denn manchmal ist es, als könnten sie in uns hineingucken, als würden sie unsere Gedanken kennen, bevor wir sie denken. Sie haben es drauf, einen so anzugucken, dass man keinen Ton rausbringt und sich nur wieder hinsetzen will.

Starkaður steht einen Schritt vom Sofa entfernt, seine Aufregung scheint verflogen zu sein, sobald Óli »bester Freund« sagte, und er blickt vor sich auf den Boden, die langen Arme hängen an den Seiten herab, die Adern auf den Handrücken von Blut geschwollen. Warum denn hinsetzen?

Óli: Ach, ich weiß nicht. Vielleicht weil sich die Erde unter einem aufwölbt oder so was in der Art, und dann hockt man sich am besten wieder hin. Meinst du nicht?

Starkaður: Woher soll ich das wissen?

Óli, besorgt: Starkaður ...

Starkaður, entschlossen: Ich kann auch gleich losgehen. Ich kann noch heute Abend zu ihr gehen.

Óli: Ist es da nicht besser, du nimmst den Lada? Es ist doch so furchtbar weit. Sicher fünfzehn Kilometer, und es ist bald Mitternacht ... Wo gehst du hin?

Starkaður geht mit schnellen Schritten zur Tür und nach draußen. Óli läuft ihm nach, erreicht ihn auf dem Hofplatz und packt ihn an der spitzen Schulter.

Lass mich dich doch fahren, bittet er, wenigstens die halbe Strecke, wenn ich weiter nicht darf.

Starkaður blickt seinen Freund mit unbewegter Miene an, die Augen schwarz wie Kohlen. Der Gesichtsausdruck eines Mannes, der eine Entscheidung getroffen hat. Der Bauer auf Skógar lässt die Schulter fahren.

Óli, sagt Starkaður, du bist wirklich ein Freund, du bist durch und durch mein Freund und mir weit voraus. Jetzt hast du mir geholfen, eine Entscheidung zu treffen. Ich gehe los, und so lege ich auch den ganzen Weg zurück, zu Fuß. Anders darf es nicht sein. Selbst wenn es fünfzehn Kilometer sind, das macht nichts. Selbst wenn auf meinem Weg sechs Berge, fünf Heideflächen und zehn unüberbrückte Flüsse liegen, das macht nichts, denn diesen Weg muss ich gehen. So und nicht anders begreife ich die Entfernung. So überwinde ich sie. Óli, daran ist nicht zu rütteln.

Aber es geht auf Mitternacht zu ...

Und es liegen ein paar Höfe am Weg. Es ist ruhiges und gutes Wetter, vielleicht etwas kühl, der Herbst kommt dieses Jahr früh. Aber ich werde mich warm laufen. Jetzt gehe ich.

Hier, das kannst du für unterwegs haben. Óli reicht seinem Freund den Beutel mit den Schmalzkringeln, den er vom Sofa mitgenommen hat.

Dann sieht der Bauer den Dichter losgehen, beobachtet seine ersten Schritte auf dem Weg zur Begegnung mit dem Schicksal. Er sieht, wie der Dichter in den Abend hineinmarschiert und mit der Dunkelheit verschmilzt. Es ist ein Abend in der zweiten Septemberhälfte, gegen Mitternacht. Der Bauer auf Skógar geht ins Haus.

Wahrscheinlich ist weniges so still wie Schnee, der zur Erde fällt

Auf einer langen Wanderung kann viel geschehen. Besonders, wenn man den Abend hinter sich lässt und in die dunkle Nacht hineinmarschiert. Da gibt es nur noch die Stille, dich und deine Gedanken. Dabei kann es manchmal so gehen, dass einem der Kopf leer vorkommt, obwohl er voller Gedanken steckt. Das Paradox kommt daher, dass die Gedanken, die sich im Kopf zusammenballen, wie Nebel sind. Und Nebel ist nun einmal so beschaffen, dass man – obwohl man ihn deutlich sieht – stets ins Leere greift, wenn man ihn fassen will. Dann guckt man in seine leeren Hände. So lässt sich also sagen, Starkaður sei vom Abend in die Nacht gegangen mit Nebel in seinem Kopf.

Fünfzehn Kilometer sind es bis in den Ort, denkt Starkaður, und diese Strecke habe ich zur Verfügung, um mir eine Rede zurechtzulegen, nein, eine Anrufung. Ich suche die mächtigsten und eindringlichsten Worte zusammen, die ich kenne. Alles, was ich weiß und kann, soll in dieser Ansprache liegen. Ich trage ihr Worte vor, und diese Worte bin ich, exakt ich selbst.

So denkt Starkaður. Er ist auf der Straße angelangt und hat seinen langen Marsch begonnen. Er geht dem Schicksal entgegen. Er steckt in seinem Anorak, bis zum Hals zugezogen und die ersten Kilometer auch die Kapuze auf dem Kopf, schlenkert die langen Arme mit den Fäustlingen an den Händen; weiter trägt er eine blaue Kordhose, darunter lange Unterwäsche, Wollsocken und grüne Gummistiefel mit einem schwarzen Flicken auf der rechten Ferse. So gekleidet sollten Männer ihrem Schicksal entgegengehen.

Starkaður lässt Skógar hinter sich und sucht vergeblich, die wichtigen Worte zu finden. Mist, flucht er und sucht weiter nach Satzbruchstücken oder Verszeilen, die irgendwo verstreut in seinem Gedächtnis liegen und von Frauen handeln, die in einem Ort auf jemanden warten. Doch manche Versatzstücke erweisen sich bei näherer Betrachtung als Katzengold, andere passen nicht recht, und wieder andere liegen vergessen im Nebel. Starkaður schüttelt den Kopf und geht weiter, nähert sich der, die wartet.

Wartet sie überhaupt?

Ist das so sicher?

Woher sollte sie wissen, dass irgendwo ein Dichter durch die Pampa stolpert, Worte für die Sätze seines Lebens zusammensucht und auf dem Weg zu ihr ist? Warten? Nein. Diese Frau liegt bestimmt längst im Bett, hat die Zähne geputzt und schläft. Die, um die sich die Welt dreht, die der Mittelpunkt des Universums ist, hat sich mit frisch geputzten Zähnen schlafen gelegt. Und da wandert der Dichter mit der Sprache in seinen Adern und kann nicht einen gescheiten Satz formulieren.

Da ist noch etwas.

Fünfzehn Kilometer. Mit dem Lada oder dem Landrover ist das keine Entfernung, aber zu Fuß zieht sich die Strecke ganz schön. Vom Abzweig nach Skógar bis zur Brücke über die Langadalsá sind es zum Beispiel vier Kilometer. Starkaður steht am Anfang der Brücke, um ihn herum ist überall Nacht, und er denkt: vier Kilometer geschafft, elf liegen noch vor mir. Müssen die längsten vier Kilometer sein, die man kennt.

Lange steht er an der Brücke und lauscht auf den Fluss, der dem Meer zufließt; dann geht er hinüber. Auf der Kuppe oberhalb der Straße wurde einmal ein Mann von seinem Pferd abgeworfen und am Tag darauf tot aufgefunden. Sigurbjörn hieß er, ein unangenehmer Zeitgenosse im Leben und noch schlimmer nach seinem Tod. Viele haben ihn gesehen, wie er die Anhöhe herab auf die Straße zukommt, mit böser Miene. Das wird nicht angenehm, wenn ich zu Fuß über den Hügel muss. Und komme ich an Sigurbjörn vorbei, dann bin ich bald an der Stelle, wo die Frau mit ihrer fünf Jahre alten Tochter umgekommen ist. Sicher, das ist hundert Jahre her, sodass das Kind gewissermaßen eine hundertfünfjährige Greisin ist. Sich das vorzustellen! Hier laufe ich mutterseelenallein durch die Nacht, habe die Lichter auf den Höfen eins nach dem andern erlöschen gesehen, nur noch die Außenlaternen spähen in die Dunkelheit, und alle schlafen. Ich bin allein in diesem Dunkel unterwegs, alle schlafen, und da sehe ich auf einmal, wie mir eine Frau entgegenkommt, die ein Kind an der Hand führt. Sie kommen auf mich zu, voll mit hundert Jahre altem Tod. Was soll ich dann machen. Vom Weg abgehen und geradewegs Sigurbjörn auf dem Hügel in die Arme laufen? Oder die Gespenster auf mich zukommen lassen und ganz ruhig und abgeklärt denken: Och, da hat man wenigstens Gesellschaft?

Brummelt Starkaður zu sich selbst und versucht sich mit der Dunkelheit anzufreunden. Längst hat er den Anorak geöffnet und die Kapuze zurückgeschlagen, er bedauert es sehr, den Wodka nicht mitgenommen zu haben. Die Welt schläft. Starkaður geht tiefer in die Nacht hinein, und da ist niemand außer ihm. Oder etwa doch? Er fühlt eine Bewegung in der Finsternis, einen Wisch, der sich naht. Etwas, das wieder ferner rückt, den Kopf erneut hebt, wieder verschwindet. Schlecht, dass sich Starkaður so gut in den alten Sagen und Legenden auskennt. Er bleibt abrupt stehen, vermag sich nicht zu rühren, verharrt reglos, aber das Herz hämmert, es klopft so laut in seinem Brustkorb, dass die Schläge bestimmt in der ganzen Gegend zu hören sind und alles aufwecken. Bald wird das Herz aus seiner Höhle springen und davonfliegen. Sind das Mutter und Tochter, die sich dort nähern, ziemlich nach Moder riechend? Wer hätte das gedacht: Hier also soll ich meinen Geist aufgeben, auf dem siebten Kilometer, im Anorak. Unterwegs in heiligem Anliegen, aber gestorben vor Angst.

Gespenster?

Der Teufel soll sie holen! Was können sie mir anhaben? Denn ich kämpfe gegen sämtliche Unbilden der Natur, und wenn mir tausend Wiedergänger mit Riesenkräften entgegentreten, totenbleich und mit Schaum aus dem Jenseits vor dem Mund. Sollen sie doch um mich herumschleichen, mit eiskalten Gesichtern und starrenden toten Augen, das macht mir gar nichts, ich gehe weiter, mit Worten gewappnet. Kommt nur her, und ich mache euch fertig, armselige Wichte, ja, kommt nur, denn meine Worte haben die Macht von Bergen, in ihnen lebt die Gewalt des Sturms, kommt nur!

Der Wisch nähert sich vorsichtig, aber Starkaður greift nicht nach Worten und schlägt mit gewaltigen Versen alles zu Brei, nein, er kniet sich hin und sagt: na, mein Junge, denn der Wisch ist nur ein Hund, ein rotbrauner vom nächsten Hof und warm von Leben. Vielleicht schläft er in einem der Außengebäude oder hat sonst Möglichkeiten, sich frei zu bewegen, jedenfalls wedelt er jetzt mit dem buschigen Schwanz, zeigt die breite Zunge und folgt diesem merkwürdigen Menschen die nächsten Kilometer. Starkaður erzählt ihm alles und füttert ihn mit Schmalzkringeln. Er selbst isst das Leberwurstbrot, das ihm Óli in den Beutel gesteckt hat. Ja, er leert den Proviantbeutel und fegt in sich die Liebe aus, sagt tausendmal ihren Namen, dann kehrt der Hund um, und da ist gut die halbe Strecke zurückgelegt.

Weiter geht der Dichter mit der Nacht auf seinen Schultern. Er feilt nicht länger an seiner Rede, die Worte kommen und gehen. Er geht in seinen Gummistiefeln und lässt die Gedanken schweifen. Hier ist Sveinn auf Brekka von der Straße abgekommen und hat den Jeep herumgeworfen wie ein Troll oder ein Berserker. Es war bestimmt nervenzermürbend, den Küster von

Sandø in nebligen Nächten Orgel spielen zu hören. *Ja, der stod Annemari og stirrede. Der skulde være Straf for at en Pige ser saadan ud.*[6] Oder wie Hagalín und Þórbergur in der Weihnachtsnacht zusammensaßen, Hammelbraten aßen und Schnaps tranken, sich über Schriftstellerei und merkwürdige Menschen unterhielten. Das war etwa zu Anfang des Jahrhunderts. Ob der *Elfenbeinpalast* damals entstanden ist? Peder Börresen[7], das war ein Mann, trotz seines hässlichen Widderschädels! Ob sie rote Strümpfe hat? Und dein Haar fließt wie heiliger Sonnenschein durch mein Gemüt. Hm, so könnte man dichten. Oder so: Sammeln wir den Sonnenschein von den Gräsern, das Mondlicht vom Wasser. Wie viel ist 15 mal 312? Wie ich mir auch den Kopf zerbreche, ich kann mich nicht entsinnen, was sie für Strümpfe trägt, aber ich glaube, ihre Brüste sind weich und doch straff, außerdem glaube ich, dass es sich gut anfühlt, ihre Schultern zu streicheln, aber ihre Augen sind manchmal seltsam. Ist es ein Anzeichen für ein schwaches Beobachtungsvermögen, dass ich mir ihre Strümpfe nicht gemerkt habe? Ob Óli jetzt wohl schläft? Viertausendsechshundertundachtzig. Hoffentlich konnte er einschlafen, er soll sich keine Sorgen machen, denn hier gehe ich, lasse die Gedanken treiben und komme voran. Fängt es etwa an zu schneien, und wir haben doch noch gerade erst Herbst?

Fragt sich Starkaður auf dem elften Kilometer und zerreißt damit den Schleier der Gedanken. Er blickt auf und sieht Schneeflocken von weither aus dem nachtblauen Weltall angeschwebt kommen. Wie ist das möglich? Wie kann etwas so Zahlreiches und Weißes aus dunkler Nacht kommen? Erst fallen die Flocken noch vereinzelt und mit weitem Abstand, viele

---

[6] (im Original dänisch:) »Da stand Annemarie und guckte. Es sollte bestraft werden, dass ein Mädchen so aussieht.« Annemarie ist ebenso wie der Diakon von Sandø eine Figur aus Martin A. Hansens Roman *Der Lügner*.

[7] Figur aus William Heinesens Roman *Die Gute Hoffnung*.

Meter Dunkelheit dazwischen, doch nur wenige Minuten später geht Starkaður in dichtem Schneefall, und zwischen den Flocken ist kaum ein Fingerbreit Platz. Viele Tonnen von weißem Schnee sinken aus schwarzer Finsternis herab. Trotzdem bleibt es dunkel, wird vielleicht sogar noch dunkler, man sieht höchstens noch zwei Meter weit. Tausend Trolle und Gespenster könnten entlang der Straße sitzen, ohne dass er es mitbekäme. So eigenartig ist Schnee: Weiß ist er und beginnt doch erst zu leuchten, wenn der Schneefall nachlässt. Dann aber leuchtet er hell, erleuchtet selbst die dunkelste Winternacht. Dann treten die Berge von weit her aus der Dunkelheit an uns heran. Starkaður stapft voran, und der dichte Schneefall lässt nicht nach. Tausend Tonnen, die zur Erde schweben. Wenn der Schnee nicht wäre, könnte man längst die Lichter im Ort sehen. Bald kommt der Abzweig. Von da sind es noch drei, nein, kaum mehr als zwei Kilometer. Nur wenige Spuren. Ah, da ist der Wegweiser, und da teilt sich die Straße. Da lang geht es durch ein Tal und hinauf auf eine Heide, da geht es in den Ort. Das ist der Weg zu ihr, und er wird immer kürzer. Tausend Tonnen fallen zur Erde, ohne dass man einen Ton hört. Gibt es etwas auf der Welt, das genauso leise ist wie Schnee, der zur Erde fällt?

Machst du nicht nur schöne Worte?

Starkaður steht im Ort vor einem gelben Haus. Müde nach der langen Wanderung, fast ein wenig schläfrig von dem steten Schweifen der Gedanken, und der Schnee fällt vom Himmel. Da steht er, blickt auf das Haus, und Schnee setzt sich auf ihn. Es ist dunkel, noch mitten in der Nacht, und da ist ihr Haus. Ein zweigeschossiges Haus mit so großer Gaube, dass es am Tag mit weit aufgerissenem Auge über den Fjord zu blicken scheint. Ihr Haus. Manche sind vielleicht der Meinung, sie habe nur ein Teil davon gemietet und eigentlich gehöre es einem älteren Ehepaar, und trotzdem ist es ihr Haus, ihr gehört es, es gehört zu ihr. Wie der Himmel darüber, wie das Meer, das schwarz da draußen im Schneetreiben liegt und anscheinend ständig an Land kommen möchte. Ihr gehört das alles; auch der Dichter, der das Haus betrachtet.

Der Dichter, der aussieht wie Snæfinnur der Schneemann. Nur der Zylinder fehlt ihm. Die kohlschwarzen Augen sind zu sehen, sonst ist alles an ihm weiß von Schnee.

Und was weiter?

Der Schnee fällt in dichten Flocken, es wird Morgen, die Frau kommt aus dem Haus und sieht als erstes Snæfinnur den Schneemann, ohne Zylinder. Wird das die Strafe des Dichters, der weder Mut noch Worte fand, sich in den strohdummen Schneemann Snæfinnur zu verwandeln?

Nein. Starkaður geht zur Haustür. Kein Name an der Klingel, auch nicht an der Tür; aber das macht nichts, denn er weiß, dass sie da ist. Er hebt die Rechte, langsam und schwer, aber doch ohne Zögern, und klopft. Man sollte niemals mitten in der Nacht auf eine Klingel drücken, wenn der Wind schläft und leise Schnee fällt. Dann sollte man besser anklopfen, und das tut Starkaður. Nichts passiert. Er pocht wieder, zweimal. Klopf, klopf. Ein drittes Mal, dreimal. Klopf, klopf ... klopf. Starkaður pocht gedankenlos gegen die Tür, was gut ist, denn es kommen Momente im Leben eines jeden, da ist Denken gleichbedeutend mit Zögern, und wer zögert, marschiert nicht mitten in der Nacht fünfzehn Kilometer, stapft durch dichten Schneefall durch den halben Bezirk und klopft dann an die Tür eines gelben Hauses.

Drinnen wird Licht gemacht, und er sieht ihren Umriss auf dem matten Türglas. Vier Gedanken blitzen ihm durch den Kopf:

Ist sie es auch wirklich?

Was soll ich sagen?

Stinke ich?

Jetzt bin ich geliefert!

Ein Schlüssel wird umgedreht. Sie ist nicht von hier und schließt ab. Dreht den Schlüssel, drückt die Klinke nieder. Es geht alles so langsam. Die Klinke wird gedrückt, gleich wird sich die Tür öffnen, und ihm fällt nicht ein Wort ein. Hier naht ihm sein Schicksal, und er weiß nicht, was er sagen soll.

Die Tür geht auf.

Sie trägt einen schwarzen Morgenrock, lang und ohne Rüschen. Das wirre rote Haar reicht ihr bis auf die Schultern. Brandrot. Die Augen noch vom Träumen verschleiert, und sie sagt gar nichts. Befindet sich ebenfalls irgendwo zwischen Wachen und Träumen, blickt Starkaður an und fragt sich wahrscheinlich, wie man am besten einen Traum begrüßt. Dann klärt sich der Blick, die Lippen öffnen sich und sagen: Ich dachte erst, du wärst ein Engel.

Sie öffnet die Tür weiter, Starkaður tritt ein und steht gebeugt im Flur. Er wischt sich mit der Hand über den Kopf, das Haar kommt glänzend schwarz zum Vorschein.

Da ist der Engel futsch, flüstert Ilka.

Dann sitzen sie am Küchentisch und schweigen.

Der Schnee, den sich Starkaður abgeklopft hat, schmilzt im Flur und wird zu Flüssigkeit auf dem Boden. Was so weich und hell aus dem dunklen Nachthimmel fiel, ist jetzt nur noch eine Pfütze auf dem Fußboden. Und alles außer ihnen schläft. Starkaður ist fünfzehn Kilometer gelaufen, vorbei an Gespenstern, hat einen Hund getroffen, ging aus dem Abend in die Nacht. Er ging, das Dunkel wurde dichter um ihn, und es begann zu schneien. Jetzt sitzen sie am Küchentisch. Die beiden, die noch kaum miteinander gesprochen haben, und wenn, dann meist wenig freundlich. Aber jetzt ist die Nacht des Schicksals da, wo die Welt mit einem falschen Wort dahin sein kann. Was sagt man da?

Starkaður: Ich bin die fünfzehn Kilometer gelaufen.

Da musst du hungrig sein. Sie holt Milch, ein Glas, Schwarzbrot, Butter, Käse und Kekse. Gut, dass sie das tut, denn der Dichter ist tatsächlich hungrig und außerdem beunruhigt, dass er nicht gut riechen könnte. Sie fragt, ob er ohne Übertreibung wirklich diesen weiten Weg gegangen sei.

Ja, ohne Übertreibung.

Warum?

Was hätte ich sonst tun sollen?

Hast du dich nicht verlaufen?

Nein, sagt er und beugt den Kopf.

Du marschierst mitten in der Nacht fünfzehn Kilometer weit, nur um mich zu wecken?

Starkaður gießt sich Milch ins Glas, bricht zwei Kekse in der Mitte durch und lässt die vier Hälften in das Glas fallen.

Ich habe mich nicht verlaufen, sagt er fast ein wenig gereizt, stopft sich einen Keks in den Mund, und es herrscht wieder Schweigen. Die Kekse in der Milch weichen auf, und Starkaður hat Mühe, sie wieder herauszufischen, die letzte Hälfte fällt auseinander. Ilka holt einen Teelöffel, und der Dichter fischt das Glas leer.

Nimm dir ruhig mehr, sagt sie.

Starkaður: Ich ...

Ilka: Du ...

Starkaður: Ich habe unterwegs einen Hund getroffen. Erst glaubte ich, es wäre ein Geist, aber dann war es nur ein Hund.

Ilka: Ein Hund.

Starkaður: War recht froh, als ich das sah. Er begleitete mich eine Weile und ich redete mit ihm. Einem Hund kann man alles sagen. Geistern nicht.

Ilka: Und ich dachte, du hättest gar nichts zu sagen.

Starkaður: Einem Hund kann man alles sagen. Einem Hund kannst du die abgedroschensten Dinge sagen, und er zeigt dir immer Verständnis, denn ein Hund weiß nichts vom Bankrott der Sprache und dem Ausverkauf der Ideen. Weltreiche gehen unter, aber der Hund wedelt mit dem Schwanz.

Ilka: Du weißt, dass Dichter entweder an ihren Worten festhalten oder rasch vor ihnen davonlaufen müssen, und zwar schnell. Dazwischen gibt es nichts.

Starkaður, unsicher: Was willst du damit sagen?

Ilka: Sag, was du zu sagen hast ... und das, was du sagst, ist entweder eine schöne Lüge oder eine Wahrheit, um die man nicht herumkommt, egal wie sie ausgedrückt wird.

Starkaður senkt den Kopf, presst die Finger gegen die Lider. Es muss etwas gesagt werden, sonst kommt alles ins Stocken, versinkt in ewigem Schweigen. Wenn ich schweige, wird dieses Schweigen mein Leben bestimmen. Zögere ich, wird mein Leben von diesem Zögern entschieden, wenn ... Er schweigt, erhebt sich rasch, wendet sich zum Gehen, steht schon an der Küchentür, hält sich am Türrahmen fest, als hätte er Angst hinausgeworfen zu werden.

Ich kann es einfach nicht. Ich bringe diese Worte nicht über die Lippen, es ist, als würde man aus einem Theaterstück zitieren, als sei man Vertreter für schlechte Bücher. Aber ich will dir sagen, wie es ist, denn ich sehe es klar vor mir: Eines Tages wache ich gegen halb acht auf, und du bist überall. In der Buttermilch, im Brummen des Kühlschranks, dem Flug des Rotschenkels, dem Krächzen des Raben. Ich erwache, und du steckst in sämtlichen Büchern, selbst in denen, die ich schon oft und genauestens gelesen habe, ohne dich jemals darin zu finden, aber eines Morgens erwache ich, und du bist in ihnen, lauerst zwischen den Zeilen oder irgendwo hinter den Wörtern. Ich gehe in den Flur, und da hängst du zwischen den Überkleidern in der Garderobe, du bist im Schleudern der Waschmaschine, ich blicke zum Fenster hinaus und sehe, dass du das Licht auf den Bergen bist. Ich wache eines Morgens auf, und egal welche Arbeit ich mir vornehme, du steckst darin. Du bist in der Schnur, mit der ich das Gatter festbinde, der Heuballen dreht sich nur, um deinen Namen rascheln zu hören, wenn ich etwas schreiben will, fällt mir nichts als dein Name ein, denn ich existiere gar nicht mehr als Person, sondern nur noch als Gedanke an dich. Guck, wenn ich diese Pulsader hier aufschneide, spritzt kein Blut heraus, sondern du.

Starkaður hat den Türrahmen losgelassen, ist an den Tisch zurückgekommen und verstummt jetzt mit geweiteten Augen und tief durchatmend. Die Sekunden verticken, sammeln sich zu einer Minute, nein, Unfug, die Zeit wird nicht länger gemessen, die Zeiger an der Uhr wurden abgebrochen. Das zweigeschossige gelbe Haus ist aus der Welt getreten und schwebt in endlos weiter Entfernung von allem Übrigen mit den beiden an Bord und einem schlafenden älteren Ehepaar, das keine Ahnung hat, dass nichts mehr so ist wie früher. Ilka hält den Blick auf die Tischplatte gerichtet, guckt auf das beschlagene Milchglas, die Kekskrümel. Was mache ich denn, murmelt sie, du hast nicht einmal einen Teller bekommen. Sie steht auf und geht um den Dichter herum, der groß und hager wie festgeleimt am Tisch steht und sich in ein Ausrufezeichen hinter seiner fieberwirren Rede verwandelt hat. Ilka kommt mit einem Teller, stellt ihn über die Krümel. Dann setzt sie sich wieder und starrt auf die Tischplatte. Über ihrer Nasenwurzel hat sich eine tiefe Falte gebildet. Starkaður setzt sich ebenfalls, nein, sinkt an den Tisch, nimmt den Teller und fegt die Krümel darauf.

Ilka, nachdenklich: Das Licht auf den Bergen.

Starkaður nimmt die Unterlippe zwischen Daumen und Zeigefinger.

Das Licht auf den Bergen, wiederholt sie, das hast du schön gesagt. Hübsches Wortgeklimper. Sie blickt auf, ihm geradewegs in sein schmales Gesicht, und jetzt funkelt es in ihren Augen.

Starkaður, entschuldigend: Ich weiß nicht, aber, aber so habe ich gedacht, als ich dich das erste Mal sah, weiß es noch genau. Das Einzige, was ich von dem Abend noch genau weiß. Ich sah dich und dachte an das Licht auf den Bergen. Wenn das Frühlicht auf ihnen leuchtet, aber das Land noch im Halbdunkel liegt. Ich kann doch nichts dafür, dass es mir so vorkam.

Ilka: Und wann war das? Wann hast du mich zuerst gesehen?

Starkaður: Erinnerst du dich an den Ball letztes Jahr, als Guðmundur von Hamrar und Sveinn auf Brekka das Polizeiauto mit diesem ungehobelten Lümmel darin umwarfen?

Ilka: Der, der dir ins Gesicht getreten hat?

Starkaður, ein wenig betreten: Du, du hast mit Hrannar aus der Molkerei gesprochen, oder er mit dir, und dann warst du plötzlich verschwunden, und ich ging zu ihm und nahm ihn in den Arm. Erst war er pikiert, aber ich musste ihn einfach anfassen, so wie man einen sonnenwarmen Fels berührt, nachdem Wolken aufgezogen sind. Sonst weiß ich nur noch wenig, doch als ich am Tag danach erwachte, war ich mir nicht sicher, ob du der Anfang oder das Ende von allem warst, ob ich mein Sehvermögen verlor oder überhaupt erst zu sehen begann. Und dann ein paar Tage später erwache ich, und du bist überall ...

Ilka: Warum hast du dich eigentlich vermöbeln lassen?

Starkaður, kratzt sich am Kopf: Tja, du warst verschwunden, auf die Toilette oder nach Hause. Keine Ahnung. Vielleicht warst du nur aus einem meiner Träume gestiegen oder wieder darin verschwunden. Vielleicht warst du irgendwo dabei, einen Mann mit schlechten Zähnen zu küssen, und das war der absolute Nullpunkt in meinem Leben. Da lag mir nichts näher, als mir auch noch richtig die Fresse polieren zu lassen, zumal der Knabe dazu eingeladen hatte.

Ilka: Was ist der absolute Nullpunkt?

Starkaður: Minus zweihundertdreiundsiebzigkommafünf Grad Celsius. Kälter geht nicht.

Ilka: Alles wieder nur Worte.

Starkaður: Nein. Es ist mehrfach bewiesen, noch kälter kann es nicht werden.

Ilka: Nicht der Nullpunkt, sondern alles andere. Das Licht auf den Bergen und so weiter. Vielleicht meinst du es gut, aber weißt du nicht, wie es schon immer gelaufen ist? Die Kerle sind angekommen, haben den Frauen ihr blutendes Herz dargereicht und sie mit großen, unschuldigen Kinderaugen angeblickt. Aber sobald die Frau das Herz nahm, war es um sie geschehen. Die Männer gehen in die Welt hinaus, um groß und stark zu werden, und wir bleiben zurück mit dem Abwasch und seinem Herzschlag. Das Pochen seines Herzens soll ihr genügen; ihm aber reicht nicht weniger als der Pulsschlag der Zeit. Kennst du die Stelle, wo Arnaldur sich von Salka Valka verabschiedet? Er flüstert: Wenn ich sterbe, werde ich nach dir rufen.

Manche meinen, das sei eine der schönsten Liebeserklärungen. Aber sie soll in dem Fischernest hocken und Fische ausnehmen, während er die Welt besiegt. Ihr Leben soll das Warten auf diesen einen Ruf sein, dieses Flüstern. Es sei denn, sie hat das Glück, dass er ihr vorher manchmal schmutzige Wäsche zum Waschen schickt oder löchrige Socken zum Stopfen; sozusagen als Zeichen, dass irgendwo ein Mann an sie denkt. Deshalb frage ich dich, Starkaður, bist du sicher, dass du nicht nur schöne Worte machst?

Starkaður: Diesen Arnaldur habe ich noch nie leiden können, und ich will nie nach dir rufen müssen, denn ich will dich so in meiner Nähe haben, dass ich nur den Finger ausstrecken muss, um dich zu berühren. Du sollst um mich sein wie der Tag und die Nacht, und ich will Wäsche waschen und Socken stopfen, meine und deine.

Ilka: Nein!

Starkaður: Doch. Ich will ...

Ilka: Nein, Starkaður, sprich nicht von Socken, sprich lieber über das Licht auf den Bergen, über die Schnur, mit der du das Gatter festbindest. Alles andere wollen wir vergessen, sprich!

Starkaður: Was soll ich denn sagen? In sechzig Jahren will ich neben dir sitzen, und deine Vergangenheit soll meine sein und meine deine. Die Welt besiegen! Die ist mir dermaßen egal. Das kannst du tun, wenn du willst, aber bleib nicht so lange fort. Mein Sieg wird es, an deiner Seite aufzuwachen. Darin liegt mein Weltreich. Alles ist völlig überflüssiger, eitler Kram, verglichen damit, mit dir Milch aus demselben Glas zu trinken. Meinetwegen können Menschen auf dem Mars spazieren gehen, und diese Schlagzeile ist mir nicht mehr als eine Fußnote im Vergleich mit der Neuigkeit, dass ich mit dir über den Hof auf Karlsstaðir spazieren darf, so oft ich will. Dabei interessiere ich mich sehr für Astronomie. Aber, Ilka, das sind nicht bloß Worte, sondern viel mehr; es ist mein Leben, jeder Blutstropfen.

Ilka: Ist schon in Ordnung. Heute Nacht darfst du lügen. Mach es nur gut, und vielleicht kommt der Morgen nie.

Starkaður: Warum sagst du das? Warum glaubst du, hinter jedem Wort stecke ein Verrat? Was muss ich tun, was kann ich tun, was willst du, dass ich tue, um dich zu überzeugen? Soll ich vielleicht über die Berge laufen, ja, quer über die Insel an einem Stück, durch Gletscherflüsse waten, Gespenster und Trolle abhängen, laufen und mich nicht aufhalten lassen, nicht einmal von Orkanen, in einem Rutsch das Land überqueren und erst auf der anderen Seite Halt machen, meinetwegen in Neskaupstaðir, und dich von dort aus der Telefonzelle anrufen? Willst du das? Willst du, dass ich in den Fjord hinausschwimme und von dort aufs offene Meer, auf seinen Grund tauche, wo es am tiefsten ist, und dort Steine auflese, die nur das Schweigen der Tiefsee und den Gesang der Fische kennen, willst du das?

Ilka: Nimm noch einen Keks! Ist die Milch warm geworden?

Starkaður: Ich will keinen verdammten Keks!

Ilka: Aber du brauchst nicht übers Land zu laufen und mich von Neskaupstaðir anzurufen. Warum musst du immer etwas tun? Kannst du nicht einfach der sein, der du bist? Du wirst weder größer noch kleiner als so. Bravourtaten machen keinen größer, sie bestätigen nur irgendwas in einem. Magst du bestimmt keine Milch mehr? Whisky vielleicht? Könntest du aufstehen und den Schrank rechts vom Herd öffnen? Siehst du die Flasche? Nimm mal zwei Gläser, ja, da. Magst du gern Whisky, ich trinke am liebsten nichts anderes. Der da ist gut, Dimple, gelungener Name für einen Schnaps. Findest du ihn pur zu stark? Du bist so lang und dürr. Ich gehe schlafen, da kommst du und klopfst und wirfst alles um. Meinst du, das wäre so verlockend? Du lange Bohnenstange mit deinem riesigen Adamsapfel! Der kam mir anfangs total missraten vor. Nicht traurig sein, nimm noch einen Dimple! Guck, ich trinke schneller als du, viel schneller. Bist du verletzt wegen des Adamsapfels? Jetzt finde ich ihn gar nicht mehr hässlich, jetzt finde ich ihn schön, der schönste Adamsapfel der Welt, aber du bist so lang und dürr!

Später.

Später?

Was ist später?

Zehn Minuten danach?

Zehntausend Jahre danach?

Wie kann man so etwas sagen: später, nachher, kurz darauf? Denn die Zeit ist noch gar nicht erfunden. Sie kann nicht vergehen, weil sie gar nicht existiert. Deswegen sollte man nicht später oder kurz darauf schreiben, sondern: Sie sitzen nicht mehr am Küchentisch, auf dem sich nur noch drei Gläser, eine Flasche Whisky und ein Karton warme Milch befinden. Nein, sie sind nicht in der Küche, sondern in dem Raum hinter dem Wohnzimmer. Jetzt könnte jemand sagen, das Zimmer wäre etwa zehn Quadratmeter groß, aber es ist völlig unsinnig, Maße anzugeben, die sind nämlich auch noch nicht erfunden. Es ist einfach ein Zimmer. Ein Bett steht darin, ein Bücherregal, Nachttisch, Stuhl, Bilder an den Wänden, und Starkaður kniet ausnahmsweise nicht vor dem Bücherregal und fährt mit dem Finger die Buchrücken entlang, denn die Welt ist in dieser Nacht aus den Fugen. Erst saßen sie am Küchentisch, und plötzlich liegen sie im Bett und wissen nicht, wie sie dort hingekommen sind.

Ich finde es gemütlich, wie das Bett knarrt, sagt Ilka. Und du?

Weiß nicht, antwortet er, meins knarrt nicht und ist auch weicher als deins.

Da sagt sie: Mein Gott, hast du spitze Schultern. Darauf: Du zitterst ja am ganzen Leib. Warum zitterst du so?

Vielleicht ist mir kalt, sagt er.

Nein, dir ist total heiß, sagt sie.

Aber ich zittere doch überhaupt nicht.

Ilka: Natürlich zitterst du, mein Liebster, überall.

Starkaður: Würdest du an meiner Stelle nicht zittern? Ich bin quer übers Land gelaufen. Wusstest du, dass oben im Hochland schon der Winter gekommen ist? Und dass mich Trolle verfolgt und Gespenster angefasst haben? Aber ich lief und lief, bis ich zur Telefonzelle in Neskaupstaðir kam. Und da hatte ich deine Telefonnummer vergessen und musste den ganzen Weg ohne Pause noch einmal zurücklaufen. Würdest du da nicht zittern?

Ilka: Doch, bestimmt. Aber jetzt bist du wieder da und wirst bald aufhören zu zittern.

Wenn der Herbst kommt und die Berge weiß werden vom ersten Schnee, kommen die Schafe aus dem Hochland mit dem Duft unberührter Weite in den Vliesen und der Unermesslichkeit des offenen Himmels in den Augen, und dann beginnt die Schlachtzeit. Es war mein erster Herbst im Schlachthaus, und ich erinnere mich so deutlich daran. Wie ein langes, übermütiges Gedicht, mit einem Ton von Trauer. Ich weiß noch, wie der Bolzen durch die Schädeldecke schlug, der Himmel bekam Risse, Dunkelheit brach herein, und das Förderband übernahm die Kadaver.

Das war die Welt des Schlachthauses. Doch jetzt klopft anderes an.

Der Herbst

Der September vergeht, Starkaður und Ilka verlassen kaum das Haus und leben von der Liebe. Die Bezirkschronik ist vergessen, Ilka erklärt den anderen in der Molkerei, dass sie sich wegen Liebe frei nähme. Ich bin verliebt, sagt sie, nach einem Grund gefragt, geradeheraus, als wäre die Liebe im Tarifvertrag fest vorgesehen. Tage oder Wochen vergehen, und sie sehen nicht einmal aus dem Fenster. Starkaður wickelt Arme und Beine um Ilka, sagt, sie sei die Sonne in die Äste der Bäume geflochten. Sie stellt fest, er sei wie der Snæfellsjökull: throne über der Umgebung, die nur dazu geschaffen sei, ihn zu erhöhen.
Und doch bist du die Sonne über allem, antwortet er.

So reden sie miteinander, der Dichter und die Frau, die eines Tages im Ort auftauchte, ohne dass jemand wusste, woher sie kam; doch mittlerweile weiß Starkaður, dass sie auf Snæfellsnes groß wurde, der Halbinsel, die wie ein Riesenarm mit geballter Faust ins Meer hinausragt.

Wuchs dort auf in Schweigen.

Ilka: Meine Mutter starb, als ich zwei Jahre alt war. Da war auch mein Vater verschwunden. Ich habe nie herausgefunden, ob er vor oder nach ihrem Tod verschwand. Ich weiß auch nicht, wo er hinging. Die Verwandten, bei denen ich aufwuchs, meinten, er sei seinen Träumen nachgejagt, alles andere sei ihm egal gewesen. Ich weiß es nicht, ich habe nie wieder von ihm gehört.

Die Verwandten waren ein älteres, freudloses Geschwisterpaar. Ihre Anspruchslosigkeit wuchs sich zu Geiz aus, ihr Glauben zu Eiferertum. Sie meinten, man käme Gott im Schweigen am nächsten, und so konnten Tage, ja, Wochen vergehen, ohne dass im Haus ein Wort gesprochen wurde. Fehlte etwas, wurde das mit Gesten verdeutlicht. Ilka verließ sie, sobald sie alt genug dazu war. Dann kamen Jahre, in denen sie von einem Ort zum anderen zog, Gelegenheitsarbeiten annahm, aber meist nur kurze Zeit blieb, höchstens ein Jahr. Von einer inneren Unrast wurde sie weitergetrieben, auf der Suche nach etwas, das sie nicht einmal selbst kannte. Das Schicksal verschlug sie hierher, in diesen Ort, in dieses gelbe Haus, und hier blieb sie, ohne zu wissen, weshalb. Dann sah sie Starkaður auf jenem Ball, diesen Dichter, von dem sie beim Bibliothekar gehört hatte, dem Einzigen, mit dem sie außerhalb der Arbeit Umgang pflegte. Zuerst dachte sie, so sieht er also aus, lang und dürr und mit einem riesigen Adamsapfel, nicht gerade ein echter Hingucker. Doch als sie am nächsten Morgen aufwachte, konnte sie nur noch an ihn denken. Sie sträubte sich dagegen, versuchte, nur Nachteile an ihm zu sehen, denn sie war immer der Überzeugung gewesen, eine Frau, die sich in einen Mann verliebte, würde umgehend ihre Unabhängigkeit verlieren.

Ilka: Doch dann bist du bei mir aufgetaucht wie ein Schneemann und Engel. Es war Nacht, und ich wollte die Ruhe selbst bleiben, aber dann mochtest du Kekse und hast sie so gegessen, dass ich hin und weg war. Im nächsten Moment wollte ich mit dir davonlaufen und verloren gehen; doch dann wollte ich nicht mehr verloren gehen, denn ich hatte alles gefunden. Früher war nichts, jetzt ist alles. Starkaður, zusammen vermögen wir alles. Ich werde in allem sein, was du tust, und du wirst in allem sein, was ich tue. Du und ich, Starkaður, so einfach ist das. Das ist die ganze Geschichte.

Mir geht so einiges durch den Sinn

Ich muss zugeben, während sich Ilka und Starkaður in dem gelben Haus aufhalten und von nichts außer sich selbst wissen, überlege ich ernsthaft, ob ich nicht dem Ruf der Zeit folgen, aus dem Fenster sehen und aktiv am gegenwärtigen Geschehen draußen teilnehmen soll anstatt um vergangene Zeiten auf dem Lande zu kreisen. Mir wurde nämlich vorgehalten, es gebe wichtigere Dinge als Heuernte und Schafabtrieb, das Ausbessern von Zäunen und das Melken. Zum Beispiel die Entwicklung der Menschheit, das Wohl des Landes, die Ängste der Gegenwart. Ja, hier sitze ich, und das Papier ist mein Rednerpult. Da ist die Gegenwart, mit wunden Stellen überzogen. Die Entwicklung der Menschheit, das Wohl des Landes, die Ängste der Gegenwart, etwas, das es wert ist, sich dafür zu opfern, etwas, das man unbedingt zerschmettern sollte. Mir kommt der Gedanke, meinem ländlichen Gewebe einen neuen Faden einzuziehen, den Ereignissen gesellschaftliche Relevanz beizulegen, die wunden Stellen aufzudecken. Mir geht so einiges durch den Sinn.

Doch da fällt mir die Schneehuhnjagd Guðmundurs auf Hamrar ein.

Wenn den Hamrarbauern die Berge rufen

Um die Zeit, wenn auf den mit niedrigem Buschwald bewachsenen Berghängen die Herbstfarben aufglühen und der Leiter des Schlachthofs durch die Gegend fährt, um Leute für die Schlachtsaison anzuwerben, geht Guðmundur auf Hamrar in den Geräteschuppen, nimmt eine doppelläufige Schrotflinte vom Haken und streichelt sie liebevoll, zählt die Patronen, sucht ein paar Strippen zusammen und ist bester Laune, denn wie der dänische Dichterpfarrer Kaj Munk sagte, ist der Herbst der Frühling im Sinn des Jägers.

Doch obwohl sich der Hamrarbauer zuweilen auch lange in seinem Schuppen aufhalten kann, empfindet er manchmal ebenso eine innere Unruhe. Dann schnappt er sich die Doppelläufige und zwei Patronen, geht nach draußen und stülpt ein altes Milchsieb über einen Zaunpfahl, der dann einem schmalen Mexikaner gleicht, der sich den Sombrero tief über die Augen gezogen hat. Dann feuert er die Flinte auf das Sieb ab, brüllt vor Ungeduld, und der Hund verzieht sich mit eingezogenem Schwanz ins Haus, ringelt sich in der dunkelsten Ecke zusammen und bleibt verschwunden. So gehen Herbsttage auf Hamrar herum. Dann bricht endlich die Jagdsaison an. Guðmundur verschwindet in den grauen Herbstbergen und kommt nicht wieder, ehe ihn die Dunkelheit herabtreibt. Dann steigt er über einen Hang zu Tal, Schnüre baumeln ihm von beiden Schultern, von denen ihm vier Bündel Schneehühner den Weg leuchten.

Ein Märchen vom Lande

Manche haben behauptet, wenn Guðmundur auf Hamrar zur Jagd in die Berge gehe, werde er dort von drei riesengroßen Trollen erwartet. Seinen Verwandten, denn es heißt, im frühen 15. Jahrhundert habe sich die männliche Linie von Hamrar mit Trollweibern eingelassen. Das sei an ihrem Wuchs noch immer deutlich abzulesen. Doch obwohl Guðmundur in menschlichen Gefilden wie ein Riese wirke, reiche er den Trollen gerade bis zur Hüfte.

Den ganzen Tag streift er mit ihnen über Heiden und menschenleeres Gebiet. Aufflatternde Schneehühner greifen die Trolle aus der Luft und reichen sie ihrem Neffen.

Starkaður reißt sich aus seinen Liebesschwüren

Ob es nun wegen der Trolle war oder weil er dabei einfach keine Gesellschaft mochte, jedenfalls ging Guðmundur immer allein auf die Jagd. Das änderte sich allerdings nach dem Sommer, in dem er oberhalb Karlsstaðir sturztrunken vom Pferd gefallen war und Starkaður seinen Bruder fragte, ob es etwas Traurigeres gäbe als Gräben im Regen. Von jenem Herbst an begleitete Starkaður Guðmundur in die Berge, jedes Jahr einmal. Wenn die Nacht noch nicht vorüber und der Tag noch nicht angebrochen ist und der Himmel noch schläft, brechen sie auf. Guðmundur mit der Doppelläufigen, Starkaður nur mit Thermoskanne und Frühstücksbox bewaffnet. Und genau diese alljährliche Veranstaltung der beiden rief Starkaður aus dem gelben Haus.

Eines Abends Mitte Oktober steht er plötzlich zu Hause in Karlsstaðir in der Tür, als wäre er geradewegs aus einer rosaroten Wolke geplumpst, sucht lange Unterhosen, Wollsocken und Wollunterhemd hervor und schmiert sich Brote.

Ja, sagt er, während er die Schnitten in die Schachtel packt, für Guðmundur und mich ist diese Tour genauso wichtig wie die Adventswanderung für Benedikt aus den Ostfjorden; sie ist so etwas wie eine großartige und doch bescheidene Dichtung. Sagt Starkaður und geht früh zu Bett, denn in aller Herrgottsfrühe kommt der Hamrarbauer, und der Dichter sitzt schon fix und fertig in der Küche, und es kann losgehen.

Vielleicht ist über diese jährliche Wanderung gar nicht mehr zu sagen, denn es ereignet sich nicht viel mehr, als dass sie durch die Einsamkeit streifen, der Halbtroll und der Dichter

Es ist ein Wintermorgen mit schwerem Wetter gegen Ende des Jahrhunderts, alles in dichtestem Schneetreiben versunken: Die Stadt, das Meer, die Bogenlaternen, die über die Straßen wachen, alles verschwunden, selbst der Block, in dem ich wohne. Alles verschwunden bis auf mich, der ich die Ellbogen auf den fünfzig Jahre alten Schreibtisch meines Onkels stütze, der in die Sinfonie seiner Worte starb. Die matte Glühbirne aber ist der Mond an dem herbstlichen Himmel, unter dem Starkaður und Guðmundur dahinwandern, weit über die Hochheiden, vor ungefähr zwanzig Jahren.

Starkaður redet, während sie die Hänge hinaufsteigen, er redet, während sie tief in der Heide verschwinden, er blickt zum Himmel auf und sagt etwas Poetisches, bringt das Gespräch auf dies und jenes, redet und redet, aber es ist kein belangloses Zeug, sind keine hohlen Phrasen über unnütze Dinge, erst recht nicht über Politik. Wer wäre auch so armselig, gerade darüber zu reden, auf einer majestätischen Hochheide, die näher am Himmel als bei den Wohnorten der Menschen liegt? Manchmal auch lässt er den Gedanken einfach spielerisch freien Lauf, verliert sich in durch und durch gesunde Unbekümmertheit. Sie wandern immer weiter ins menschenleere Hochland hinein, Starkaður spricht, Guðmundur brummt ab und zu einsilbige Bestätigungen. Manchmal wandelt den Dichter das Gefühl an, es sei doch nur alles Gerede, was er da so von sich gibt, überflüssiger Wortmüll in der klaren Stille der Einsamkeit. Guðmundur stapft schweigsam voran wie von diesem Land geboren, aber da ist auch noch das zugewanderte Tier, der Eindringling, Starkaður. Plötzlich verstummt er, als wäre er eingeschnappt, hat sein Gerede selbst für zu leicht befunden. Er hält den Rand, und so vergehen einige Minuten, fünfzehn vielleicht, sie gehen und es ist still, bis auf das Geräusch der Schritte im überfrorenen Schnee. Auf solchen Herbsttouren läuft man kaum Gefahr, einzubrechen. Sie marschieren, und Starkaður wirkt geknickt, da bleibt Guðmundur auf einmal abrupt stehen, stemmt fast die Füße ein und mustert seinen Freund mit einem fragenden Blick. Dem entfährt ein zögerliches Was denn?, ein einzelnes Was inmitten der Stille.

Nichts, sagt der Troll bedächtig, ich habe mich nur gefragt, ob du nichts mehr zu sagen hast oder ob du gerade über etwas nachdenkst. Du bist jedenfalls schon so lange still.

Weiter geht's. Weiter ins Land hinein, weiter in den Tag, der den Himmel erleuchtet. Der Mond verblasst und verschwindet, und dann hängen Schneehühner in der Schlinge. Sie flattern nicht mehr länger zwischen Himmel und Erde, sondern baumeln blutig und mit hängenden Köpfen an den Schnüren. Irgendwo lassen sich die beiden Männer nieder, trinken Kaffee, kauen Leberwurstbrote, und Guðmundur erzählt Starkaður vom Schneehuhn, wie es glaubt, in Krähenbeeren, Krautweiden, Knöllchen-Knöterich, Zwergbirken, wilden Thymian und Roten Steinbrech ganz vernarrt zu sein, und wenn ein Jäger zwei von ihnen gemeinsam aufstöbere, müsse er sie beide mit der gleichen Ladung erlegen. Traue er sich das nicht zu, solle er es lieber gleich bleiben lassen.

Über dies und anderes mehr klärt Guðmundur seinen Freund auf, und am Spätnachmittag blinken die Sterne am Himmel und der Mond geht auf. Auf dem Rückweg zeigt sich, dass Starkaður nicht nur gut reden, sondern auch gut zuhören kann. Er hat die seltene Gabe, andere zum Reden zu bringen, und so zuzuhören, dass den sonderbarsten Leuten in seiner Gegenwart der Mund überfließt. Eine Eigenschaft, die ihm bei der Anfertigung der Bezirkschronik gut zustatten kam. Es wird Abend. Die beiden Freunde kommen mit den Schneehuhnbündeln über den Schultern aus der Wildnis zurück, und die Dunkelheit schmiegt sich dichter um sie, außer wenn der Mond scheint, dann werden sie in seine Helligkeit getaucht, und Guðmundur erzählt Geschichten. Geschichten, die er sonst niemandem anvertraut, höchstens seinem Hund draußen im Schuppen, und wenn er schon reichlich an der Flasche gerochen hat. Jetzt aber ist er nur von der unberührten Natur berauscht und vielleicht vom Mondschein. Starkaður hört zu, wirft etwas ein, wenn es passend scheint, und hört sonst genau zu. Sie kommen in bewohntes Gebiet herab, voller Geschichten, und die Nacht folgt ihnen.

Die Nacht ist ihnen auf den Fersen, und es ist Herbst, der Herbst, in dem Starkaður sein Schicksal in einem gelben Haus fand.

Eine halbe Stunde später beleuchten die Scheinwerfer des alten Willis-Jeeps die Küchenfenster auf Karlsstaðir. Es geht bald auf Mitternacht zu, Salvör wärmt das Abendessen noch einmal auf, das Starkaður in sich hineinschlingt, ohne viel Antworten auf Fragen zu geben. Als sich aber die Herbstnacht mit ihrem mildtätigen Dunkel über das Haus gebreitet hat, alle zu Bett gegangen und mit dem Schlaf verschmolzen sind, da brennt noch ein Licht in Starkaður. Er beugt sich über den Schreibtisch und versucht, Guðmundurs Geschichten auf Papier festzuhalten.

So vergeht die Nacht

Starkaður bleibt die ganze Nacht auf und ringt damit, den Geist der Geschichte gleich im ersten Abschnitt einzufangen. Er kauert da, kritzelt Bögen voll, kaut am Bleistift, steht auf und läuft herum, macht sich sogar breit in den Schultern, senkt die Stimme und versucht, so groß wie möglich zu wirken, alles, um den richtigen Ton in Guðmundurs Erzählung zu finden. So geht die Nacht herum, und Starkaður müht sich ab. Es ist aber auch wirklich schwierig. Nicht genug damit, den Faden der Erzählung richtig im Kopf zu haben und die Ereignisse in der rechten Reihenfolge zu erinnern, kommt es auch noch auf die richtige Wortwahl an, die erst eigentlich die Atmosphäre schafft, und die Wörter in diesen Geschichten sind mit ihnen von Beginn an fest und unverändert verbunden. Diese Leute aus dem Geschlecht auf Hamrar geben keine Geschichte von sich, ehe sie nicht ihre endgültige Form und Gestalt gefunden hat, und dann braucht daran kein Wort mehr geändert zu werden. Das weiß Starkaður ganz genau, und deshalb gibt er sich solche Mühe. Er weiß, dass die älteren unter den Geschichten unverändert von Generation zu Generation weitergegeben wurden, vom Vater auf den Sohn, von der Mutter auf die Tochter. Die Leute auf Hamrar sehen, dass, gleich welche Krummsprünge der Geist der Zeit auch tun mag, die Berge unverrückbar stillstehen.

Starkaður beugt sich über den Schreibtisch und versucht zum dreißigsten Mal, die richtigen Worte zu finden. Die Morgendämmerung naht, doch noch ist es dunkel, und das Licht der Lampe sickert in das nachtdunkle Fensterglas.

Starkaður veröffentlicht das Vorwort zur Bezirkschronik

An einem Herbstmorgen kurz vor Winteranbruch fährt der Postbote der Gemeinde, Örn auf Öxl, in rasender Fahrt in die Ortschaft. Er hat eine derartige Geschwindigkeit drauf, dass der weiße Trabant mit dem roten Dach kaum als solcher auf der Straße auszumachen ist, man nimmt eigentlich nur eine vorbeiwischende Trübung am Rand des Gesichtsfelds wahr. Das aber ist man durchaus gewöhnt, und daher muss es eigentlich kaum erwähnt werden.

Der Trabant düst mit einem breit lächelnden Örn am Steuer in den Ort. Außer der Leidenschaft, in seiner Garage an Motoren herumzuschrauben, bereitet Örn nichts in diesem Leben mehr Vergnügen, als ungeahnte Leistungen aus dem Trabbimotor herauszuholen. Sicher wird manchem angesichts der Fahrweise angst und bange, und es ist auch richtig, dass manche das Kreuz schlagen, wenn sie Örn in mörderischer Geschwindigkeit durch eine enge Kurve schliddern sehen, dass der Schotter in alle Richtungen spritzt, doch niemand schreitet ein, und weder Ortspolizist Þorvaldur noch sein Gehilfe Nur-John hängen Örn wegen seines Übereifers ein Knöllchen an. Schließlich brachte seine Raserei den Vorteil, dass die Post stets früh zugestellt wurde, vor Mittag war die Zustellung beendet, die so wichtig erschien, dass der Bauer auf Öxl sie stets mit einem Affentempo betrieb. Das allerdings wirklich nur in Ausübung seiner Dienstpflichten. Sobald der letzte Brief im Kasten lag, samt drei Exemplaren von *Tíminn*, verringerte Örn das Tempo. Dann übte er keine Amtsgeschäfte im Dienst der Gesellschaft mehr aus, sondern war nur noch Örn auf Öxl auf dem Heimweg. So viel dazu. Doch jetzt ist dieser Herbstmorgen, und Örn fegt über den Asphalt, der sich einen Kilometer lang wie ein pechschwarzer Läufer quer durch den Ort zieht, und der nächste asphaltierte Straßenabschnitt ist in jenen Jahren zweihundert Kilometer weit entfernt.

In fliegender Hast am Fußballplatz vorbei, an der Molkerei, der Konsumgenossenschaft, dann biegt er nach links ab, wobei er den Asphalt verlässt, nach links also, kleine Schottersteinchen spritzen unter den Hinterrädern auf, über den Kundenparkplatz der Bank, Örn zur Rechten, und dreißig Meter unterhalb davon befindet sich das Postamt. Davor steigt Örn voll auf die Bremse, schießt fast aus dem Trabant, nimmt drei Stufen auf einmal und verschwindet in dem Gebäude. Sieben Minuten vergehen. Exakt die Zeit, die Örn braucht, um den Erhalt der Post zu quittieren, zu pinkeln, zwei Tassen Kaffee zu trinken und einige berufliche Dinge mit der Kollegin hinter dem Schalter zu erörtern. Sieben Minuten vergehen, dann kommt Örn mit zwei Postsäcken aus dem Gebäude, deren Gewicht es in sich zu haben scheint. Alles ist wie üblich, Örn ebenso vergnügt wie üblich, voller Vorfreude nämlich, das Gaspedal wieder bis zum Bodenblech durchtreten zu dürfen und alles vorüberfliegen zu sehen. Wer aber steht da neben dem Trabbi, wenn nicht unser Dichter und Schelm Starkaður Jónasson?

Hallo, Örn, sagt der. Resolut.

Was? Ach ja, hallo, meint der andere überrascht, denn der Dichter hält einen Packen Briefe in der Hand. Das ist nicht üblich. Schweigend und verlegen verstaut Örn die öffentliche Post im Trabant.

Örn, sagt Starkaður, aber der Postbote murmelt nur etwas Unverständliches, wühlt in den Hosentaschen und schaut vor sich auf den Boden. Augenscheinlich will er wenig mit Starkaður zu schaffen haben, zumal der einen Stapel Briefe in der Hand hält.

Starkaður: Könntest du diese Briefe für mich mitnehmen?

Örn wirft einen verzweifelten Blick zum Postamt. Die Schalterbeamtin ist auf die Treppe herausgekommen: Wie? Was soll ich mitnehmen?

Starkaður, langsam und deutlich: Diese Briefe hier.

Örn: Ach so, ja.

Starkaður: Wie du siehst, ist jeder Umschlag mit dem Namen des betreffenden Hofs beschriftet. Hier ist zum Beispiel der für euch auf Öxl. Ich fände es sehr nett, wenn du die für mich verteilen könntest.

Örn: Ach so, hm.

Die Frau von der Post, aufgebracht: Hör mal, Starkaður, du kennst doch die Vorschriften: Jegliche Post muss durch meine Hände gehen. Es ist ungesetzlich, Örn Post in die Hände zu drücken, für die kein Porto entrichtet wurde und die deshalb keine Freimarke und keinen Stempel trägt.

Örn, stumpf: Eben.

Starkaður, der den Blick nicht von Örn gewendet hat: Würdest du diese Briefe für mich mitnehmen?

Die Postbeamtin: Das dulde ich nicht! Recht ist Recht, und alles andere ist Unrecht. Briefe müssen Briefmarke und Stempel tragen, sonst sind es keine Briefe. Wenn überhaupt etwas, dann ist es ein Verstoß gegen das Gesetz.

Starkaður, mit den Briefen in der ausgestreckten Hand: Örn?

Die Postbeamtin: Höre ich richtig? Sehe ich recht? Forderst du etwa einen Beamten zu einer kriminellen Handlung auf? Du da, Starkaður, hast du wirklich so wenig Respekt vor deinen eigenen Umschlägen, dass du sie auf diese Art verschicken willst wie anderen Postwurfmüll? Ein Umschlag wird erst dann zu einem Brief, wenn er eine Freimarke und einen Stempel bekommen hat. Ohne das ist ein Umschlag gar nichts, er ist nie versandt worden und daher überhaupt nicht existent.

Starkaður: Örn, ich bitte dich ein letztes Mal. Sonst verteile ich die Briefe selbst mit dem Motorrad.

Die Postbeamtin, hastig: Also gut, Junge, gib den Stapel her! Ich werde mich nicht nur mit dem Stempeln beeilen und sogar die Briefmarken selbst aufkleben, ich werde dir sogar zehn Prozent Rabatt geben. Aber nur dieses eine Mal.

Starkaður: Örn?

Die Postbeamtin: Zwanzig Prozent?

Starkaður, ohne Örn aus den Augen zu lassen: Manches muss andere als die offiziellen Wege gehen. Der Charakter dieser Sendung ist nun einmal so, dass sie auf keinen Fall mit einem Stempel in Berührung kommen darf. Also werde ich diese Briefe höchstwahrscheinlich selbst überall verteilen.

Nein, das wirst du nicht tun, sagt Örn leise, aber bestimmt, denn weniges verletzt ihn mehr, als wenn seine Mitbürger selbst anderen Höfen Post überbringen. Das ist ein Misstrauensantrag gegen *seine* Arbeit. Örn schnappt sich also den Packen, und ehe die Frau auf der Treppe widersprechen oder der Dichter Danke sagen kann, ist der Trabant davongeprescht und Örn verschwunden; zurück bleiben ein grinsender Starkaður, die Postbeamtin und der Staub auf dem Parkplatz, der sich allmählich legt.

So kam das Vorwort zu Starkaðurs Bezirkschronik in Umlauf.

So wurde es auf jeden Hof gebracht – ohne Freimarke und Stempel, und in gewisser Weise hat es also nie existiert.

Vorwort zu einer Beschreibung unseres Bezirks

Wer Sterne über sich hat, verirrt sich nicht so leicht, und ihr Leuchten erinnert ihn daran, dass er nie allein ist.

Deshalb brauchen wir eine Bezirkschronik.

Sie soll über uns Worte machen, sie soll unser Leben und Streben an die Nachkommen weiterreichen, damit unsere Lebensläufe zu den Sternen an ihrem Himmel werden.

Dafür brauchen wir die Beschreibung unseres Bezirks.

Damit wir nicht vergessen werden.

Damit sie nicht irre gehen.

Vielleicht seid Ihr der Meinung, unsere Leben hätten nichts in einem Buch zu suchen, seien sie doch nichts als Sammelsurien alltäglichster Dinge; es habe sich nichts weiter ereignet, als dass sie halt gelebt worden seien. Aber der Alltag ist der Unterton allen Lebens, ohne ihn ist nichts, und er ist der Ton, den wir unseren Nachkommen übermitteln müssen. Denn wer keine Verbindung zu seinen Vorfahren herstellen kann, zu ihrem Leben, den großen und kleinen Ereignissen darin, wer nicht den Hauch vergangener Tage spürt – oder noch schlimmer, wer sich nicht darum schert –, der kann genauso gut auf einer Insel im Stillen Ozean, in einer fernen Megastadt oder sonst wo leben, gleich welche Sprache reden, denn mit der Erde, aus der er wuchs, verbinden ihn keine Wurzeln. Der kann überall wohnen und ist daher nirgends zu Hause.

Wir anderen aber, die wissen und sich erinnern wollen, brauchen eine solche Chronik.

Wenn sie erst einmal geschrieben ist, dann ist es gar nicht mehr so wichtig, was die Zukunft bringt. Auch wenn merkwürdige Bestrebungen bereits versuchen, die Unterschiede zwischen den Völkern auszulöschen, allem das gleiche Äußere zu verpassen, das Eigentümliche wegzuschneiden und alles Besondere und was den Menschen zum Individuum macht und die Individuen zu einem Volk zu verwerfen, so werden unsere Nachkommen doch Teile ihrer eigenen Geschichte in Worte gefasst in Händen halten.

Ich, Starkaður Jónasson von Karlsstaðir, bin von Hof zu Hof gegangen, habe mit Jung und Alt gesprochen, mit Männern und Frauen, habe Erinnerungen, Arbeitsweisen und Ereignisse gesammelt, versucht, Leben dem Vergessen zu entreißen.

Jetzt hat die Auswertung begonnen.

Ich fasse das Leben in dieser Gemeinde zusammen, wie es war und wie es ist, ich berichte von Menschen, die leben und gelebt haben.

Ich möchte niemanden schönfärben oder herabsetzen, denn wozu soll man sich unnütz über die Mängel von Leuten auslassen, wenn gerade sie oft die größten Vorzüge an den Tag bringen?

Ich frage nicht nach, ob mir Dinge auch »richtig« mitgeteilt wurden, kümmere mich wenig darum, wenn sich Unstimmigkeiten in die Erzählungen einschleichen, berichtige selten, wenn jemand Ortsnamen verwechselte. Ich bin nicht darauf bedacht, dass alles stimmig ist. Es wäre doch nichts anderes als Gedankenlosigkeit und Verfälschung, vermeintliche Irrtümer in den Erzählungen oder Verhältnissen »richtig« zu stellen; denn alles, was jemand von sich gibt, bildet doch Fäden in dem Gewebe, das ihn zu einem unverwechselbaren Individuum macht.

Ich schreibe nicht, was andere die »Offizielle Geschichte der Gemeinde« nennen würden. Wo sämtliche Ereignisse im Topf so genannter Fakten abgekocht und pasteurisiert werden. Eine

Geschichte, in der alles anerkannten Werten unterworfen ist, eine Art Mischung aus engstirnigem, humorlosem lutherischen Puritanismus und einem kurzsichtigen Faktenglauben. Unsere Bezirkschronik sollen wir selbst sein, unser Leben, unsere Vergangenheit, unser Denken und Tun, mit allen Übertreibungen, Lügen und Wahrheiten, mit aller Großartigkeit und aller Kleingeisterei, mit aller Gedankenlosigkeit, aller Kühnheit, all der Menschlichkeit, die in uns wohnt.

Ein Tag ging zur Neige

Ein Tag ging zur Neige, einem bedeckten Abend zu: Der Mond watete in Wolken. In der einen Minute war es draußen hell genug zum Lesen, die Berge traten hervor, und im Nordwesten glänzte das Meer auf. Dann schluckten die Wolken den Mond, und die Welt versank in Dunkelheit. Und während die Welt abwechselnd in Finsternis sank oder in Mondlicht badete, saßen die Einwohner der Gemeinde in ihren Häusern und durchforsteten aufmerksam das Vorwort. Was hatte Starkaður sich dabei gedacht? Seit seiner Jugend hatte er mit seinen Streichen Spaß oder Aufregung gestiftet, mit seinen überraschenden Einfällen Bewunderung oder Ärger geweckt, ja, dieser wortgewandte, nicht auszurechnende Starkaður, den die Gemeindemitglieder an einem Tag verfluchen und zum Teufel wünschen mochten, während sie sich am nächsten gegenüber Nachbarn aus anderen Gemeinden mit ihm brüsteten (»Unser Dichter«) – was führte er nun wieder im Schilde? Eine Bezirkschronik sollte natürlich nichts wirklich Unerwartetes enthalten, aber warum schrieb Starkaður: »... wozu soll man sich unnütz über die Mängel von Leuten auslassen, wenn gerade sie oft die größten Vorzüge an den Tag bringen?« Will er etwa über unsere kleinen Fehltritte herziehen? Und die Leute erinnerten sich, wie geschickt er sie dazu gebracht hatte, den kostbaren Schrein ihrer Erinnerungen zu öffnen. Sollte jetzt alles ans Licht gezerrt werden? Selbst ein Kuss in einer hellen Sommernacht und dergleichen?

So fragten sich manche, ließen kein gutes Haar an dem Klappergestell von Karlsstaðir und bereiteten sich auf das Schlimmste vor. Andere hingegen freuten sich über das Vorwort und auf das, was es verhieß. Am liebsten wären sie gleich in den Ort gefahren, hätten dem Dichter die Hand geschüttelt und gesagt: So gefällst du mir!

Aber der Tag war schon zum Abend geworden.

Einem bedeckten Abend mit Vollmond, der in Wolkenschiffen über die offenen Weiten des Himmels segelte. Der Großbauer Ágúst auf Sámsstaðir aber sitzt am Schreibtisch im Herrenzimmer, dem Schreibtisch, der immer wieder von Rechnungen und anderen wichtigen Papieren überfließt; jetzt aber liegen nur die Hände des Großbauern darauf, und die Handflächen weisen nach oben, wie in Verzweiflung.

Ist Lammen einfach nur Lammen?

Der Großbauer Ágúst auf Sámsstaðir sitzt am Schreibtisch und starrt vor sich hin. Genau da hatten sie auch gesessen, Ágúst auf dem Schreibtischstuhl, dessen Leder knarrte, wenn er sich zurücklehnte, die Arme verschränkte und nachdachte; und Starkaður ihm gegenüber auf dem Besucherstuhl, den er mit Ágústs Erlaubnis aus der Ecke an den Schreibtisch gezogen hatte.

Ágúst registrierte, dass weder unter dem Stuhl noch dahinter ein Staubkörnchen zu sehen war. Das erfüllte ihn mit Stolz über seine vorbildliche Ehefrau, und er hoffte, dass Starkaður ebenfalls Augen für derart wichtige Details hatte. Sie tranken Kaffee. Starkaður mampfte Hefeballen und Kranzkuchen. Dabei unterhielten sie sich. Starkaður stellte Fragen, und Ágúst zeigte sich freundlich, was eher ungewöhnlich war, wenn er mit einem von denen auf Karlsstaðir zu tun hatte, denn die waren mehr Vielschwätzer als Bauern und gerade Starkaður mehr ein Tunichtgut als sonst was. Eine Bezirksbeschreibung aber war kein poetisches Gefasel, sondern eine Bestandsaufnahme der Dinge, auf die es ankam: Größe des Viehbestands, Bodengüte, Namen der Hofbesitzer. Solche Angaben gehörten in ein Buch, und man vergab sich nichts, daran mitzuwirken. Also gab sich Ágúst Starkaður gegenüber wohlwollend, der, nachdem er gewissenhaft die Faktenangaben Ágústs notiert hatte, nach dem Werfen der Lämmer fragte; wie das vonstatten ginge.

Was?, wunderte sich Ágúst, denn Lammen ist Lammen. Was gibt es darüber mehr zu sagen?

Starkaður: Es ist aber unterschiedlich, wie die Bauern damit umgehen.

Ágúst: Das kann ich mir kaum vorstellen.

Starkaður: Warum sagst du das?

Ágúst, verwundert: Nun, wie ich schon gesagt habe, Lammen ist Lammen.

Da wiederholte Starkaður, obwohl Lammen sicherlich Lammen sei, sei der Umgang der Leute damit durchaus unterschiedlich. Es gebe welche, die markierten mit dem Taschenmesser, einer hielte alle Angaben in einem kleinen, zerknitterten Notizheft fest, ein anderer tippe sie auf der Maschine und hefte sie säuberlich in Ordnern ab, der Dritte schreibe überhaupt nichts auf, sondern behalte alles im Kopf; manche blieben die ganze Nacht über auf und hielten sich so viel wie möglich draußen bei den Tieren auf, andere gingen nach Hause und legten sich ein, zwei Stunden hin. Deswegen habe er, Starkaður, behauptet, die Leute gingen von Hof zu Hof anders damit um.

Ágúst: Aha, so.

Starkaður: Und wie hältst du es damit?

Ich finde es vollkommen unnötig, die ganze Nacht aufzubleiben. Man weiß doch, wie es läuft, und kann sich zwischendurch immer wieder mal hinlegen, so halte ich es jedenfalls, und ich halte alles in Schreibheften fest, meinte Ágúst und sah zu, wie Starkaður die Antwort notierte. Doch als der Dichter aufblickte und augenscheinlich mehr erwartete und weil es schließlich um eine Bezirksbeschreibung ging, entschied Ágúst, noch entgegenkommender zu sein, und fügte hinzu, die Schreibhefte seien alle rot, mit Spiralbindung, und für gewöhnlich habe er in der Nacht eine Thermoskanne mit Kaffee bei sich, manchmal auch einen wärmenden Tropfen. Das mit dem Schnaps bereute er sogleich heftigst, sah aber davon ab, darum zu bitten, es zu streichen. Entweder könnte das Starkaður nämlich zu der Ansicht bringen, Ágúst wolle etwas verheimlichen, was Quatsch war, denn er hatte nichts zu verbergen, oder Starkaður könnte vielleicht meinen, er, Ágúst, sei einer dieser Windbeutel, die mal dies, mal jenes sagen und am Ende alles zurücknehmen. Anstatt also zu verbessern, Schnaps nehme er nur höchst selten mit, vielleicht zweimal in einem Frühjahr und dann auch nur ganz wenig, blickte Ágúst auf die Uhr und sagte Jaja. Aber Starkaður, völlig unempfindlich gegenüber allen Jajas, nahm sich mehr Kaffee und noch ein Teilchen und fragte weiter, versuchte Ágúst noch mehr auszuholen, doch der war's jetzt leid, stand auf und meinte, er könne nicht sehen, was all dieses Geschwätz mit der Bezirksbeschreibung zu tun habe. Da hatte sich Starkaður gerade nach der Markierung erkundigt, die Ágúst von seinem Vater verliehen worden war und die der Sámsstaðirbauer nur seinen besten Schafen vorbehielt. Der Dichter erklärte mit einzigartiger Geduld und ebensolcher Beharrlichkeit, dieser Umstand sei wichtig, er zeige, wann sich der Vater entschieden habe, Ágúst zum Teilhaber am Betrieb zu machen, zeige auch, wie früh das Verantwortungsgefühl in dem werdenden Großbauern erwacht sei; derartige Angaben seien kaum bedeutungslos für die Zukunft.

Na dann, meinte Ágúst eher widerwillig und doch zufrieden mit Starkaðurs Beharrlichkeit. Ich war damals fünf Jahre alt. Das kannst du schreiben. Fünf Jahre, und mein Vater nahm mich mit hinaus in den Pferch, in dem die standen, die noch nicht geworfen hatten. Es war mitten in der Nacht. Das kannst du auch aufschreiben. Meine erste durchwachte Nacht. Mein Vater wollte, dass sich mir das einprägte: Ein guter Bauer kümmert sich nicht um die Uhr, sondern um das Vieh.

Starkaður: Und wie sieht die Markierung aus?

Ágúst: Danach hättest du gar nicht fragen müssen: gestutzte Feder vorne rechts, einfach nach unten gekerbt links.

Starkaður: Ihr wart gemeinsam draußen in der Frühjahrsnacht ...

Ja, sagte Ágúst langsam und widerwillig.

Mit dieser Erinnerung hatte sich der Bauer auf Sámsstaðir immer schwer getan. Wie er mit seinem Vater aus dem warmen Wohnhaus in die kühle Frühlingsnacht hinausgegangen war, die Stille so tief, als würde die ganze Welt schlafen und nur sie beide wachen und sich um das Vieh kümmern, nur sie beide, fast als trügen sie die Verantwortung für die ganze Welt, als würden sie nicht nur für das Lammen Sorge tragen, sondern für mehr, für etwas Empfindliches und zugleich Großartiges. Dass alles in Schlaf lag, und nur sie beide wachten, die Wächter des Lebens – so etwa lebten jene Stunden in Ágúst weiter, zu seiner eigenen Verwunderung, denn sie hatten lediglich zwei Lämmer markiert, nichts alltäglicher als das, und daher komplett unverständlich, warum das Ereignis ihm wieder und wieder so heftig in Erinnerung kam, dass Ágúst schon überlegt hatte, es einmal aufzuschreiben. Nein, nicht einfach nur überlegt, vielmehr war er von einem Verlangen danach ergriffen worden, das sich immer schwerer unterdrücken ließ. Furchtbar kindliche und idiotische Sentimentalität! Doch da saß Starkaður auf dem Besucherstuhl, der alles war, nur kein Bauer, nichts außer Worten, und zu seinem eigenen Schrecken fühlte Ágúst, wie er seine Selbstbeherrschung verlor und einen heftigen Drang verspürte, Starkaður alles anzuvertrauen. Aber verliere ich mich nicht in Gefühle dabei, werde ich nicht zu einem Weib oder einem flennenden Alten? Ungefähr so dachte der Großbauer, während er mühsam versuchte, die ursprüngliche Erinnerung in eine glasklare und vernünftige Beschreibung umzusetzen.

Erst markierte der Vater, dann der Sohn. Es war das erste Mal, und er gab sich Mühe.

Es ging so leidlich, sagte Ágúst, und dachte, das Gespräch zu beenden, zufrieden, dass er sich zusammengerissen, nicht seine komische Sentimentalität angesichts einer alten Erinnerung ausgeplaudert hatte.

Es ging so, wiederholte Ágúst und wollte zum Schluss noch ein oder zwei Worte sagen, die sein Wohlwollen gegenüber dem Projekt der Bezirksbeschreibung zum Ausdruck bringen sollten, doch da fragte Starkaður unvermittelt: Ágúst, du hieltst doch das Lamm zwischen deinen Knien eingeklemmt und hörtest, wie die Schnitte in sein Ohr drangen – weißt du noch, wie das Lämmchen zitterte?

Es muss gesagt werden, wie es war, so albern es sich auch anhört, aber bei der Frage schien sich jegliche Selbstbeherrschung in Ágúst aufzulösen. Was dann kam, weiß er nur noch schemenhaft, erinnert sich nur noch, dass er sich um jeden Verstand redete, um jeglichen Respekt, alle möglichen verrückten Dinge äußerte und derart kindische Gedanken vom Stapel ließ, dass ihn niemand mehr anschauen konnte, ohne zu lachen, wenn das in der Bezirkschronik erscheinen sollte. Das wurde ihm sonnenklar. Genauso sicher war er sich, dass Starkaður schon dabei war, seine Kindsköpfigkeit auszuposaunen, und dass das Postament an Respekt, das er im Lauf der Jahre aufgebaut hatte, bereits am Bröckeln war.

So verläuft für den Bauern auf Sámsstaðir jener Abend, an dem das Vorwort in der Gemeinde gelesen und besprochen wurde. Manchmal fließt Mondlicht über den Schreibtisch und den Mann, manchmal versinkt alles in Dunkelheit, und Ágúst breitet seine Arme über den Tisch und ist voller Selbstverachtung.

»200 Jahre Alltagsleben erstehen in den Worten Starkaðurs vor unseren Augen«

Es ist nach Mittag an einem normalen Werktag im Oktober, als der Landrover von Karlsstaðir mit Þórður am Steuer in die Auffahrt nach Fell einbiegt. Jón sitzt in der Küche und wartet auf den Fortsetzungsroman im Radio. Das Leben ist behaglich alltäglich, da kommt Þórður zu Besuch.

Es ist bereits das dritte Mal. Bei seinem Antrittsbesuch spuckte er auf das Porträt von Halldór Laxness, schnappte sich eine Flasche Chivas Regal von Jón und rannte schnell davon, der Gemeindevorsteher laut rufend hinter ihm her. Beim zweiten Mal kam er gemeinsam mit seinem Bruder; da hatte sich Jón wegen seines neuen Parketts seit geraumer Zeit höchst merkwürdig angestellt. Irgendwo habe ich diese beiden Besuche schon einmal beschrieben, den zweiten mit einigen unnötigen Übertreibungen. Jetzt ist Þórður zum dritten Mal erschienen.

Was für ein Trauerspiel werden die Schicksalsnornen diesmal spinnen?

Der Gemeindevorsteher erwacht erst in seinem Bibliothekszimmer im Keller wieder aus einem Anfall von Panik, nachdem er das Bild von Halldór abgenommen und versteckt hat (so gut, dass es erst nach einer Woche wiedergefunden werden sollte). Als seine bessere Hälfte Arnfríður nach unten kommt und ihn zur Rede stellt, weshalb er davonlaufe und ob er Þórður etwa nicht begrüßen wolle, was das denn für Manieren seien, da antwortet Jón verschreckt, dass von diesem Mann nur Schwierigkeiten zu erwarten seien.

Arnfríður: Habt ihr euch denn nicht auf der Versammlung im Sommer prima vertragen?

Jón: Prima? Wir haben uns geprügelt!

Arnfríður: Ja, aber doch nur im Guten.

Jón: Im Guten, sagst du?! Er hat mir an beiden Händen dermaßen den kleinen Finger verrenkt, dass ich sie tagelang nicht bewegen konnte. Verdammt prima!

Arnfríður: Und hinterher habt ihr euch in den Armen gelegen.

Jón: Das hat überhaupt nichts zu bedeuten. Ich war sternhagelvoll, und da macht man sich leicht zum Gespött, vertraut anderen kostbare Dinge an, für die man am nächsten Tag ausgelacht wird.

Arnfríður: Ich verstehe dich nicht.

Jón: Ich mich auch nicht. Wie konnte mir nur diese Demütigung unterlaufen, diesem Mann kostbares Gut anzuvertrauen, Heiliges, könnte ich fast sagen. Das war nicht nur Dummheit, das war Verrat.

Arnfríður: Wovon faselst du eigentlich?

Jón: Ich hatte den Kanal randvoll. Ich habe ihm vom Berg und von der Dichtkunst erzählt und damit das Heiligste in mir in den Schmutz gezerrt. Jetzt hat er es sicherlich überall breitgetreten, gröblich verzerrt, natürlich, und hängt mir irgendwelche Spottnamen an.

Hör doch auf!, sagt seine Frau, Þórður ist nicht der Mann, solche Dinge zu missachten.

Wohl, sagt Jón.

Ach, das bildest du dir ein. Du hast schon immer übertrieben, wenn Þórður irgendwo beteiligt war. Ich gehe jetzt und bitte ihn zum Kaffee ins Wohnzimmer.

Jón, entrüstet: Ins Wohnzimmer?!

Arnfríður: Und wenn du dich noch mehr blamieren willst, dann verkrieche dich nur weiter hier unten. Deine Sache.

Þórður Jónasson von Karlsstaðir zu Besuch auf Fell. Er sitzt auf dem vornehmen roten Sofa. Der große, mit Schnitzereien verzierte Wohnzimmertisch ist mit Plätzchen und Kuchen voll gestellt, Jaja, so ist das, sagt die Hausfrau ab und zu. Sie sitzt in einem der Sessel, die dem Sofa gegenüberstehen. Auch die Sessel sind rot und ausladend und breiten die Lehnen aus, als wollten sie der ganzen Welt Platz anbieten. Ja, so ist das, sagt sie und stellt eine simple Frage, über die man leicht ins Gespräch kommen kann. Greif doch tüchtig zu, fordert sie Þórður auf und fragt zum zweiten Mal, ob sie Jón holen solle, obwohl er ohnehin sicher gleich kommen werde.

Jón kommt, wann er will und wenn er will, murmelt Þórður. Er sitzt in der Mitte des Sofas, das so groß ist, dass der untersetzte Karlsstaðirbauer darin wie ein kleiner Junge wirkt.

Arnfríður, leise, aber entschieden: Gast bleibt Gast, und man hat sich um ihn zu kümmern, was auch sonst vorgefallen sein mag.

Þórður erwidert nichts, trinkt eine Tasse Kaffee nach der anderen und nascht von dem Gebäck. Arnfríður sagt etwas, steht dann auf, geht aus dem Zimmer, und da sind beide Sessel leer und Þórður befindet sich allein im Raum. Rechts neben dem Sofa steht ein alter, dunkler Bücherschrank. Er ist ebenso hoch wie Þórður, der aufgestanden ist und den Blick über die Buchrücken wandern lässt. Die meisten Bände sind in Leder gebunden, und als Gemeindevorsteher Jón endlich auftaucht, sitzt Þórður auf dem Sofa und liest in Ebenezer Hendersons *Reisebuch*.

Jón lässt sich in dem Sessel nahe dem Fenster nieder und schaut nach draußen. Es vergeht einige Zeit. Þórður liest in Henderson, Jón guckt aus dem Fenster. Der Ausblick ist auch recht ansehnlich. Der Hof steht am Abhang des Berges, und wenn Jón in diesem Sessel sitzt, blickt er gleichsam aus der Höhe über die Gemeinde. Die Hauswiese von Fell ist erst stark abschüssig, breitet sich dann aber bis zum Fluss hin aus, der durch das Gelände schneidet und stets auf dem Weg zum Meer ist. Jenseits des Flusses erheben sich die Berge über Tunga, Hóll und Hnúkar, und in der Ferne dahinter ragen die Hellen Berge auf. Sie reichen bis an den Himmel.

Arnfríður kommt mit frischem Kaffee und geht wieder. Jón schaut nicht länger aus dem Fenster, sondern auf das große Gemälde, das über dem Sofa hängt und Fell samt Umgebung zu Beginn des letzten Jahrhunderts zeigt. Jón betrachtet es derart eingehend, als hätte er es noch nie gesehen.

Ach ja, ertönt es plötzlich vom Sofa.

Jón kreuzt die Arme, wendet den Blick erstaunt vom Bild auf Þórður, als käme jetzt als Nächstes: Was, du hier?

Þórður legt das Buch beiseite, streicht noch einmal mit der Hand darüber und sagt dann: Ich habe übrigens etwas mit dir zu besprechen.

Jón: Was du nicht sagst.

Þórður: Doch. Habe ich.

Jón: Ein Anliegen. Sieh mal an.

Þórður: Jawohl.

Dann schweigen sie. Jón gießt sich Kaffee ein, Þórður hat die Augen geschlossen und scheint eingeschlafen zu sein. Von draußen dringen die Radionachrichten herein, doch was interessieren uns die Ereignisse in der Welt, wenn sich zwei Großmächte feindselig gegenübersitzen und sich das Schweigen zwischen ihnen womöglich in einem hitzigen Gefecht entladen wird.

Þórður schlägt die Augen auf: Es geht um Starkaður.

Jón, etwas überrascht: Wie? Was ist mit ihm?

Þórður: Was meinst du?

Jón: Was ist mit Starkaður?

Þórður, spitz: Nichts ist mit ihm. Es geht um ihn. Er ist das Anliegen.

Jón: Ach ja, das Anliegen. Du hast ein Anliegen an mich.

Þórður: Das habe ich doch schon gesagt.

Jón: Nein. Das war vielleicht vor zehn Minuten oder einer Viertelstunde, aber dann bist du auf dem Sofa eingenickt. Jetzt wachst du wieder auf und sagst übergangslos »Es geht um Starkaður«. Wie soll man dir da folgen? Du hast anscheinend noch nie eine verantwortungsvolle Position bekleidet, die so etwas wie Gesprächsleitung erfordert. Da lernt man, klar und systematisch zu formulieren.

Þórður: Davon habe ich keine Ahnung. Aber mein Anliegen war, mit dir über Starkaður zu reden.

Jón: Starkaður?

Þórður: Ja, Starkaður.

Jón: Starkaður. In Ordnung.

Þórður starrt den Gemeindevorsteher mit einer Miene an, als würde er seinem Gastgeber am liebsten an die Gurgel gehen. Jón gähnt. Þórður gießt sich Kaffee in die Tasse. Er hat inzwischen bestimmt einen ganzen Liter getrunken, ohne schon einen Tropfen davon weggebracht zu haben. Er schüttet die Tasse randvoll, trinkt aber nicht ab, sondern blickt auf, guckt mit angestrengtem Gesicht vor sich hin, ohne etwas Bestimmtes anzusehen, und beginnt zu reden.

Er spricht von der Bezirkschronik, dem Werk, das Leben und Tod der Gemeinde enthalten wird. Das sind große Worte, aber Þórður weiß, dass dieses Projekt Starkaðurs unterschiedliche Talente endlich in ein Fahrwasser leiten wird; es wird seinen Ernst und seinen Humor vereinen, seine Fantasie und seine Akkuratesse, seinen Eifer und seine Umsicht. Þórður sagt, sein

Bruder habe jede Menge Informationen zusammengetragen; Beschreibungen alter Arbeitstechniken, die Geschichte jedes Gehöfts, Erklärungen der Ortsnamen, Geschichten von übernatürlichen Erscheinungen, Suchaktionen unter schwersten Bedingungen, auffälliges Verhalten der Tiere. Þórður ist der Ansicht, nach Durchsicht alter Dokumente und eingehenden Gesprächen mit den ältesten Mitbewohnern verfüge Starkaður über Einsichten, die das tägliche Leben bis weit in das letzte Jahrhundert zurück beleuchten könnten. Darüber hinaus habe ihm der Apostel vor kurzem Bruchstücke eines Tagebuchs ausgehändigt, das der Ururgroßvater des Gilsstaðirbauern in den Jahren 1781 bis 1799 führte. Mit dessen Hilfe sei Starkaður jetzt in der Lage, den Alltag vor 200 Jahren zu rekonstruieren, und das in dieser Gemeinde.

Stell dir das mal vor, Jón, 200 Jahre Alltagsleben erstehen vor uns in den Worten Starkaðurs!

Þórður schaut dem Gemeindevorsteher gerade in die Augen und sagt, sein Anliegen sei es, die Veröffentlichung der Bezirksbeschreibung zu sichern. Er habe sich gedacht, er und Jón sollten Starkaður finanziell unterstützen, damit er den Winter über ungestört an dem Werk arbeiten könne, Jón solle dafür sorgen, dass die Gemeinde die Kosten der Publikation übernehme, und – das Wichtigste im Moment – die Vorurteile ausräumen, die das Vorwort ausgelöst habe; Vorurteile, die verhinderten, dass Starkaður von den Leuten weitere Auskünfte erhielt.

Damit ist Þórður fertig, schlägt die Arme übereinander und wartet auf eine Antwort. Er hat lange gesprochen, es beginnt schon dunkler zu werden, die Helligkeit im Raum nimmt ab, die Dämmerung verwischt die Konturen der Berge. Jón sitzt im Sessel und ist sprachlos. So hat er Þórður oder einen anderen aus der Karlsstaðir-Sippe noch nie reden hören. Jón Jónsson, Gemeindevorsteher und Bauer auf Fell, sitzt in seinem Wohnzimmer und ist schlichtweg platt. Auch ein wenig durcheinander und weiß nicht so recht, was er davon halten soll. Dann platzt es fast ein wenig unvorsichtig aus ihm heraus, dass er sich vor noch gar nicht langer Zeit selbst freiwillig erboten habe, Starkaðurs erste Schritte auf seiner Dichterlaufbahn zu finanzieren, aus eigener Tasche, sie in Leder binden zu lassen und so weiter, ein aufrichtiges Angebot, aber dem habe Þórður ja entgegengewirkt, ja, Þórður habe auf sein aufrichtiges Angebot gespuckt. Gespuckt hast du auf mein aufrichtiges Angebot, sagt Jón und ist jetzt wütend; er spürt, wie ihn der Zorn am ganzen Körper heiß macht, wie er seine Worte auflädt und zugleich verzerrt, aber das ist Jón jetzt ganz egal, denn Þórður hat auf sein aufrichtiges Angebot gespuckt und es in den Augen vieler suspekt gemacht.

Jón: Und trotzdem war ich noch so blind, dir mir heilige Erinnerungen anzuvertrauen. Ich war angetrunken und habe dir wichtige Dinge enthüllt, Dinge, die so kostbar und zerbrechlich sind, dass sie sofort entweiht werden, wenn man sie dem Falschen mitteilt. Und jetzt machst du dich in der ganzen Gegend über mich lustig, du spuckst auf alles, was ich sage oder tue, du spuckst sogar darauf.

Þórður: Nein, das stimmt nicht.

Jón: Natürlich stimmt das.

Þórður schüttelt verwundert und unwillig den Kopf: Das ist pure Einbildung, dass ich mich überall über dich lustig machen soll, und wenn du deine Berufung zur Dichtung oben auf dem Berg meinst, so habe ich niemandem auch nur ein Wort davon erzählt. Mir ist völlig schleierhaft, wer dir den Floh ins Ohr gesetzt hat, ich bin doch kein Lump, ich respektiere, was Respekt verdient, und nenne den einen Drecksack, der auf der Aufrichtigkeit eines anderen herumtrampelt.

Jón: Willst du damit leugnen, auf mein aufrichtiges Angebot gespuckt zu haben?

Þórður: Furchtbare Empfindlichkeiten sind das! Du hast nun mal von moderner Dichtung keine Ahnung. Das ist keine Beleidigung, sondern eine Feststellung. Was die Bezirkschronik angeht, ist das etwas völlig anderes, da hast du ein Heimspiel, da kennst du dich aus. Ich streiche dir keineswegs Honig um den Bart, das ist nicht meine Art und das solltest du wissen. Aber es ist einfach Tatsache, dass du mir in Bezug auf die Bezirksbeschreibung einiges voraus hast. Du kannst Ideen unter die Leute bringen und sie auch umsetzen; du bist vermutlich der Einzige, der die Vorurteile ausräumen und den Gemeinderat dazu bringen kann, die Ausgabe zu finanzieren. Du bist auch derjenige, der die Energie und den Willen aufbringt, Starkaður zu unterstützen und ihm die Ruhe zum Arbeiten zu sichern. Wenn du nur willst, kann dein Einsatz mehr bedeuten als meiner. Jón, hier hast du mein Anliegen. Denk gut darüber nach, denn es liegt wahrscheinlich in unserer Verantwortung, in deiner und meiner, ob wir eine Bezirksbeschreibung bekommen, die sowohl Fakten wie Poesie enthält. Übertreibungen wie bescheidenes Maß. Du weißt, wie es damals mit der Volkszählung hier gegangen ist. Sie ging schief wegen der Sturheit zweier Männer, meines Urgroßvaters und deines Großvaters, sie hatten nicht die Stärke, sich über ihre eigenen Befangenheiten hinwegzusetzen. Sie begriffen nicht, dass man manchmal am weitesten kommt, wenn man unterschiedliche Ansätze zusammenspannt. Können wir zwei die Berge beiseite setzen, die uns trennen, sind wir Manns genug, uns über unsere eigenen Schwächen zu erheben, unsere Begrenztheiten zu überschreiten, unsere Sturheit und Uneinigkeit hinunterzuschlucken?

Philosophische Spekulationen über die Zeit

Es ist November, und das Licht bröckelt an beiden Enden des Tages ab. Jeden Morgen erwache ich zur Stallarbeit, zu den Kühen, die die Welt durch beschlagene Scheiben sehen und durch die geöffnete Tür, und sie riechen den Duft des Tages in meinen Kleidern. Den Geruch des Winters. Auf Karlsstaðir ist alles wie sonst, nur Starkaður wohnt jetzt in der Ortschaft. Aber Þórður und Salvör sind da, Sæunn und der kleine Jónas, der nicht länger ein verstandloses, sabberndes Wesen im blauen Strampelanzug ist, sondern schon kräftig die Zunge rausstrecken kann, die eigenen Zehen umklammert und fast täglich seinen Horizont erweitert.

Doch es können Tage vergehen, ehe der alte Jónas mal wieder aus seinem Zimmer kommt, wo er im Lichtkegel der Lampe hockt, in Büchern schmökert, vor sich hin blickt, während sein Verstand zwischen Gegenwart und Vergangenheit umherirrt. Drei- bis viermal täglich gehe ich zu ihm hinein, weiß aber nie, was für ein Tag mich drinnen erwartet, ob es ein Sommertag in den zwanziger Jahren ist, ein Herbsttag in den Fünfzigern oder einfach nur der heutige. Die Tür zu Jónas' Zimmer war daher so etwas wie ein Zeittor, und wer über die Schwelle trat, konnte unversehens in einem längst vergangenen Tag landen. Natürlich gibt es wissenschaftliche Begriffe für derartige Zustände, Altersdemenz, Alzheimer, aber vielleicht sind sie auch etwas völlig anderes, Risse in dem Gefängnis von Vorstellungen, in denen wir meist befangen sind. Sehen wir also genauer hin. Hier sitze ich, draußen treibt Schneeregen vor einem kräftigen Südostwind, es ist ein Montagmorgen im Januar 1999. Einmal, und das ist nicht lange her, lag ein Schleier von »Weltende« über dieser Jahreszahl. Doch jetzt ist heute einfach nur heute, kein Weltuntergang, sondern Alltag. Das bringt mich auf komische Gedanken, etwa über den Jahreswechsel. Ein neues Jahrtausend, Bilanzen ziehen und viele Feierstunden. Aber worüber soll man überhaupt nachgrübeln? Es gibt keine Jahreswechsel, sie sind Fiktionen. Es gibt nur die Zeit, die verstreicht. Jahre und Jahrhunderte sind Ideen, die wir der Zeit übergestülpt haben, damit ihre Größe und Unendlichkeit uns nicht lähmt, damit wir sie ertragen können.

Damit wir uns selbst in der unendlichen Weite der Zeit ertragen können.

Ich will nicht den Faden der Erzählung in den Sümpfen philosophischer Spekulation verlieren; ich bin ein einfacher Mann und kaum mehr als ein Kater im Bärenfell, wenn es um Philosophie geht, aber da ist diese Sache mit der Zeit. Hier sitze ich im Januar 1999 am Stadtrand und befinde mich doch zugleich auch in der guten Stube von Fell vor gut zwanzig Jahren, und Þórður hat gerade über den Alltag im 18. Jahrhundert gesprochen.

Drängt es sich da nicht auf, dass mehrere Zeiten gleichzeitig existieren?

Aber wie geht es weiter?

Konnten Þórður und Jón ihre Grenzen überschreiten oder blieb die Versöhnung im Trotz stecken. Endete der Besuch in lauten Schimpfworten, stürmte Þórður zur Tür hinaus, ließen die beiden Großmächte die Bezirkschronik im Ungewissen zurück? Wie reagierte Jón auf Þórðurs Appell? Oder wie Sam, der gesehen hatte, wie Þórður nach Fell hinauffuhr, sagte, als die Familie von Tunga am Abend nach Karlsstaðir kam: Jaja, Þórður, dann mal raus mit der Sprache!

Der Gemeindevorsteher unterstützt die Bezirkschronik

Minuten verstreichen, und Jón sagt keinen Ton. Þórður beugt sich vor, stemmt die Hände fest auf die Schenkel, als bereite er sich darauf vor, plötzlich aufspringen zu müssen. Jón neigt sich immer weiter vor und scheint zeitweilig fast vornüberzufallen, doch dann erhebt er sich langsam, geht zu dem hohen Schrank, öffnet ihn, die linke Hand verschwindet darin, dann die rechte, mit einer Flasche Whisky und zwei Kristallgläsern kommen sie wieder zum Vorschein. Jón kommt damit an den Tisch, schenkt die Gläser ein Drittel voll und reicht eins davon Þórður.

Das ist schottischer Malt Whisky, sagt Jón.

Ich mag die Schotten, sagt Þórður und erhebt sich ebenfalls.

Dann stoßen sie miteinander an, und der reine Klang der Kristallgläser füllt den Raum.

Das ist die Geschichte, wie Jón und Þórður auf Karlsstaðir zum ersten Mal etwas gemeinsam anpackten, und das geschah wegen Starkaður, der in einem gelben Haus sitzt und alles für die Beschreibung des Bezirks gibt.

Am Tag nach dem Treffen auf Fell beendet Gemeindevorsteher Jón Jónsson sein Schweigen und lässt öffentlich verlauten, in halbwegs zivilisierten Ländern hätte man Starkaður längst mit Lob und Ehrungen überhäuft, ihm den Dichterlorbeer aufgesetzt und ihm für die nächsten fünfzig Jahre ein Auskommen gesichert, das verhindere, dass sich der Flug des Geistes durch kleinliche finanzielle Sorgen gefesselt sehe. Weiter sagt der Gemeindevorsteher, es sehe uns mal wieder ähnlich, dass wir einen Dichter gering schätzten, der Farbe in die Welt bringe, und dass wir vor Schüchternheit sterben würden, wenn uns ein Dichter in sein Buch aufnehmen wolle. Aber, liebe Leute, sagt Jón, das ist doch ein Anlass, den wir feiern sollten. Dann erklärt Jón, er und andere brave Menschen hätten vor, Starkaður materiell zu unterstützen, bis die Bezirkschronik das Licht der Welt erblicke, und er würde sich dafür verwenden, dass die Gemeinde die Ausgabe finanzieren solle und zwar so, dass sie sich sehen lassen könne. Das alles verkündet Jón und lässt es nicht bei leeren Worten bewenden, sondern gibt einem jungen Schafsbock einen neuen Namen: fortan heißt er nicht mehr Umbi[8], sondern Starkaður.

Höher kann man auf Jóns Hof nicht steigen; das wissen alle. Die Entscheidung des Gemeindevorstehers ist damit offenkundig und zeigt Wirkung. Skeptiker und Unentschlossene lassen von ihrer Kritik ab, verschließen die Ohren vor den Einwänden Björns auf Hnúkar und seiner Behauptung, die Leute sollten nicht mit einer allgemeinen und wahrheitsgetreuen Beschreibung des Bezirks rechnen, sondern sich lieber darauf einstellen, am Ende mit einem verzerrenden Sammelsurium von unseriösen Übertreibungen dazusitzen, völlig unnütz aufgrund mangelnder Voraussicht und fehlenden Verständnisses für die Zukunft. Einige Tage lang scheint sich das Leben der Gemeindebewohner um die Bezirkschronik und den Dichter im gelben Haus zu drehen.

---

[8] Umbi: Umboðsmaður Biskupsins, »Gesandter des Bischofs«, wird der Erzähler in Laxness' Roman *Seelsorge am Gletscher* (dt. auch *Am Gletscher*) genannt.

Hier folgt die Geschichte, wie der Dichter seinen Arbeitsfrieden verlor und wie er ihn wiederfand

Es ist noch immer November. Starkaður sitzt im gelben Haus und arbeitet emsig, will jede Sekunde nutzen, die ihm die Zeit spendiert. Deshalb kommt es ihm eher ungelegen, als die Gemeindemitglieder in der Folge von Jóns Aufruf anfangen, ihn zu besuchen; manche kommen sogar täglich vorbei. Die ersten zwei Tage freut sich Starkaður natürlich, doch dann nehmen die Störungen so zu, dass selbst er seine eiserne Konzentration verliert, unwillig und allmählich sauer wird und es bedauert, das Vorwort überhaupt verschickt zu haben, anstatt leise und ungestört in seinem Winkel zu sitzen und zu arbeiten. Aber hatte er überhaupt eine andere Möglichkeit, als seinen Gemeindenachbarn Einblick in sein Werk zu geben, in ihr Werk?

So fragt sich der Dichter, während ihm die Gefolgsleute Jóns die Tür einrennen, um sicherzugehen, dass auch ja nichts vergessen wird. Ihnen ist noch eingefallen, an dies zu erinnern und auf jenes zu pochen, oder hat Starkaður womöglich das übersehen? Anmerkungen, Fragen, Ratschläge prasseln auf den Dichter ein, die meisten sicher gut gemeint, bis auf die zwei, drei Male, wo Leute von Björn kommen und Beschimpfungen und Drohungen ausstoßen. Doch ob nun im Guten oder im Bösen, stören diese ständigen Besuche die Konzentration und bedrohen die Arbeitsruhe. Bedrohen sie nicht nur, machen sie rundweg zunichte. Das ist nicht gut, denn der Dichter hat Kaffee in der Kanne, Zuckerstücke in der Dose, und die Schaffensfreude pulst ihm in den Adern – doch da setzt der Strom ein. Bis zu zehn Besuche am Tag, und manche kleben stundenlang auf ihrem Stuhl und überhäufen ihn mit Einzelheiten über Schafzucht, mit Erklärungen, wie das einzig wahre Weihnachtstortenrezept auszusehen habe, dass jemand versessen auf Buchweizengrütze sei, es eine verdammte Lüge sei, dass man schnarche. Verbirgt sich zufällig eine gute Geschichte in diesem Inferno der Kleinigkeiten, dann wird sie für gewöhnlich so langatmig erzählt, als müsse der Erzähler erst jedes Wort einzeln aus sich hervorkramen, jede Antwort wird dreimal überlegt, der Dichter mit bedeutungsvollen Blicken eingedeckt, und die quälend lange Geschichte endet mit den Worten: Natürlich stehe es dem Berichterstatter nicht an, zu entscheiden, was am Ende in die Bezirkschronik aufgenommen werde, aber um diese Erzählung würde man wohl schwerlich herumkommen, ob der Dichter sie vielleicht schriftlich haben wolle, es verhalte sich nämlich zufällig so, dass der Berichterstatter die entsprechenden Papiere draußen im Auto habe. Warte, ich hole sie eben. Auf den Widerspruch Starkaðurs wird gar nicht gehört, sondern man läuft eben zum Wagen hinaus und holt die zehn dicht beschriebenen Seiten, auf denen die Erzählung vor Detailbesessenheit nicht zum Luftholen kommt. Aber lieber Freund, das sind doch keine Umstände, was tut man nicht alles zum Wohl der Gemeinde, sagt der Besucher und lässt am Ende noch die Bemerkung fallen, er hielte es für das Beste, wenn die Geschichte vollständig und in der eingereichten Form veröffentlicht würde. Ruf mich, wenn du willst, dass ich es noch einmal durchgehe!

Es ist November, und so vergehen die Tage; zwei Wochen.

Zwei Wochen, und Personen erscheinen über den breitgetretenen Seiten, äußern ihre Ansichten und lenken den Dichter von der Arbeit ab, ertränken ihn in Kleinkram, und manche drohen ihm sogar tätliche Übergriffe an.

Zwei Wochen, die dritte bricht an. Es ist früh am Morgen.

Der Dichter hockt über der Zeitung und fürchtet den ersten Besuch des Tages.

Sich einzuschließen, die Vorhänge vorzuziehen und nicht zu antworten, bringt auch nichts, denn dann wird ans Fenster geklopft, Sturm geklingelt, gerufen, Lippen tauchen im Briefschlitz auf und rufen seinen Namen. Nein, besser, man bringt es hinter sich. Doch als Ilka zum Mittagessen kommt, läuft der Dichter auf und ab und versteht die Welt nicht mehr: Es ist niemand gekommen. Sicher, es ist ungemütliches Wetter, Schneeregen und Windstärke 5-6, aber vor ein paar Tagen herrschte blindes Schneetreiben, und da tauchten zwei schon vor Mittag auf. Am Wetter kann es also kaum liegen. Starkaður begreift nicht, was los ist.

Bist du denn nicht froh?, fragt Ilka.

Doch, er ist froh, natürlich, gewissermaßen, aber er versteht es einfach nicht, kann sich jetzt vor Ungewissheit und auch aus banger Vorahnung nicht konzentrieren: Warum kommt niemand? Was braut sich da zusammen?

Dann ist die Mittagszeit vorbei, Ilka geht wieder zur Arbeit, der Dichter bleibt daheim und fixiert die Haustür. Keiner kommt.

Es kommt niemand, stellt Ilka am nächsten Tag mehr fest, als sie fragt.

Nein, antwortet der Dichter, völlig unbegreiflich.

Das findet Ilka überhaupt nicht. Wieso?

Na ja, sagt sie, draußen vor der Tür steht Guðmundur auf Hamrar. Ich sah gerade noch, wie er in Deckung ging, als ich den Hügel herabkam.

Der Dichter tritt vor die Tür, und draußen steht Guðmundur in pladderndem Schneeregen. Was machst du denn hier?

Ich hatte vor ein paar Tagen die ersten Anzeichen einer Grippe, und da hilft es am besten, wenn man sich vom Schneeregen das Schwächeln austreiben lässt.

Und was machst du sonst noch hier, außer dich von Schnee und Regen bestrafen zu lassen?

Man muss doch nicht andauernd etwas tun. Ist gar nicht gut fürs Herz, wenn man dauernd irgendwo eingespannt ist.

Aber warum stehst du ausgerechnet hier herum und nicht zu Hause auf Hamrar?

Weil manchmal Leute kommen.

Und?

Sie behaupten, etwas von dir zu wollen.

Etwas von mir zu wollen?

Du hast doch zu tun, oder?

Ja.

Dachte ich mir.

Du schickst die Leute also weg.

Genau.

Was sagst du ihnen?

Och, dies und jenes.

Wie zum Beispiel?

Einige gehen auch gleich wieder.

Aber nicht alle.

Fast alle.

Und was, wenn mich jemand unbedingt sprechen will?

Das kam praktisch nicht vor, denn da stand Guðmundur im Weg und sagte, es wäre ganz bestimmt nicht nötig, den Dichter jetzt zu stören. Sämtliche Anliegen könnten für eine Weile warten; wenn nicht, könne er, Guðmundur, etwas ausrichten.

Hast du mir etwas auszurichten, fragt der Dichter.

Ja, aber ich weiß nicht mehr, was.

Starkaður: Wie wär's mit 'nem Kaffee?

Nein, nein, lass dich durch mich nicht abhalten, sagt Guðmundur und schiebt den Dichter halbwegs durch die Tür zurück ins Haus. Mit Müh und Not akzeptiert er, dass ihm Ilka einen Becher bringt.

Aber reich ihn durchs Fenster und sieh zu, dass der Junge bei der Arbeit bleibt, es geht schließlich um die Bezirkschronik.

Eine ganze Woche stand Guðmundur vor dem Haus, groß und stark, von fast riesenhaftem Wuchs, und das Interesse der meisten, Starkaður mit Anekdoten, Geschichten und Wünschen heimzusuchen, ließ merklich nach. Manche schickten ihre Mitteilungen mit der Post, aber das war ja auch in Ordnung. Eine ganze Woche, und niemals ließ Guðmundur sich von Starkaður Kaffee bringen, verbot seinem Freund, an die Tür zu kommen und ein Schwätzchen zu halten, dazu sei später noch Zeit, jetzt aber gehe es um die Bezirkschronik. Eine ganze Woche ging ins Land, und jedes Mal, wenn Starkaður, gut hinter der Gardine verborgen, auf die Straße spähte, stand der Hamrarbauer unverrückbar auf seinem Posten, mit einem ziemlich grimmigen Gesichtsausdruck, und beantwortete nicht einen Gruß der Nachbarn, die vorübergingen, redete mit niemandem, außer mit Ilka und dem Polizisten Þorvaldur. Mit dem wechselte Guðmundur gern ein Wort, denn es konnte keinesfalls schaden, diesen Mann in seiner Autorität ausstrahlenden Uniform an seiner Seite zu haben. Da würde es garantiert niemand darauf anlegen, den Dichter zu stören. Außerdem war es kein Nachteil, dass Þorvaldur einer der Wenigen war, der etwas vom Nationalsport Glíma verstand.

So kam es, dass manchmal, wenn Starkaður hinter der Gardine verborgen auf die Straße linste, diese beiden Männer in bitterem Frost draußen vor dem gelben Haus standen und sich über isländisches Ringen unterhielten.

Das war die Geschichte, wie Starkaður seinen Arbeitsfrieden verlor und wie er ihn wiederfand.

Hier breche ich die Erzählung ab und bekenne freimütig meine Unfähigkeit

Vier oder fünf Jahre sind jetzt ins Land gegangen, seit ich damit begann, diese Gemeindechronik zu schreiben, und manches ist ganz anders geworden, als ich es mir vorgenommen hatte. Man meint, es sei so einfach, die Nacherzählung von Ereignissen aufzuschreiben, es ginge nur darum, anzufangen und dann irgendwo aufzuhören. Und ich legte los. Erzählte, wie Guðmundur auf Hamrar sturzbetrunken durch die Gegend ritt, und nur weil er ein Kerl wie ein Troll war, glaubten die Leute, ein mehrtägiges Besäufnis würde ihn gleich zu einem Gewalttäter machen. Danach wollte ich noch die eine oder andere Episode hinzufügen, und dann wäre die Geschichte komplett, käme als Buch heraus, und finito. Aber schon bald stolperte ich über die Frage, was ich denn erzählen und was ich auslassen sollte. Ich beantwortete sie ganz nach Gutdünken: erzähl, was dir gefällt, verschweige den Rest. Zu Anfang war ich mit diesem Motto ganz zufrieden, denn da war mir noch nicht klar geworden, dass es in der Natur gewisser Ereignisse liegt, zum Wort zu drängen, und versucht man sie außen vor zu lassen, bröckelt die ganze Story, so als wenn der Maurer vergisst, Bindemittel in den Mörtel zu rühren. Hier an dieser Stelle wollte ich zum Beispiel lang und breit von der Auseinandersetzung in der Adventszeit berichten und hatte mich entschlossen, einfach von der Tatsache abzusehen, dass ich (der Junge und Erzähler) zwei Tage vor ihrem Ausbruch zurück in die Stadt fuhr und dort gleich auf einem Schiff der Küstenwache anheuerte und dass ich erst ein halbes Jahr später in die Gemeinde zurückkehrte. Warum sollte ein so unbedeutender Umstand auch erwähnt werden, der den Fluss der Erzählung nur unterbricht und aufhält. Ich spielte doch gar keine Rolle in der Gemeinde, war im besten Fall ein kleiner Satellit in Starkaðurs Schatten, und das Licht strahlte von ihm aus. Aber es kam, wie es kommen musste: Ich verschwieg meine Abwesenheit, und die Geschichte zerbröckelte mir unter den Händen.

Jetzt könnte ich mir natürlich erneut den Maurer zum Vorbild nehmen und einfach neuen Speis anrühren, aber dazu fehlen mir Geduld und Ausdauer – und vielleicht auch das Können. Außerdem möchte ich meine Reise allmählich zum Ende bringen, zur Begegnung mit dem, was »Der Sommer des geheimnisvollen Besuchers« genannt worden ist. Jedenfalls folgt hier jetzt der bruchstückhafte Bericht vom Streit in der Adventszeit.

Advent

An einem Abend zu Beginn der Adventszeit geht Sam von Tunga nach Hnúkar hinüber. Er hat einen großen Vorschlaghammer bei sich und nimmt den geraden Weg über seine eigene Hauswiese und dann über die von Hóll. Er weicht nicht von der geraden Linie ab, steigt über Zäune und Gräben, überquert eine sumpfige Stelle, immer geradeaus, und macht nicht Halt, ehe er die Reihe meterhoher Laternenmasten erreicht, die rechts und links der Auffahrt nach Hnúkar aufgerichtet wurden, gut zwanzig an der Zahl. Langsam, aber unerbittlich hebt Sam den Hammer und legt zwei Masten um. Dann geht er heim. Einmal dreht er sich noch um und grinst, denn es sieht ganz so aus, als hätte die Dunkelheit Björns große Lichterkette durchgebissen.

Sam erklärt sein rätselhaftes Verhalten

Oder ist es etwa nicht rätselhaft, an einem dunklen Abend mit dem Vorschlaghammer über Wiesen zu marschieren und Lampen zu zerdeppern? Und nicht mit zaghaften Hieben. Sam hat die Pfosten zu Spänen verarbeitet, am folgenden hellen Tag boten sie zwischen ihren stehen gebliebenen und strahlenden Brüdern einen jämmerlichen Anblick.

An diesem folgenden Tag begibt sich Sam von Hof zu Hof.

Er fährt vor, steigt aus und wartet, bis alle an die Tür gekommen sind; alle Einladungen schlägt er aus, dann bekennt er sich zu seiner Tat. Er spricht von der Tyrannei des Kunstlichts, der globalen Herrschaft der Technik, von der verlorenen Sensibilität der Menschen. Jeder solle seine Tat zu Gesicht bekommen.

Sam: Ich bin mir darüber im Klaren, dass sie als grob ungebührliches Verhalten einzustufen ist und mir wohl kaum Anhänger für meinen Standpunkt einbringen wird. Andererseits ist es auch schlimm, dermaßen der letzten Aufwallungen von Gefühl beraubt zu sein, dass man nie etwas tut, was man aus puren Vernunftgründen besser unterlassen sollte. Ich will doch sehr hoffen, dass ihr alle schon einmal etwas gemacht habt, das so wider alle Vernunft war, dass es schon fast an Irrsinn grenzte.

Dann überreicht Sam der Familie auf dem Hof ein maschinengeschriebenes Blatt und fügt hinzu, der Text solle auf seine Weise sein Verhalten erklären.

Aus dem Text auf Sams Blatt

Hoflaternen sind kleine Fäuste aus Licht, die mit Nachdruck, aber auch bescheiden verkünden, dass am betreffenden Ort Leben ist. Sie blinken vereinzelt im großen Dunkel der Nacht, ohne Anmaßung und Überheblichkeit, und beleuchten das, was sie beleuchten sollen. Sie überstrahlen nicht die Sterne und berauben die Menschen nicht der Tiefe der Dunkelheit. Sie halten sie nur soeben von der Schwelle fern und erhellen vielleicht ein wenig den Vorplatz. Wer sich aber innerlich bereichern möchte, indem er das klare Gewölbe des Sternenhimmels betrachtet oder die Weite in der tiefen Dunkelheit erspürt, der kann das ganz einfach tun, indem er sich an das Fenster auf der der Hoflaterne abgewandten Seite des Hauses stellt. Sie beansprucht keine erhöhte Aufmerksamkeit, versieht tüchtig und mit Sorgfalt ihre Aufgabe, bescheiden anzuzeigen, dass hier Leben ist.

Björns Reaktion

In Hnúkar fuhr Sam nicht vor, aber Björn bekam das Schreiben trotzdem, las es und staunte nicht wenig. Die Welt musste schon ziemlich Kopf stehen, wenn Fortschritte den Menschen plötzlich feindlich erschienen. Björn bekam den bangen Gedanken, der überaus kluge Kopf und ehemalige Weltbürger Sam könnte sich mit dem alten Torfkatendenken aus isländischer Vorzeit infiziert haben, als die allgemeine Unwissenheit noch jeder Beschreibung spottete und jegliche Veränderung als Übel betrachtet wurde. Doch Björn hoffte, dieser Teufel aus alten Zeiten werde den Tungabauern bald wieder verlassen, denn sonst würde er sich kaum im nächsten Herbst mit seinen Nachbarn gemeinsam freuen können, wenn die Sommerarbeit der lustigen Männer mit dem Pick-up ans Licht kommen sollte: Dann würde nämlich ganz Hnúkar leuchten wie ein kleiner Ort.

Und dann meinte Björn noch und wurde nicht müde, es zu wiederholen, damit es auch niemand überhörte, er hoffe doch sehr, dass jemand Sam von seinen Übertreibungen abbringe; er selbst habe ihm die zerschmetterten Lampen schon vergeben.

Vergebung. Das war Björns erste Reaktion, nachdem sich Fassungslosigkeit und Wut gelegt hatten. Er verzieh die schweren Hammerschläge und begann Sam sogar über den grünen Klee zu loben. Er sagte, »Sammi« sei verteufelt redebegabt, weitaus mehr als die meisten, die sich als Einheimische bezeichneten, bewundernswert, wie er die Sprache meistere, und seine Familie auf Tunga sei zu beneiden, dass sie täglich seinen gewählten Formulierungen lauschen dürfe, wie geschmeidig er seine Gedanken und Gefühle in Worte fassen könne. Aber leider, es widerstrebte Björn zutiefst, eine so kühle Tatsache einwenden zu müssen, leider würde Schönheit weder den Bauch füllen noch den Stall für uns ausmisten. Wenn es ernst würde, müssten wir zuweilen die Schönheit hintanstellen. Das sei eine traurige Feststellung, aber so wäre es nun mal. Björn meinte, der Dichter sei vermutlich am glücklichsten, wenn er schlafe; doch während der Dichter träume, wehe der Wind kalt in jeden Winkel. Dann zitierte er noch einen ausländischen Vers, den ihm sein verstorbener Vater oft vorgesagt habe:

Die Träume des Dichters erscheinen am Himmelsgewölbe.
Ihr anderen seht auf!

Im Herbst hatte Björn die Papiere seines Vaters durchgesehen, und dabei war ihm dieses Zitat entgegengesprungen; zu Björns größtem Vergnügen. Seitdem, behauptete er, habe er mehr an Verantwortung zu denken begonnen, denn während die einen von der Schönheit sprächen, müssten sich andere um die Verantwortung kümmern. Er kündigte an, die Kühnheit auf sich zu nehmen, das demnächst in einer Art literarischem Gleichnis zu verdeutlichen.

Björns literarisches Gleichnis

Nehmen wir einmal an, die Wirklichkeit sei ein Fahrzeug, stellen wir uns vor, sie sei ein schmucker Reisebus, bunt bemalt und mit getönten Scheiben. Darin steht nun unser Dichter von seinem Sitz auf und fordert alle auf, in den Himmel zu gucken und seine Träume zu betrachten. Das ist gut gemeint, und hoffentlich sehen alle hinauf, denn jeder braucht Schönes. Was aber ist mit dem Busfahrer? Was, wenn auch er nach oben guckt? Was, wenn er nicht nur einen raschen Blick flüchtig in die Höhe wirft, sondern wie die Übrigen gebührlich die Träume des Dichters bestaunt und alle Verantwortung fahren lässt? Stellen wir uns also vor, der Fahrer betrachtet eingehend die Träume des Dichters, vergisst die Straße, vergisst, dass er das Lenkrad hält – ehe man sich's versieht – und das ist die Wirklichkeit –, wird der Bus von der Straße abkommen und in den Abgrund stürzen. Und dann sieht es böse aus für uns, denn wer zerschmettert am Fuß eines Abgrunds liegt, hat wenig von aller Schönheit.

Und genauso ist es leider auch um die schönen Ansichten Sams bestellt. Wenn sich diejenigen, die es in ihre Verantwortung übernommen haben, die Realität einigermaßen auf Kurs zu halten, von solchen Ansichten ablenken lassen, dann geht bald alles schief. Aufgrund seiner Verantwortung ist der Fahrer vielleicht nicht immer der Beliebteste, aber das ist unwichtig, hält er nur das Steuer fest in Händen und folgt immer der Straße. Genau das versuche ich zu tun: der Straße zu folgen, die aus der Gegenwart in eine ersprießliche Zukunft führt. Aber so lange wir nur Löcher in die Luft gucken und von schönen Dingen träumen, holpert unser Bus weiterhin über die Schlaglochpisten der Vergangenheit. So viel steht fest.

So in etwa klang Björns Gleichnis. Sam schien sich hingegen entschlossen zu haben, wenig dazu zu sagen und seinen Standpunkt allein schriftlich darzulegen. In der Vorweihnachtswoche fuhr er noch einmal von Hof zu Hof und schob ein Flugblatt in die Briefkästen. Er sagte, es enthalte eine Art Manifest.

Sams Manifest

In einem Buch wird von einem Mann erzählt, der sich eine Zeitmaschine baut. Damit reist er durch die Zeit und genießt das zweifelhafte Privileg, die weitere Entwicklung der Menschheit verfolgen zu können. Er reist einige Jahrtausende in die Zukunft und sieht, wie sich die Menschheit in zwei verschiedene Arten ausdifferenzieren wird. Die eine lebt weiterhin auf der Erde, kränkelt vor sich hin und fürchtet nichts mehr als die Dunkelheit, die andere wimmelt lichtscheu durch die Eingeweide der Erde, kommt nur nach Einbruch der Dunkelheit an die Oberfläche und schnappt sich dann jedes Tagwesen, das zu später Stunde noch unterwegs ist, zieht es in den Untergrund hinab und frisst es auf.

Natürlich muss man das als Parabel verstehen. Der Autor will uns darauf hinweisen, wie es gehen kann, wenn der Mensch sich in seiner Selbstüberhebung von der Natur abwendet und nicht an das Gleichgewicht darin denkt. Eines der größten Unglücke für den Menschen ist, dass mit seinen Kenntnissen nicht auch seine Reife gewachsen ist. Der Mensch erfindet und entwickelt Dinge, die seiner Kultur und seiner Existenz schaden, ja, die das Leben selbst gefährden. Ihm fehlt die Reife, solche Entwicklungen zu stoppen, sie lassen ihn nicht los oder wecken keine Zweifel in ihm, obwohl sie aller Wahrscheinlichkeit nach Unglück über die Welt bringen werden. Der Mensch antwortet darauf, so sei nun einmal der Lauf der Dinge und der lasse sich nicht aufhalten, man dürfe es nicht einmal versuchen, denn eine der wichtigsten Aufgaben des Menschen bestünde darin, seine

Kenntnisse zu erweitern, die Wissenschaft zu perfektionieren; auf diesem Weg sei es unvermeidbar, dass auch schädliche Erkenntnisse und dubiose Entdeckungen mitgeschleppt würden. Damit müsse der Mensch leben.

Das sind die Argumente des Menschen. So riskant ist seine Unreife. Daher ist seine Existenz voller Dinge, die das Leben als solches bedrohen. Deshalb hat sich die Technik wie eine unübersteigbare Mauer zwischen ihm und der Natur auftürmen können. Björn will die ganze Gemeinde beleuchten, er sagt, Dunkelheit sei ein Relikt der Vorzeit. Ich bin nicht der Mann, zu entscheiden, was Fortschritt und was Rückschritt ist, aber ich weiß eins: Setzt sich Björn mit seinem Vorhaben durch, dann verlieren wir das wunderbare Erlebnis, durch den Abend zu fahren und die Hoflaternen zu sehen, als würden sie uns in der Dunkelheit zuzwinkern, als würden sie einem zunicken und still herübergrüßen. Es erfüllt einen mit großer innerer Ruhe. Ein Hof mit fünfzig Lampen grüßt nicht still, sondern er brüllt; er erinnert nicht leise und bescheiden an seine Existenz, sondern er trumpft auf mit Hoffart.

»... da ist es dunkel genug«

Es muss gesagt werden, dass die meisten Einwohner der Gemeinde grundsätzlich Respekt vor den Ansichten Sams haben, worum es sich auch handeln mag. Die Leute wissen nämlich, dass sie sich auf wohl überlegte Urteile gründen, die aus einer glücklichen Mischung von strengster Wissenschaftlichkeit und poetischem Empfinden hervorgehen. Die Leute wissen, dass Sam voller Wissen steckt, ein hochgebildeter Mann ist, der sich in vielem auskennt, die Materie bis in ihre kleinsten Einheiten kennt und, wenn er wollte, lange Vorträge halten könnte über Quarks und Elementarteilchen, darüber, weshalb Sonnen sterben. Man hört also auf sein Wort.

Ólafur auf Melholt dagegen gibt wenig auf ein Wissen, das man dadurch erwirbt, dass man seine besten Jahre auf der Schulbank verbummelt. Ólafur sagte, er wäre dafür, die Gemeinde zu beleuchten, seinetwegen könnten die Sterne zur Hölle fahren, er wäre sie sowieso alle miteinander leid, meist bedeutete es nur beschissene Kälte, wenn sie sich blicken ließen.

Es sahen also nicht alle Anlass, Sams hoher Gelehrsamkeit folgen zu sollen, und offen gesagt nahmen nur wenige Stellung oder sprachen in dieser Adventszeit überhaupt von Sams Vorstoß. Ich könnte mir vorstellen, seine Art war zu ungewöhnlich, und die Leute wussten einfach nicht, wie sie damit umgehen sollten. Ausgerechnet Björn dagegen ließ verlauten, er sei im Grunde mit »seinem Sammi auf Tunga« ganz zufrieden; einer so kleinen Gemeinde könne es nur gut tun, einen solchen Gelehrten in ihren Reihen zu haben, und Gelehrte würden uns normalen Menschen helfen, das hoch Abstrakte zu verstehen, auf der anderen Seite, fürchtete er, würden sie nicht immer sehen, was auf dem Boden der Tatsachen erforderlich sei. Björn war in diesen Adventstagen gut gelaunt; man solle doch nicht alles auf die Goldwaage legen, meinte er, und Sam möge es nicht übel nehmen, wenn er halb im Scherz sage, richteten wir uns nur nach den Worten der Gelehrten, dann würden wir alle dabei enden, auf der Weide mit den Kühen um die Wette Gras zu fressen. Was das kulturelle Niveau angehe, betonte Björn erneut, so könne sich die Gemeinde mit Sam, Jón und den Karlsstaðir-Brüdern durchaus sehen lassen. Hingegen bedauere er es außerordentlich, dass Sam seine schöne Rednergabe an Schwarzmalerei verschwende, Pessimismus sei das Letzte, was die Gemeinde brauchen könne, die werfe keinen Profit ab. Der Tungabauer möge uns doch erbaulichere Schriften zukommen lassen, meinte Björn. Es sei sicher gesund, gute Bücher zu lesen, aber das da? Ihm werde angst und bange vor solchen Abwegen, Menschenfresserei, um Gottes willen!, was für eine Barbarei! Da sei der Autor aber ganz schön abgerutscht. Solle man da nicht günstigstenfalls annehmen, der arme Kerl hätte einen hoffnungslosen Kampf gegen sein Übergewicht geführt und in krankhafter Verzweiflung versucht, sich auf diese Weise mit der Feder seine überschüssigen Pfunde vom Leib zu schreiben?

Doch da stieg Gemeindevorsteher Jón in den Ring und fragte, ob Björn nicht einfach einen seiner Laternenpfähle nehmen und ihn sich in den Arsch stecken wolle, da wäre es dunkel genug.

Sich einen Laternenpfahl in den Arsch stecken! Das klang erfrischend. Nun kannten sich die Leute wieder aus. Jetzt durfte man erwarten, dass der Gemeindevorsteher mit Björn Klartext reden würde. Jetzt würde man sich endlich wieder deutliche Schimpfworte um die Ohren hauen. Wunderbar!

Aber aus irgendwelchen Gründen wurde nicht so recht etwas

aus dem Vergnügen, und der Streit um Björn köchelte auf kleiner Flamme. Ich weiß nicht, warum. Vielleicht, weil der Gemeindevorsteher, als es darauf ankam, gerade mit anderen Dingen beschäftigt war, vielleicht waren die Gemeindemitglieder noch immer etwas irritiert von Sams Vorgehensweise. Schließlich war es kein alltägliches Verhalten, wenn ein Bauer mit dem Vorschlaghammer zum nächsten Hof ging und seinem Nachbarn damit die Beleuchtung demolierte, dann das Ganze ausführlich rechtfertigte und dem Ganzen mit lyrisch vorgebrachter Gelehrsamkeit am Ende sogar so etwas wie höhere Weihen verlieh. Vielleicht schläferten aber auch nur die langen Wintertage die hitzige Debatte um Björn ein. Die Zeit der langen Dunkelheit war gekommen, und der schwerfällige Schritt der Wintermonate machte alle Aufrufe zu Veränderungen zu wirklichkeitsfernem Gerede.

Doch nichts davon konnte den Dichter in seinem gelben Haus stören.

Wozu jemandem danken, der nur seine Pflicht tut?

Während sich Sam und Björn um Licht und anderes stritten, arbeitete Starkaður an der Bezirkschronik, und außer Jón kam ihn niemand stören. Dreimal wöchentlich kam er vorbei, Schlag sechs. Eine halbe Stunde später ging er. Nichts sei für einen Schriftsteller wichtiger, sagte er, als Regelmäßigkeit.

Schlag sechs pochte Jón leise mit dem Knöchel an die Tür, dann trat er demütig, doch auch voller Eifer über die Schwelle. Allerdings versuchte er, seinen Eifer zu dämpfen, denn er wollte den Dichter nicht aufregen. Bei sich hatte er drei Rollen mit Creme gefüllter Kekse von Frón, weitere drei Päckchen Butterkekse und sechs Flaschen Malz sowie ebenso viele Síríus-Riegel. Der Gemeindevorsteher wusste genau, dass Starkaður ganz wild auf Kekse war, und einem Dichter sollte man immer das Beste zukommen lassen. Das Malz, sagte Jón, sei sehr gesund für die Verdauung, und es sei für einen Schriftsteller von größter Wichtigkeit, die Magensäfte in Ordnung zu haben. Er kannte viele Fälle, in denen ein Autor vor Bauchschmerzen kaum zum Schreiben gekommen war. Da hätte ihm isländisches Malzbier sicher gut getan. Über die Síríus-Riegel solle sich Starkaður keine Gedanken machen, die seien für Ilka. Sie wäre das Haus, das Starkaður Schutz biete, das Licht, das ihm beim Schreiben leuchte, das Kraftwerk, das ihn mit Energie versorge.

So äußerte sich Jón, nicht nur zu Ilka und Starkaður, sondern auch Dritten gegenüber. Es sei nämlich wichtig, dass sich die Leute auch ihren Anteil klar machten.

Ilka ist das Haus, das Starkaður Schutz bietet.

Auch Jón konnte poetisch sein.

Er gab zu, es sei ihm gegeben, die eigene Rede mit einer winzigen Prise Poesie zu verschönern; aber wirklich nur mit einer winzigen Prise. Das reiche ihm voll und ganz; mehr wolle er gar nicht.

Es reicht mir, sagte er, meine Sprache bei vereinzelten Gelegenheiten über das Alltagsmaß erheben zu können, gerade bis zum Schuhrand und nicht so weit darüber hinaus, dass ich mich zu den Irrwegen versteigen kann, welche die Dichtkunst für die bereit hält, die nicht über deine Fähigkeiten verfügen, Starkaður. Ja, ja, sag, was du willst, deinem Talent kannst du nicht entkommen. Weißt du, was mein Freund Halldór Laxness gesagt hat, als er mich mit dem Geschenk zu meinem Sechzigsten besuchte, mit seinem Porträt? Nein, ich habe es wirklich nicht darauf abgesehen, unsere Gespräche überall breitzutreten, zu leicht könnte man mir nachsagen, ich wolle mich nur mit seinem Besuch brüsten. Deshalb, Starkaður und auch du, Ilka, habe ich wenig davon verlauten lassen, doch in mir halte ich es als leuchtende Erinnerung lebendig, als Feuer, an dem ich mich wärme, wenn trübe Zeiten herrschen. Ja, ich und Halldór haben uns über vieles unterhalten. Nicht nur über Literatur, auch über gesellschaftliche Fragen, über Politik, über Stalin und andere größenwahnsinnige Mörder draußen in der Welt. Ja, meine Liebe, mir gegenüber hat er seine Blindheit zugegeben: Man war ein Idiot, ein vollkommener Trottel, zu glauben, ein verrückter Gewalttäter könne ein großer Mann und Menschenfreund sein. So groß war Halldór in seiner Aufrichtigkeit: Ich war ein Idiot, bekannte dieser Schöpfer bedeutender Werke von sich, aber was ich eigentlich sagen wollte, und jetzt muss ich endlich zur Sache kommen, denn es geht auf halb sieben zu, und es wäre unverzeihlich, dich, Starkaður, länger von deiner Arbeit abzuhalten. Also, was Halldór damals zu mir sagte, war Folgendes:

Jón, wenn man Dichter ist, dann ist man zuerst und vor allem Dichter. Alles andere, alle großen Leistungen, die du sonst wo vollbracht zu haben meinst, sei's in der Politik, in der Landwirtschaft, im Alltäglichen oder wer weiß wo; wenn du vor deinem Ende stehst und das, was du geleistet hast, abwägen willst, ob irgendetwas davon wirklich bedeutsam ist, dann wirst du an dein literarisches Werk denken, alles andere zählt nicht. Bist du Dichter, dann wird dein Lebenswerk, dein Schweiß und dein Blut an deiner Dichtung gemessen.

So sprach der Meister, und mir gelingt es vielleicht in guten Stunden einmal, meine Sprache über das Niveau des Alltags zu heben, aber ich werde mir nicht anmaßen, sie zu Papier zu bringen, denn dann würde mein Lebenswerk kaum ins Gewicht fallen und neben den wirklich Bedeutsamen würde ich zu einem unbedeutenden Nichts. Aber ich kann meinen Hof führen, ich kann die Gemeinde leiten, da bin ich in meinem Element. Dein Bruder hat vollkommen Recht: Das Praktische ist meine Stärke, und deshalb sollten wir zusammenarbeiten, ich mit meinem praktischen Geschick und du mit deiner literarischen Ader, mit deinen reichen Talenten. Mach weiter mit der Bezirkschronik, Starkaður, und kümmere dich nicht um die Einwände anderer. Beleuchte unsere Geschichte mit dem Licht der Dichtkunst, und ich werde dir persönlich und ohne alle Umstände ein angemessenes Honorar zahlen und mich dann dafür einsetzen, dass die Gemeinde die Ausgabe veranstaltet, und dabei soll an nichts gespart werden. Nein und nochmals nein, ich höre auf keine Widerrede und auf keinen Dank, auf Dank am allerwenigsten, denn wozu sollte man mir danken, wozu jemandem danken, der nur seine Pflicht tut?

Einschub

In der Zeit, als Sam auf Tunga mit der Härte des Vorschlaghammers und der Weichheit des Gedichts die übermäßige Beleuchtung der Gegenwart dämpfen wollte, schaukelte ich über ein tristes Dezembermeer, von Seekrankheit geschüttelt und Kartoffeln schälend. Und eines Morgens, als ich wieder zu heftigem Seegang erwachte, traf mich die Überzeugung, dass die Zeit aufgehört hatte, zu vergehen, und stehen geblieben war, und ein schrecklicher Dezembertag zu ewiger Dauer geronnen war. Darin saß ich, von Seekrankheit geschüttelt, und schälte Kartoffeln. Aber es bleibt eine im Guten wie im Schlechten unveränderliche Tatsache, dass die Zeit vergeht. Dass sie vergeht und nirgends stehen bleibt. Außer in Worten.

Der Winter

Der Winter verging. Es leuchtete vor Frühling.

Die Geschichte, wie Óli auf Skógar in Verzweiflung lag

Wenn es Frühling wird, kommen die Vögel übers Meer gezogen, und die Geburt der Lämmer füllt die Stunden aus. Jeder kümmert sich um das Nötige und fragt nicht, ob gerade Tag oder Nacht ist; das Leben erhebt sich nämlich auf wackligen Füßen, und über ihm lauert der Tod. Da steht der Schlaf zurück und auch die Ruhe, aber man kann sich ohnehin fragen, wozu man schlafen soll, wenn die Symphonie des Tages verstummt und alles still geworden ist, Tau auf dem Gras liegt, Laufkäfer zwischen den Steinen krabbeln, die Spinne im Netz sitzt. Wozu dann schlafen? Wenn die Uhr vielleicht auf drei in der Nacht zugeht, eine Kuh im Schlaf stöhnt, ein Vogel im Gebüsch träumt, das Licht ganz körnig ist, und nur ihr beide unterwegs seid, der Hund und du, und ihr stillt euren Durst im Bach. Freund, sagst du zum Hund. So still kann die Welt sein, und da braucht man keinen Schlaf und hat an nichts etwas auszusetzen. Sofern man Schafzüchter ist. Da haben wir's: sofern man Schafbauer ist.

Die Geschichte

Manchmal waren sie schwer, die ersten Jahre, nachdem der Skógarbauer seine Schafe verkauft, einen neuen und größeren Stall gebaut, die Scheune vergrößert und mehr Kühe angeschafft hatte. Im Frühjahr konnte dieses Arbeitstier nämlich wegen der Tüchtigkeit seiner Nachbarn keinen Schlaf finden, und ihn brannte die Schande, dass er, während andere rund um die Uhr auf den Beinen waren, sich höchstens mal für zwei, drei Stunden hinlegen konnten, ehe sie schon wieder gebraucht wurden, dass er sich währenddessen faul im Bett fläzen konnte. Ja, während andere Tag und Nacht im Einsatz und dadurch angenehm müde waren, kam ausgerechnet dieser unermüdliche Rackerer, Óli auf Skógar, schon um neun ins Haus, hing bis zum Schlafengehen noch ein wenig herum und schlief dann volle sechs Stunden, manchmal sogar sieben. Als gäbe es nichts Wichtigeres auf der Welt als den Schlaf. Das war nicht gut, nein, das war sogar ausgesprochen schlimm, es war eine Katastrophe. Der Frühling kam, danach noch einer, und Óli auf Skógar litt jedes Mal Qualen. Sie setzten schon zeitig im März ein. Da begann er mitten in der Nacht aufzuwachen; er stand auf, schaute in den Spiegel und sah keine Tüchtigkeit in seinen Gesichtszügen, sondern schlaffe Faulheit.

Mitte April war seine Quälerei zu Selbstverachtung geworden.

Er wagte es kaum noch, jemandem zu begegnen, lange hielt er sich in der Scheune fast versteckt, saß da und drehte Däumchen, starrte in die Luft und brachte den Hund zum Schweigen, der ratlos zu jaulen begonnen hatte. Da hockten sie beide, Mensch und Hund, unglücklich in der Scheune, und es wurde Abend. Óli stand schwerfällig auf und machte sich an die Stallarbeit, versah sie aber so nachlässig, dass bei vielen Kühen der Ertrag sank. Anfang Mai wälzte sich Óli wach im Bett, das Laken knüllte sich durchgeschwitzt unter ihm zusammen, eine Muskelverhärtung in den Schultern unterband die Blutzirkulation zum Gehirn, er bekam Kopfschmerzen, verlor den Appetit, die Freude am Arbeiten, wurde von einem Workaholic zum Schlafwandler. Er wollte etwas Nützliches tun, fasste dann aber doch kein wirkliches Interesse, denn ihm kam der Gedanke, je mehr Arbeiten er erledigte, umso weniger blieben ihm noch zu tun. Was, wenn er erst wie seine Nachbarn Tag und Nacht arbeiten würde? Doch manchmal ist uns die Welt einfach nicht wohl gesonnen und zeigt uns die kalte Schulter. Es ist Frühjahr, Óli blickt sich um, und überall stecken die Leute bis zu den Ohren in Arbeit, halten bei den trächtigen Schafen Wache, sortieren die Mutterschafe aus, kämpfen um das Leben eines Neugeborenen, versuchen, ein Lamm an die Mutter zu gewöhnen, oder um es mit einem allgemeinen Ausdruck zu nennen: Man hat zu tun. Und was tut der unermüdliche Arbeiter und Milchviehbauer Óli auf Skógar unterdessen? Er liegt auf der faulen Haut und betrachtet seine Zehnägel.

Was für ein Unsinn, Óli, sagte Unnur auf Tunga zu ihm, du hast noch nie im Leben bloß deine Zehen betrachtet. Wenn irgendwer in dieser Gemeinde durch und durch tüchtig ist, dann bist du es. Aber es tut jedem gut, mal auszuspannen und es ein paar Tage ruhig angehen zu lassen. Du hältst jetzt Kühe, und bei dir muss das Frühjahr nicht die Zeit der durchwachten Nächte sein. Wir anderen sind auf, das stimmt, aber nur weil es sein muss, nicht aus eigener Tüchtigkeit. Bild' dir bloß nichts anderes ein.

So sprach Unnur zum Skógarbauern und versuchte, was sie

konnte, um ihn vom Joch seiner Selbstbezichtigungen zu befreien. Sie sagte noch einiges andere und machte sich Sorgen um Óli. Sie erkannte, dass gutes Zureden hier nicht half, man brauchte gar nicht erst mit durchdachten Argumenten zu kommen und sich einzubilden, Worte allein könnten das Problem lösen. Denn obwohl Óli sonst ein klar und verständig denkender Mann war, handelte es sich hier gerade um eine Krankheit, die seine Vernunft lahm legte; er litt einfach darunter, wenig zu tun zu haben, während andere sogar ohne Schlaf auskommen mussten und bis zu den Schultern in Arbeit steckten.

Unnur machte sich so ihre Gedanken.

Sie dachte nach und fuhr auf einen Besuch nach Skógar hinüber.

Pass mal auf, Óli!, sagte sie. Zwei Frühjahre waren unter Qualen verstrichen, das dritte näherte sich noch grässlicher als die vorherigen, doch da kam Unnur, hatte sich etwas ausgedacht und sagte: Pass mal auf, jetzt machst du Folgendes!

Zwei Tage später saß Óli auf dem Sofa in seinem Stall, und Maria Markan sang ihm vom Tonband etwas vor. Ja, er saß auf dem Sofa, mit einem Bleistiftstummel und einem Heft und schrieb:

AUFGABEN FÜR DAS FRÜHJAHR.

Dann unterstrich er es zweimal, so:

AUFGABEN FÜR DAS FRÜHJAHR.

Dann schrieb er etwa dreieinhalb Seiten voll. Als er den letzten Punkt machte, hatte die Kassette ihre neunzig Minuten isländischen Sologesangs abgespult. Óli stand auf. Sein Gesicht strahlte. Er schaltete das Radio ein, machte ein paar ausgelassene Tanzschritte zu einem munteren Schlager, in dem die Sängerin vom Spaß auf Skiern sang, tralalala, aber als Óli auf den Text achtete, stellte er das Tanzen ein, schüttelte den Kopf und war völlig von den Socken, dass jemand so wenig zu tun haben konnte, dass er Zeit und Lust hatte, nur deshalb auf einen Berg zu steigen, um so schnell wie möglich wieder nach unten zu sausen. Er ließ das Tanzen, hockte sich wieder aufs Sofa und las, fast ein bisschen schwindlig vor Freude, noch einmal seine Liste durch.

Dann war der Frühling da.

Ja, das Frühjahr kam mit all seiner Wechselhaftigkeit, manchmal klar und voller Stille, manchmal mit Schmuddelwetter, und dann rollte sich die Natur traurig und wund zusammen wie ein lumpiger, durch und durch nassgeregneter Hund, der zudem auch noch sein Fell verliert. Aber was half's, das Frühjahr war da, mit Streichhölzern für die Augen der Schafbauern und genügend Aufgaben für den Bauern auf Skógar.

Und so ist es seitdem immer gewesen.

Früh im März setzt sich Óli mit seiner Kladde (die sich zurzeit der Niederschrift dieser Geschichte schon ganz schön gefüllt hat) hin und entwirft eine Liste über die Aufgaben des Frühjahrs und freut sich schon mal auf all die Wonnen, die auf ihn zukommen. Er geht ins Haus und zeigt sie Ólöf, die mit dem Kopf nickt und zufrieden ist. Mehr als genug zu tun, und nicht nur im eigenen Betrieb, da noch am wenigsten. Die clevere Unnur hat Óli nämlich empfohlen, sich doch nach liegen gebliebenen Arbeiten bei den Nachbarn zu erkundigen, und seitdem hat Óli Heuwagen repariert, Zaunpfähle zugerichtet, Scheunen gestrichen und vieles, vieles mehr. Als Lohn erhält er jedes Mal im Herbst ein frisch geschlachtetes Schaf, obwohl niemand begreift, was eine so kleine Familie (aus anfangs nur zwei Personen, Óli und seiner Mutter, dann mit Ólöf zu dritt) mit so viel Fleisch will. Aber das ist nebensächlich.

In einer Frühlingsnacht, als Unnur aus dem Schafstall kommt, sieht sie Óli unten auf dem Plan stehen und das Netz des Fußballtors flicken.

DAS IST DOCH ALLES ÄUSSERST MERKWÜRDIG

(Der Sommer des geheimnisvollen Besuchers)

I

Wunderbar.

Diese langen Tage von Oktober bis weit in den Mai, mit all den Tiefs, die vom Meer her wie mit Riesenfäusten auf uns einprügeln – wenn es Frühling wird, schrumpfen sie in der Erinnerung auf ein paar Episoden zusammen, wie wenn man den einen Tag auf ein Gebirge schaut und es am nächsten als flachen Kiesel in der Hand hält. Wunderbar.

So in etwa fühlt es sich an.

Und jetzt kommt der Sommer.

Der Sommer des überraschenden Besuchers.

Als ein geheimnisvoller Mann auf Gilsstaðir erschien und das Leben der gesamten Gemeinde durcheinander wirbelte.

Alles begann natürlich mit einem ganz gewöhnlichen Frühjahr. Óli auf Skógar holte aus den Nachbargemeinden drei Hänger zu Ausbesserungsarbeiten, darunter einen von Salvörs Eltern, ein kurzes Ding, das um zwei Meter verlängert werden sollte.

Lämmer hüpfen auf Wiesen und Weiden, die Kühe werden hinaus ans Tageslicht gelassen, Schneehalden schmelzen in die Erde oder laufen in Bäche ab, auf den Berghängen wird frisches Grün sichtbar, und zweimal wöchentlich fährt der Omnibus durch die Gemeinde, bringt Post und Zeitungen und Leute, die Stadtgeruch in den Kleidern haben. Alles ist, wie es sein soll: Die vom Frost gesprungene Erde kommt unter dem Winter hervor, die Sonne taut den Frost aus dem Boden, und für ein paar Tage versinkt alles in saugender Nässe. Nichts deutet darauf hin, dass Furcht erregende Ereignisse bevorstehen.

Halten wir noch einen Moment inne und sehen uns um.

Da arbeitet Óli an der Verlängerung des Anhängers, oberhalb der Scheune wartet ein ansehnlicher Stapel Zaunpfähle darauf, angespitzt zu werden, und danach will das Paar auf Skógar den Kuhstall mit Holz täfeln, mehr Lampen anbringen und auch einen Kronleuchter an die Decke hängen. Sveinn auf Brekka ist mit seinem dreijährigen Sohn auf dem Weg zum Schafstall, der Kleine hält sich am Schwanz des Hundes fest und lässt sich von ihm ziehen. Auch Gemeindevorsteher Jón hält sich im Stall auf. Er liest ein paar Seiten in der *Islandglocke*, seit vielen Jahren seine Frühjahrslektüre. Ich blicke mich in der Gegend um und sehe, dass alles an seinem Platz ist. Das Frühjahr schreitet voran, und über allem liegt ruhige Alltäglichkeit.

Aber warten wir nur ein Weilchen, es wird bald Sommer.

Abgesang

All die Sommer, die meiner Kindheit und Jugend einen so sanften Glanz verliehen, dass ich später auch die dunkelsten Jahre unbeschadet überstand, begannen in dem grünen Bus, der mich stets um die Zeit über den Pass brachte, wenn der Frühling den Frost aus dem Boden taute, sich selbst darin breit machte und die Kälte in den Saft des Lebens verwandelte.

Der Sommer des geheimnisvollen Besuchers aber hatte für mich nicht diesen glücklichen Beginn, denn meine Kindheit war vorüber, und die Pubertät hatte mich zu einem Wechselbalg gemacht.

Das Frühjahr kommt mit den Zugvögeln, der Geburt der Lämmer und erfüllten Arbeitsstunden für Óli auf Skógar; Þórður und Þórbergur laufen durch die Nacht und kümmern sich um die neugeborenen Lämmer, aber ich bin noch in der Stadt und komme erst Ende Juni, und dann auch nicht im Bus, sondern im eigenen Auto, einem roten Lada. Wie zur Bestätigung, dass etwas unwiederbringlich vorbei ist.

Aber ich komme, und wieder vergehen Tage. Es wird Juli, und die Heuernte frisst alle freien Stunden.

Tag für Tag hocke ich wie fest gewachsen in der Sitzschale des Zetor, schleppe den Heuwender und werfe das Heu um. Nur kurz tauche ich zum Kaffee auf, zum Essen, im Stall, sitze ansonsten im Dröhnen des Zetor und wende Heu und lasse die Gedanken schweifen. Ich lande in Abenteuern, ich rette die

Welt. Ich befreie in Alaska einen Wolf aus einer Falle und er leckt mir übers Gesicht, während ich ihm eine heilende Salbe auf die Wunde streiche. Ich führe Indianer ins Gelobte Land, das der weiße Mann niemals finden wird, dort gibt es weite Prärien, und die Erde zittert, wenn die Bisonherden in Stampede geraten, hohe Berge erheben sich dort, und wer den höchsten von ihnen ersteigt, kann den Mond berühren und mit Sternen in den Händen zurückkehren. Ich verbringe Stunden mit Tarzan, wir schwingen uns schnell durch die Baumkronen hoch über dem Boden, und die Tiere reden mit uns, eine Giftschlange hebt den Kopf und fragt, wie es denn ist, Beine zu haben. Ich streife über Hochheiden, gerate in Nebel und stoße auf Nonni und Manni; als sich der Nebel hebt, sind wir im Sommerland außerhalb der Zeit gelandet, Nonni braucht nie seinen Bruder ziehen zu lassen, und niemand kommt ums Leben. So kann es sein, aber unversehens zerreißt das Erwachsenwerden diese Bilder, die Dschungel Afrikas bevölkern sich mit nackten Frauen, die Äste der Bäume werden zu weichen, duftenden Armen, die mich umschmeicheln und festhalten. Nonni, Manni und ich sind nicht mehr allein unterwegs, sondern eine Frau schiebt sich zwischen uns, verblüffend leicht bekleidet. So schwinden nach und nach die Zufluchtsorte der Welt. Ich wippe in der Sitzschale auf und ab und träume nicht mehr davon, die Welt zu retten, einen Wolf zu befreien oder außerhalb der Zeit über die Heide zu streifen. Stattdessen mache ich in meiner Fantasie nur noch einen Spaziergang von Karlsstaðir hinüber zum nächsten Hof und finde dabei im tiefen Laub die mit den schwarzen Handschuhen und der engen Weste. Da liegt sie und wartet nur auf mich, die rote Zungenspitze zwischen den weißen Zähnen, und die Welt ist nur noch Sinnlichkeit.

So trist kann es zugehen.

Doch abgesehen von solchen Bewusstseinstrübungen scheint alles in Ordnung zu sein, denn zwischen mir und Björn, zwischen mir und den Laternen, die das Dunkel zerrissen, erhebt sich unverändert das Bátsfell. Im Lärm des Traktors konnte ich mich taub stellen gegenüber sonderbaren Ideen wie dem Abbau von Geröll oder der noch absonderlicheren Beerdigung von Eisenschrott hier in dieser Gegend, ja, ich durfte sogar das drohende Ende des Gemeindetelefons und die letzten Anwandlungen der Kindheit vergessen. In der Sitzschale des Zetors schaukelnd, konnte ich mir zuweilen einbilden, nichts wäre so schön, wie ein barfüßiger Junge zu sein, der auf Halme und Wiesenhöcker pinkelt und einen fliegen lässt.

Obwohl ich mich selbst in der wippenden Sitzschale des Zetors darüber täuschen konnte, war kaum etwas, wie es sein sollte. Denken wir nur an Starkaður: Den ganzen Winter über schrieb er an der Bezirkschronik

Ja, den ganzen langen Winter hindurch saß er über Worte gebeugt; nur sie und Ilka zählten, aber oft machte er auch einsame Spaziergänge und scherte sich nicht ums Wetter.

Seht mal den Dichter, sagten die Ortseinwohner, der Dichter geht spazieren.

So ging der Winter herum.

Bis über Mitte März hinaus, dann verschwanden Starkaður und Ilka plötzlich, und niemand schien zu wissen, wohin. Mit dem Frühjahr aber kamen auch Postkarten und einige dicke Briefe. Auf den Briefmarken stand: Danmark.

Der Autor der Bezirkschronik hatte sich also ins Ausland abgesetzt, obwohl man Dänemark vielleicht gar nicht richtig als Ausland bezeichnen kann. Was aber hatte er da zu suchen? Die Geschichte unserer Gegend war dort kaum zu finden. Niemand von hier war jemals ins Zuchthaus Brimarholm geschickt worden oder zum Studium nach Kopenhagen gegangen. Auf der Suche nach einer Antwort las man die Karten durch, entzifferte bekannte und unbekannte Ortsnamen auf den Poststempeln: København, Strøby, Taastrup. Örn auf Öxl meinte, die Karten wären voller lustiger Beschreibungen von »Kopenhagen und anderen dänischen Städten«, ansonsten aber könne er das Gekritzel des Dichters manchmal nur mit Mühe entziffern.

Aus den Seiten der dicken Briefe aber, die Örn in die Briefkästen von Karlsstaðir, Tunga, Skógar und Hamrar warf, erhoben sich die Türme Kopenhagens, und zwischen den Zeilen flossen die stillen Kanäle, voll mit Entengrütze, versenkten Fahrrädern und einigen ertrunkenen Isländern. Diese Briefe übten einen mächtigen Zauber aus: Wer sie las, den umgab die Stadt und der folgte Starkaður und Ilka wie ein unsichtbarer Zuschauer. Man sah, wie die Nacht die Türme verschluckte, hörte die Vitalität und die Melancholie des Jazz aus den Kneipen dringen, sah den Morgen zwischen den Häusern heraufdämmern und die Huren nach Hause gehen, man hörte die schweren Schritte des Zeitungsjungen bis hinauf in die fünfte Etage, ging mit Starkaður zum Büdchen an der Ecke, wo er beim Inder *Politiken* kaufte, folgte ihm weiter zum Bäcker und öffnete zu Hause weit die Fenster, worauf Ilka und er auf der Fensterbank die Zeitung lasen und noch warme Brötchen aßen, während die Stadt langsam erwachte und die lärmende Geschäftigkeit des Tages einsetzte.

Doch Mitte Mai bestiegen sie einen Zug. Die Stadt wurde weggesaugt und verschwand hinter dem Horizont.

Am Tag darauf beugten sie sich über den Grabstein von Martin A. Hansen, des Schriftstellers, der den *Lügner* schrieb, dann spazierten sie durch seine Heimatgemeinde und verschmolzen mit den Schauplätzen seiner Geschichten. Heute, zwanzig Jahre später, stoße ich in den Novellen des Dänen noch immer auf Ilka und Starkaður, ich erkenne sie schemenhaft hinter seinen Worten. Ich sehe sie unter der großen Eiche sitzen, ich sehe sie einen Weg entlanggehen und dem Schmied Jonathan begegnen, sehe, wie sie dem Pfarrer und Kristoffer den Weg zeigen, sehe sie am Knecht Mattis vorübergehen, der im welken Gras liegt und in einem Buch liest.

Dann reisten sie nach Westen, fuhren mit dem Zug durch Felder und Wälder und besuchten das Grab des Großstadtdichters, der das Gras bedichtete und *Hærværk* schrieb, »jenes verstörende, aber seltsam ergreifende Werk, das ich unbedingt übersetzen muss«, schrieb der Dichter in einem Brief von dort.[9]

Sie bereisten dieses ganze flache und sanfte Land und setzten von dort nach Norwegen über, »wo die Berge so steil aufragen, dass der, der an ihnen hinaufblickt, hintenüberfällt«.

Als ich mit dem roten Lada über den Pass gekommen war, zeigten mir Salvör und Þórður eine Karte von Dänemark, auf der Ilkas und Starkaðurs Reiseroute mit Rot eingezeichnet war. Da führte die rote Linie aus der Stadt über mein Seeland. Man konnte mit dem Finger auf ein seeländisches Örtchen tippen und sich ausmalen, wie die Welt dort für die beiden an einem frühlingshaften Tag ausgesehen haben mochte, als die Sonne das Dunkel von der Meeresoberfläche wischte und der Morgennebel ganze Bäume verschluckte, Windmühlen kurze Hosen anzog und sie in Riesen ohne Arme verwandelte. Und zum Trocknen hängte er sich zwischen zwei gelbe Halme.

Dann stieg die Sonne aus dem Meer.

---

[9] Tom Kristensen (1893–1974), *Hærværk (Verheerung), Kopenhagen 1930.*

Das alles verpasste der Autor der Bezirkschronik

Obwohl Starkaður's Briefe dem Alltag Farbe gaben, erschien es mir recht unglücklich, dass er so lange fort blieb, denn auch hier gab es einige Ereignisse, und wer sollte die aufschreiben? Ja, besondere Begebenheiten und gewöhnliche Tage kamen und gingen, und niemand hielt sie in Worten fest. Die Leute verrichteten ihre Arbeit, fuhren zu anderen Höfen oder in den Ort, ritten aus, Hunde balgten sich, Katzen verschwanden, ein Adler flog übers Tal, Þórbergur fing Mäuse – all dieses quellende Leben, und niemand hielt es fest. Jónas junior erhob sich auf die eigenen Füße und begann seinen Gang durchs Leben, für eine ganze Weile noch recht wackelig auf den Beinen, manchmal ging er schon über den Hof, wobei er sich an Þórbergur festhielt, und der alte Jónas saß an der Hausecke und lobte den Hund ebenso wie das Kind und bat seinen Namensträger, auch für ihn in der Zukunft ein paar Schritte zu tun und sich auch für ihn ein wenig umzusehen, dann werde es ihm in der Erde sicher besser gehen oder wo immer man ihn verbuddeln werde. Das verpasste Starkaður. Auch Sæunn bekam er nicht mit, die jeden Morgen aus dem Haus kam, in großen Kreisen darum herumging und dabei bruchstückhaft Märchen erzählte, in denen Trolle Björn auf Hnúkar in die Berge verschleppten oder mit aufs Meer nahmen, bis er gegen das Versprechen um Gnade bat, die Laternenmasten abzureißen, den Kiesabbau einzustellen und nicht mehr mit Politikern zu reden. Die Trolle stiegen auch in fünf, sechs Riesenschritten über die Berge und liefen in ferne Länder, von wo sie vor dem

Abendessen zurück waren und Starkaður und Ilka mitbrachten.

Das hast du gut gemacht, meinte Salvör, die Trolle die beiden holen zu lassen, die hier und nicht anderswo sein sollten.

Das alles verpasste Starkaður.

Als mit dem Frühling das Licht kam und es auf den Sommer zuging, schien es sich über dem Apostel zu verdüstern

Es ist ohne Frage erstaunlich, dass in diesem ereignisreichen Sommer nicht ein Tourist in der Gemeinde auftauchte. Es mangelte ja nicht an Sehenswertem, den Großhöfen, dem alten Torfhaus. Woran also lag es? War der Vorreiter mit den Hinterwäldlern unzufrieden, denen der Gemeindevorsteher vorstand, und hielt die Touristen in der Hoffnung zurück, zeitgemäßere Vertreter würden ihn bald ablösen? Oder hatten ihn im Gegenteil Björns Ideen verärgert, und es war seine Art zu zeigen, dass es für ihn undenkbar war, ausländische Touristen inmitten grüner Landschaft auf große Maschinen stoßen zu lassen? Oder wollte der Vorreiter letztlich vermeiden, dass sie Sam auf Tunga erblickten, kohlrabenschwarz und so völlig unnordisch, wie ein Mensch nur aussehen konnte? Man fragte sich, aber der Vorreiter gab keine Antwort, und die Gemeindebewohner mussten sich mit der Ungewissheit abfinden. Er gab keine Auskunft, ließ sich kaum in der Gemeinde blicken, kam nur zweimal nach Karlsstaðir, um sich nach Starkaður und Ilka zu erkundigen, und suchte einmal den Apostel auf Gilsstaðir auf. Da begegneten sich zwei Männer, die man sich nicht unterschiedlicher vorstellen konnte: Der eine betrieb sein Lebenswerk in einer dunklen Scheune, allein und empfindlich gegenüber jeglicher Störung, höchstens Starkaður durfte sich manchmal bei ihm aufhalten. Das visionäre Projekt des anderen bestand darin, die Arbeitswelt zu verändern, nein, zu revolutionieren, und das gleich für eine Vielzahl von Menschen. Der eine lebte und zehrte vom Alleinsein, der andere zog seine Kraft aus dem Lärm der Menge. Jetzt trafen sie zum Gespräch zusammen, und natürlich erwachte die Neugier der Nachbarn: Was hatte der Vorreiter da zu suchen?

Nun, er suchte die Zusammenarbeit. Er wollte den Apostel seinen Touristen vorführen, ihnen erlauben, ihm die Hand zu schütteln, sein Arbeitsumfeld zu inspizieren, ein Wunder kennen zu lernen. Warum sollte man den ausländischen Gästen das gewaltige Werk vorenthalten, an dem der Apostel in aller Bescheidenheit arbeitete, ein Werk, das schließlich nicht nur diese Gemeinde etwas anging, sondern die ganze Welt?

Du machst viel zu viel Aufhebens um meine Arbeit, sagt der Apostel lächelnd. Mein Großvater hat damit angefangen, mein Vater hat sie fortgeführt und ich wandele lediglich in ihren Fußstapfen. Ihnen gebührt die Ehre, wenn überhaupt jemandem.

Der Vorreiter lächelt zurück und antwortet, dass Bescheidenheit sicher eine Zier sei, aber jetzt möchte er sich doch erlauben, einmal zu widersprechen. Alle würden bezeugen, dass er, der Apostel, ein geradezu unvergleichliches Werk vollbringe.

Sicher bist du sozusagen hineingeboren worden, und deshalb überblickst du kaum, wie großartig es ist und ganz sicher überaus bedeutsam. Ich bin geradezu sprachlos darüber, dass das noch niemand richtig zur Kenntnis genommen hat. Ein Ereignis von weltgeschichtlicher Tragweite hier hinter dem Hügel! Drei Generationen revidieren die Worte der himmlischen Verkündigung. Das ist ein göttliches Werk!

Der Apostel: Pfui, still!

Der Vorreiter: Ja, ganz recht, solche Dinge darf man nicht laut herausposaunen. Alles Geschrei weckt nur Missverständnisse und Neid; aber das ändert nichts daran, dass hier gleichwohl Großartiges vollbracht wird, gewagt und faszinierend zugleich. Warum aber sollte man anderen nicht einen kleinen Anteil daran gönnen, wirklich nur einen winzig kleinen Einblick. Ich denke etwa an ein kleines Plakat, so ein kleines Stückchen Manna, mit zwei, drei Sätzen von dir auf der einen und ein paar von dir aus der Bibel gestrichenen Sätzen auf der anderen Seite. Ich denke an wirklich prägnante Beispiele, Sätze, an die die Menschen blind geglaubt haben. Ich sehe vielleicht zehn oder zwanzig verschiedene Varianten vor mir. Ich bin sicher, das wäre für viele hilfreich.

Der Apostel lächelt still, schaut vor sich auf den Boden und sagt leise: Kommt nicht in Frage.

Der Vorreiter: Und wenn wir die Anzahl geringer hielten, meinetwegen nur fünf von jedem?

Der Apostel: Ausgeschlossen.

Vorreiter: Eins?

Apostel: Nein.

Der Vorreiter: Denk wenigstens mal darüber nach, sag nicht gleich nein! Ich glaube nämlich, die Idee ist wirklich gut. Gemeinsam könnten wir das Unwahre deutlicher herausstellen und die Welt damit ein klein wenig besser machen. Und was wäre schon dabei, ein paar Deutschen zu erlauben, die Nase durch deinen Türspalt zu schieben und ein wenig die Atmosphäre zu schnuppern? Beachte, dass ich nur Deutsche erwähne und keine Amerikaner, die für so etwas kein Verständnis haben. Mit den Deutschen ist es anders, die würden von tiefer Ehrfurcht ergriffen. Du weißt doch, dass Luther Deutscher war, oder? Man müsste ihnen erlauben, zur Unterstützung des Projekts und zur Finanzierung der Ausgabe ein paar Kronen zu spenden. Es wird doch enorm teuer, einen solchen Prachtband herauszugeben, und nur der kostbarste Einband ist dafür gut genug. Wahrscheinlich höre ich mich jetzt an wie einer der Schacherer im Tempel, und tatsächlich denke ich an die Kosten, ich will dir nichts vorspielen, aber die Menschen wären sicher dankbar, wenn du ihnen erlauben würdest, ein paar Kronen dazuzulegen, glaub mir, vielleicht in einer Art Kollekte oder indem sie ein Souvenir kaufen. Man hat mir erzählt, du schreibst alles mit Bleistift. Könnte man nicht die Stummel verkaufen? Wir wollen uns nichts vormachen, du weißt genauso gut wie ich, dass sich Einzelsammler und Kirchen später einmal um alles schlagen werden, was du hinterlässt. Bleistiftstummel, Papiere, Kleidungsstücke, egal was, und das für hohe Summen und nicht nur wegen des Glaubens. Wäre es da nicht besser, wenn einiges davon in die Hände eines freundlichen Deutschen geriete, der es wirklich zu schätzen weiß?

Der Apostel blickt noch immer vor sich auf den Boden und hat die Hände tief in die Taschen gerammt: Hier wird nichts ausgestellt! Von hier wird nichts verramscht!

Der Vorreiter: Lieber Freund, ich bitte dich! Nichts überstürzen. Denk darüber nach! Irgendwann einmal wirst du dein Werk abgeschlossen haben und es veröffentlichen wollen; das kostet. Warum aber solltest du alles aus der eigenen Tasche bezahlen? Da wird es wohl kaum jemand eine Sünde nennen können, oder? Du solltest auch nicht vergessen ...

Apostel: Es tut mir Leid, ich denke nicht an so etwas.

Vorreiter: Du lässt nicht mit dir reden?

Apostel: Bedauere.

Vorreiter: Du musst wissen, ich habe viel Respekt vor dir und ...

Apostel: Vor Großvater und ...

Vorreiter: Ja, vor deinem Vater auch, ich weiß. Und mein Respekt ist ohne jeden Falsch. Aber ich fürchte fast, du siehst vor deiner Arbeit die Welt nicht mehr richtig. Ich mache dir das nicht zum Vorwurf, will aber ein paar Dinge klar machen. Ich spreche ganz offen. Ich finde, du darfst einfach nicht alles, was du, was ihr geleistet habt, so unter Verschluss halten. Wenn es um das Wort Gottes geht, haben wir anderen ein Anrecht darauf, über die Entwicklung auf die eine oder andere Weise informiert zu werden. Gott ist, wie du weißt, über den Einzelnen erhaben. Spricht er zu einem von uns, meint er doch die ganze Menschheit. Ganz bestimmt willst du nur das Beste, und du hältst es für das Beste, das große Werk erst ganz allein zu vollenden, ehe du es an die Öffentlichkeit bringst, aber es kann äußerst problematisch sein, damit zu lange zu warten. Wir sollten vielleicht einmal darüber schlafen. Du lässt das, was ich dir gesagt habe, erst einmal sacken, und wenn du dich damit besser fühlst, brauchen wir auch kein Geld damit zu verdienen, müssen wir nichts zum Verkauf anbieten. Was hältst du davon? Können wir uns nicht irgendwo auf halbem Weg treffen?

Der Apostel nimmt die Hände aus den Taschen und schaut auf; schiere Verzweiflung spricht aus seinen Zügen: Könntest du bitte so freundlich sein und keinem Fremden etwas von meiner Arbeit verraten? Ich glaube, es wäre niemandem damit gedient, und ich fürchte, wenn irgendwer kommt, um hier herumzuschnüffeln, könnte ich so reagieren, dass selbst meine Freunde allen Glauben an mich und mein Werk verlieren.

Es ist Juli. Sie stehen draußen auf dem Hof, auf halbem Weg zwischen Wohnhaus und Scheune. Der Vorreiter hatte in der Küche Kaffee bekommen, den Bauern dann aber dazu bewogen, mit ihm ins Freie zu kommen. Vielleicht dachte er, es wäre für seine Absichten von Vorteil, unter dem Dach zu stehen, das weder jemals rottet noch rostet, aber das war jetzt das Ende vom Lied. Beiden schwillt innerlich die Zornesader, aber sie bleiben höflich und überspielen es. Der Vorreiter verabschiedet sich, keineswegs brüsk, aber auch nicht mit der Zuvorkommenheit, für die er bekannt ist, und begibt sich zu seinem Auto.

Du weißt nicht, was passieren könnte, ruft ihm der Apostel nach, und eine Hitzigkeit in seiner Stimme ist unverkennbar. Der Vorreiter dreht sich um und sieht den Gilsstaðirbauern fragend an. Dann fährt er durch das Tal zurück in den Ort.

In den folgenden Tagen versuchen die Gemeindebewohner, den Vorreiter abzupassen und nach dem Apostel zu fragen, um möglichst herauszubekommen, was zwischen ihnen vorgefallen ist.

Hat er etwas über sein Werk gesagt, fragen sie und sehen den Vorreiter erwartungsvoll an, denn in diesem Sommer war nur wenig darüber in Erfahrung zu bringen. Wahrscheinlich hat das die Geheimnistuerei um den Besuch des unerwarteten Gastes zusätzlich angeheizt. Der Gilsstaðirbauer hatte sich natürlich immer nur zurückhaltend über seine Arbeit geäußert, darauf angesprochen mit allgemeinen Floskeln geantwortet: Es geht langsam voran, man kämpft sich so durch. Aber jetzt war es so weit gekommen, dass der Apostel überhaupt keine Auskunft mehr gab und seine Miene überdies so beschaffen war, dass die meisten lieber gar nicht erst fragten. Auch die Angehörigen waren wie üblich verschwiegen, was diese Sache anging, vielleicht wussten sie selbst nicht allzu viel, und was sie wussten, behielten sie für sich. Der Einzige, gegenüber dem sich der Gilsstaðirbauer offen über seine Arbeit äußerte, Starkaður, war nicht greifbar. Er hatte sich aus dem Staub gemacht, und niemand wusste, wann er zurückkehren würde. Über das gewagte Projekt, die himmlischen Worte von den irdischen zu scheiden, war also schlichtweg nichts in Erfahrung zu bringen. Der Vorreiter konnte keine Auskünfte geben, und es kam nichts heraus, bis auf die kaum enträtselbaren Signale, die mancher vereinzelte Besucher aus der Rückansicht des Apostels zu lesen vermeinte, wenn er zur Begegnung mit dem allumfassenden Wort in die Scheune ging. Schmerz las der Besucher daraus, Enttäuschung, sogar Resignation.

So kann man sagen, als mit dem Frühling das Licht zurückkam und es auf den Sommer zuging, schien es sich über dem Apostel zu verdüstern.

Es scheint mir vergeblich, sich weiter in diesen Sommer hineinzubegeben, der sich um den geheimnisvollen Besuch auf Gilsstaðir drehte, ohne der schreienden Unstimmigkeit ins Auge zu sehen, die mir aus der Geschichte entgegenspringt

Ich habe an anderer Stelle, in einem anderen Buch, bereits davon erzählt, wie ein geheimnisvoller Besucher auf Gilsstaðir erschien, dabei allerdings die bedeutenden Dinge übergangen, die Björns Vorhaben ganz sicher darstellten; auch die Bezirkschronik habe ich dort nirgends erwähnt, und so könnte ich noch lange aufzählen. Wie lässt sich das erklären? Habe ich ein so schäbiges und löcheriges Netz geknüpft, dass alles Mögliche hindurchschwamm, im endlosen Meer der Sprachlosigkeit verschwand, und nur der Zufall bestimmte, was darin hängen blieb?

Tja, löcherig oder nicht löcherig.

Außer dass ich mir nie wirklich klar gemacht habe, welche Ereignisse wichtig sind und welche nicht, hatte ich lange Zweifel daran, ob ich mir zutrauen sollte, über Personen, die ich nicht mochte, länger als in einem Nebensatz zu schreiben, ohne dass es zu einer unterkühlt-distanzierten Darstellung kommen würde. Ich bezweifelte, dass eine solche Haltung meiner Erinnerung förderlich sein würde. Ich fragte mich, ob es nicht hässlich, ja, feige sei, Menschen in Worte zu fassen und sie zu verspotten, ohne dass sie etwas dagegen unternehmen konnten. So dachte ich. Und ich dachte überdies an die schmerzlichen Erinnerungen, an die ich mich nicht herantraute.

Doch seitdem ist die Erzählung vorangeschritten, und allmählich ist in mir die Einsicht gereift, dass die schlimmste Nachlässigkeit darin bestünde, nur von dem zu berichten, was mir gefällt und nicht wehtut. Ich bin zu der Ansicht gekommen, dass ich nicht die leiseste Ahnung habe, was wichtig ist und was ich ohne Folgen auslassen darf, in welchen Dingen Antworten enthalten sind. Nicht die leiseste Ahnung. Daher schien mir, ich könne nur eins tun, und das habe ich getan, und zwar ausführlich: Ich bin aufs Meer des Vergangenen hinausgefahren, habe mein jetzt enger geknüpftes Netz ausgeworfen und die gesamten Sommermonate eingeholt.

Und jetzt verarbeite ich den Fang.

II

Ich weiß noch, dass nach meinem Empfinden eine gewisse Stumpfheit über diesem Sommer lag. Starkaður war im Ausland, der Apostel mit seinen Gedanken woanders und sich selbst nicht ähnlich, und sogar die, von der ich noch immer träumte, obwohl ich im Sommer davor mit ansehen musste, wie sie auf dem Reiterball einen absoluten Blödmann küsste, sogar sie war nicht mehr dieselbe. Der sanfte, scheue Reiz, der von ihr ausgegangen war, hatte sich verduftet. So ging es abwärts mit der Welt. Und obgleich Björn Skúlason auf Hnúkar nach einem überwiegend stillen und ereignisarmen Winter den Faden von der Großen Versammlung wieder aufnahm und seine Pläne zum Kiesabbau erneut kundtat, und obwohl sich die Leute auch pflichtschuldig ein wenig über seine Ansichten in die Haare gerieten, kam mir das Ganze nicht mehr wie ein wirklich heißes Eisen und eher wie ein müder Disput vor, zumal sich die meisten weigerten, wirklich klar Stellung zu beziehen. Im Herbst davor, als das Große Treffen noch in frischer Erinnerung war und der Glanz des Neuen noch von Björns Hofbeleuchtung ausstrahlte, waren die Verhältnisse klarer gewesen: Man war entweder für oder gegen Björn. Und die Gruppe der Erstgenannten wollte sogleich mit den Steinbrucharbeiten beginnen und die Mülldeponie und anderes planen. Einige wollten die lustigen Kerle mit dem gelben Pick-up anheuern, um auch bei sich Außenlicht legen zu lassen. Aber als der Sommer naht, der jetzt die Seiten füllt, zeigt sich, dass vielen noch der Vorstoß Sams aus der Adventszeit in den Knochen sitzt. Die

Leute frischen noch einmal Björns gewichtige und überzeugende Gegenargumente auf, aber sie lesen ebenso Sams mit der Schreibmaschine getippte Adventspostille noch einmal durch und wissen nicht, wie sie sich entscheiden sollen.

Zeitig im Juli wird uns allerdings klar, dass Björn die Hände nicht in den Schoß gelegt hat. Kurz nach dem Reiterball übergibt er dem Gemeinderat ein umfangreiches Dossier, gut drei Dutzend Seiten stark, in dem das Steinbruchunternehmen bis ins Detail beschrieben wird und die Verdienstmöglichkeiten mit Zahlen belegt sind. Darauf lädt er die Gemeinde förmlich zur gedeihlichen Zusammenarbeit zum Zweck eines »soliden, sicheren und Gewinn bringenden Abbaus von Baumaterial« ein. Er weist ausdrücklich darauf hin, dass man, auch wenn die umfangreichsten Gesteinslagerstätten wahrscheinlich auf dem Land von Hnúkar anzutreffen seien, auf dem Gebiet anderer Höfe wie zum Beispiel Melholt, Tunga, Eiríksstaðir und Þórólfsstaðir ebenfalls beträchtliche Mengen gewinnen könne. Weiter führt Björn aus, da ein Abgeordneter des Parlaments bereits den Kontakt zwischen ihm und einem auf Geröllabbau spezialisierten Unternehmen – und zwar dem führenden des Landes – hergestellt habe, könne er ohne weiteres den Betrieb aufnehmen, doch sei er nun einmal derart sozial eingestellt, dass er mehr auf das Wohlergehen der Gemeinde als auf seinen privaten Vorteil bedacht sei, und es wäre zudem sein Ehrgeiz, die Gemeinde in das Land der unbegrenzten Möglichkeiten, in die Zukunft zu leiten, und deshalb strecke er ihr die Hand zur Zusammenarbeit hin.

Wir dürfen nicht vergessen, schreibt Björn, dass wir Isländer die Nachkommen großer Helden, Seefahrer, Wikinger und stolzer Sippenoberhäupter sind, die sich von anderen nie etwas sagen ließen, sondern ihre eigenen Interessen durchsetzten. Sie machten sich dieses harte Land untertan und nutzten jede Gelegenheit, die sich ihnen bot, und so ist es noch immer mit wahren

Isländern, sie nutzen jede Gelegenheit, verwirklichen sich in der Tat und vertrödeln nicht ihre Zeit mit Zaudern!

Mit dieser, ich möchte sagen, Kampfansage endete Björns Schreiben. Doch Tage verstrichen, sammelten sich zu Wochen, und es kam keine Reaktion von Seiten der Gemeinde. Björn ließ sich vernehmen, das käme für ihn nicht überraschend, denn der Gemeinderat sei fest in Händen seines Vorsitzenden und der sei ein Mann, der stets versuche, Visionen und innovatives Denken totzuschweigen. Björn lässt noch einiges mehr über Jón fallen, doch der scheint sich anfangs nicht um die üble Nachrede kümmern zu wollen, bis er eines späten Abends Ende Juli völlig überraschend in Hnúkar aufmarschiert.

Vorher hat er mit seinem Schwager Bæring in dem schönen Bibliothekszimmer gesessen, Kognak getrunken, über die Gedichte Stephan G. Stephansons gesprochen, aus den Schriften Sigurður Nordals über den Dichter zitiert und sich munter und vergnügt angehört: Ja, mein lieber Bæring, der gute Stephan!

Sein Schwager aber wirkte eher geknickt, rührte den Kognak kaum an, nippte bloß Kaffee, während der Gemeindevorsteher im Rausch der Begeisterung durch den Raum stürmte. Doch als Jón endlich sein Bemühen aufgab, die Größe Stephans in eigenen Worten herauszustellen, und stattdessen sein Gedicht *Abend* rezitieren wollte, murmelte sich Bæring unwillig etwas in den Bart.

Was brummelst du da?, fragte Jón, und da kam Bæring auf Björns Antrag zu sprechen. Fast ein wenig vorwurfsvoll meinte er, man müsse die Sache endlich behandeln, eine Lösung finden, mit der alle zufrieden sein könnten.

Jón, die erste Zeile des Gedichts auf den Lippen, schaute seinen Schwager an und sagte erregt: Es gibt keine Lösung für alle.

Dann fuhr er mit dem Gedicht fort, verstummte aber mitten

in der ersten Strophe, stampfte mit dem Fuß auf und meinte, so gehe es nicht. Bæring habe seine Konzentration durcheinander gebracht, und jetzt gebe es keinen anderen Weg mehr, als sofort aufzubrechen und reinen Tisch zu machen.

Los jetzt, lass dich nicht hängen!

Fünfzehn Minuten später fährt der Landrover des Gemeindevorstehers mit Bæring am Lenkrad auf den Hofplatz von Hnúkar.

Du bleibst hier sitzen, befiehlt Jón seinem Schwager, steigt aus, grüßt die Frau des Hauses, die an die Tür gekommen ist, lehnt die Einladung auf einen Kaffee ab und will auf keinen Fall ins Haus kommen. Er habe ihrem Mann ein Wörtchen zu sagen und brauche weder Küchenstuhl noch Kaffee, um das loszuwerden. Auch als Björn im Türrahmen erscheint, redet Jón keine Sekunde um den heißen Brei herum, sondern fragt Björn auf den Kopf zu, ob er das eine Vision nenne, die ganze Gemeinde in Kanonenfutter für einen beschissenen Großkonzern zu verarbeiten.

Björn: Was hat dich denn auf einmal gestochen?

Jón: Gar nichts hat mich gestochen, Verehrtester, aber ich glaube, ich muss dir mal ein bisschen den Kopf zurechtrücken und zu verhindern versuchen, dass du ehrenwerte Menschen dazu verführst, ihr Land zu verkaufen und so ihre Unabhängigkeit zu verlieren.

Björn: Wie bitte?

Jón: Ja, Bursche, du kannst wohl Profite auf Heller und Pfennig berechnen, ein wunderhübsches Rechenkunststückchen von dir! Und du hast sogar sicher Recht, dass sich viele eine goldene Nase verdienen könnten und du dir schicke Autos und teure Auslandsreisen leisten könntest, aber im gleichen Moment, in dem du einen Vertrag unterschreibst, hast du die halbe Gegend hier gewissermaßen schon in einen Steinbruch verwandelt, in dem nicht ein Grashalm mehr wächst als in der Hölle. Sobald du unterschreibst, erklärst du dich damit einverstanden, dass von da an einzig und allein Profitaussichten alles bestimmen werden. Diesen Konzernen sind grüne Wiesen scheißegal, denen ist scheißegal, wie sehr sie unsere Aussicht verschandeln. Bist du wirklich so blöd zu glauben, du könntest sie noch irgendwie kontrollieren, wenn sie erst einmal angefangen haben? Solchen Monstern entlockt es höchstens ein müdes Arschrunzeln, eine kleine Gemeinde wie die unsere zu schlucken, die verputzen uns zum Frühstück. Das Schlimmste aber ist, dass einige vor Geldgier so blind werden, dass sie nicht einmal mehr merken, wenn sie gefressen werden. Auch sie werden von diesem lebensfeindlichen Denken befallen werden, es gebe nichts, was zu kostbar und wertvoll wäre, um es in Geld aufzurechnen und zu verschachern. Björn, Menschen, die so denken, sind wie Schimmelpilze in einem lebenden Baum, ja, im Wald des Lebens. Kannst du das auch ausrechnen, Kerl?

Björn: Es steckt nicht ein klarer Gedanke in deinem Gelaber. Bæring, bring Jón nach Hause und steck ihn ins Bett! Da gehört er hin, da kann er sich vor der neuen Zeit verstecken.

So fetzen sie sich eine Weile. Björn hat sich in der Tür aufgepflanzt und verhöhnt den Gemeindevorsteher, der über den Platz stapft, gegen die Reifen des Deutz tritt, mit der Faust gegen einen Laternenmast boxt, ohne dass er etwas zu spüren scheint, und Bæring kommandiert, aus dem Auto zu kommen, jetzt würden sie Björn fertig machen, verschnüren und dem Bezirksrichter übergeben!

Bæring rührt sich nicht und fragt durch das offene Seitenfenster, ob es jetzt nicht allmählich genug sei.

Jón brüllt, hier werde nicht eher abgefahren, bevor man Björn nicht seine Überheblichkeit und Raffgier ausgetrieben habe.

Da reicht es dem Herrn auf Hnúkar. Er ruft seinen Hund und

hetzt ihn auf den Gemeindevorsteher: Fass ihn, Snati! Fass!, schreit Björn und zeigt auf Jón.

Der Hund, der zu den besseren Hütehunden der Gemeinde zählt, bellt einmal laut, dreht sich aufgeregt um sich selbst und rennt in Kreisen auf dem Hofplatz herum, bis er auf dem Heiderand über dem Hof ein paar Schafe erblickt, schießt dann kläffend auf die arglosen Tiere zu und kümmert sich nicht mehr um Björns Geschrei. Unten auf dem Hof stößt Jón ein heiseres Lachen aus, steigt in den Landrover, und Bæring fährt mit ihm davon. Auf dem Heimweg nimmt der Gemeindevorsteher ein paar Schlucke aus dem Flachmann und sagt das Gedicht *Abend* von Stephan G. Stephansson auf.

Am Tag nach Jóns Besuch erklärt Björn, er habe von der Verschleppungstaktik die Nase voll. Der Gemeinderat werde wohl nie zu einem Ergebnis kommen, und deshalb habe er nun seinerseits Vertreter des Großunternehmens eingeladen. Sie würden im Herbst kommen. Um sie wie ein Mensch von heute empfangen zu können, werde er seine Hofzufahrt teeren lassen.

Man hätte nun meinen können, diese Erklärung Björns würde Leben in die Gemeindebewohner bringen, zumindest würden sie klar Position beziehen, und sicher ließen einige auch ein paar deftige Bemerkungen fallen, aber ich kann mich nicht erinnern, dass irgendwer seine persönliche Ansicht kundgetan hätte. Dann erschien der geheimnisvolle Besucher beim Apostel, und von da an tendierte das Interesse an Björns Plänen natürlich gegen Null. Erst eine gute Woche nach dem Verschwinden des Besuchers erwachte es erneut. Aber was dann passierte, liegt außerhalb dieses Buchs.

Ich muss gestehen, dass es mir schwer fällt, eine gescheite Erklärung für dieses mangelnde Interesse zu finden. Würde man von mir als Erzähler eine Erklärung verlangen, wäre ich am ehesten geneigt zu sagen, die Einwohner der Gemeinde hätten ebenso gehofft wie gefürchtet, dass der geheimnisvolle Besucher eigens gekommen sei, um all ihre Schwierigkeiten zu lösen. Er sollte tunlichst kommen, um uns Antworten zu bringen, sodass sich niemand mehr unsicher fühlen müsse, was richtig und was falsch sei. Natürlich hat das niemand so gesagt, aber wenn ich die Natur des Menschen in Rechnung stelle, wenn ich an die Angst denke, die eine Entscheidung in uns auslöst, und wenn ich mit dem Abstand, den zwanzig Jahre einem verschaffen, auf die Ereignisse zurückblicke, dann scheint es mir einigermaßen deutlich, dass die Leute in der Gemeinde unbewusst davon ausgingen, der Besucher, der da spät im August auf Gilsstaðir auftauchte, würde ihnen den Ausweg aus dem Joch der Unentschiedenheit zeigen.

III

Der Juli vorbei, ein Stück vom August vergangen, und mundfaule, bittersüße Melancholie spinnt ihre Fäden über den Himmel: Das Wissen um den nahenden Herbst, dass alle Sommer einmal zu Ende gehen.

Fortgeschrittener August, Abend.

Dunkelheit hat sich auf die Fenster von Karlsstaðir gelegt, und das Licht drinnen sie in Spiegel verwandelt. Ich lasse gerade Wasser in ein Glas laufen, bin durstig, weil ich Sæunn eine Stunde lang aus *Der kleine Kári und sein Hund Lappi* vorgelesen habe, als ich Salvör fragen höre, ob es wohl denkbar sei, dem Apostel Zweifel einzuflüstern oder ihn sogar an seiner Aufgabe irre werden zu lassen. Ich blicke auf und sehe, wie sich die Küche in die Spiegel hinein fortsetzt; ich sehe mich am Spülstein, Þórður unter dem Zeitungsständer, neben ihm Sam, dann Unnur, Salvör am Fenster. Sie haben über den Apostel gesprochen, der sich den ganzen Sommer über kaum hat blicken lassen. Die, die ihn einmal flüchtig zu Gesicht bekamen, haben ihn kaum wiedererkannt. Da fragt Salvör, ob es denkbar sei, ihn aus dem Konzept zu bringen, denn allmählich könne er das Ende einer seit hundertzwanzig Jahren ununterbrochen weitergeführten Arbeit absehen und das Ergebnis dürfte wohl kaum alltäglich ausfallen. Der Mann müsse doch voller Zweifel und Ängste stecken, dass am Ende alles umsonst gewesen sein könnte.

Könnten wir ihn damit verrückt machen?, wiederholt Salvör, doch Sam meint, nein, das könnten sie nicht, aber vielleicht habe Salvör Recht und es seien wirklich Zweifel und Ängste vor dem Abschluss, die den Apostel quälten.

Da blickt Þórður auf, schlägt die Augen wieder nieder und betrachtet nachdenklich seinen Pfeifenkopf.

Þórður: Jau, es kann aber auch alles andere als einfach sein, Jahrzehnte darauf verwendet zu haben, *die eine* Wahrheit aus der Unordnung der Bibel herauszulesen, und eines schönen Frühlingstags wird einem klar, dass man sie jetzt tatsächlich in den Händen hält und sie keineswegs so großartig ist, wie viele erwartet haben. Oder dass sie so weit ab liegt von dem uns gewohnten Weg, dass die wenigsten etwas mit ihr zu tun haben wollen.

So unterhielten sie sich über den Apostel, und ich meine mich zu erinnern, dass genau einen Tag nach dieser Unterhaltung auf Karlsstaðir der unerwartete Besuch in Gilsstaðir eintraf. Aus diesem Besuch stieg der Nebel der folgenden Ereignisse, und beunruhigte Fragen hingen über allem.

Aber davon wurde ja schon berichtet.

Das alles habe ich schon einmal erzählt

Mitte August erschien der überraschende Besucher in Gilsstaðir, unternahm mit dem Apostel Spaziergänge im offenen Gelände, entlang der Straße, und war aus der Ferne klar zu erkennen, schien sich aber aus unerklärlichen Ursachen immer mehr aufzulösen, je näher man herankam, und sah schließlich einer Nebelwolke ähnlicher als einem Menschen. Die, die ihn wirklich sahen, konnten sich nicht auf sein Aussehen einigen. Der Besuch brachte die Gemeindebewohner dermaßen durcheinander, dass es so aussah, als habe sich alles verändert und nichts sei mehr wie vorher. Ob das gut war, ob es Ruhe ins Leben der Leute bringen würde oder vielmehr die schwärende Unruhe, die den Anfang vom Ende bedeutet, wagte niemand zu sagen. Aber das habe ich alles schon einmal erzählt.

Nein, nicht alles. Es heißt, dieses Phänomen sei ohne jegliches Vorzeichen auf Gilsstaðir aufgetaucht, keiner wisse, wie oder weshalb und um wen es sich überhaupt handele. Es muss natürlich noch einmal hervorgehoben werden, dass dem Besucher selbst eigentlich nichts Außergewöhnliches anhaftete. Es war nichts Bemerkenswertes an ihm, außer seinem veränderlichen Aussehen und der Eigenart, sich in Luft oder Nebel aufzulösen, wenn Feldstecher auf ihn gerichtet wurden. Wer war dieser Mann, der zugleich Luft und Materie, alt und jung, dick und schlank zu sein schien? Ich selbst glaube zuweilen, es war die Poesie selbst, aber diese Allegorie steht natürlich unter starkem Einfluss von Starkaður.

Poesie, sagte er einmal zu mir, ist zum Beispiel ein Mann, der im Ort auftaucht – in kreischgelben Klamotten und einer weißen Kordmütze –, und niemand weiß, wo er herkommt und was er hier will. Dann verschwindet er wieder, niemand weiß, wohin und warum, und was er überhaupt wollte, liegt noch immer im Verborgenen. Eine Folge ist aber ganz deutlich zu sehen: Er hat den ganzen Ort durcheinander gewirbelt, bei den meisten ein großes Staunen zurückgelassen und widersprüchliche Gefühle bei vielen anderen.

Das sagte Starkaður einmal über die Poesie. Eins aber ist sicher, und das sollte hier gesagt sein: Dieser Besucher, der zum Apostel kam und das komplette Gemeindeleben über den Haufen warf, rührte so kräftig im Verstand der Leute, dass kluge und absurde Gedanken zu einem massiven Klumpatsch verrührt wurden. Was immer auch späterhin darüber gesagt wurde oder welche Bedeutung man den Worten beilegen wollte, so gab es doch weit mehr als nur einen oder zwei, die voller Überzeugung behaupteten, dieser Besucher wäre nicht nur aus unserer Welt gekommen, sondern aus dem Land der Ewigkeit, und er hätte etwas Göttliches an sich gehabt. Nur wenige mochten allerdings glauben, der Herr selbst wäre da unterwegs gewesen. Die Leute hüteten sich besonders vor solchen Behauptungen, wenn der Apostel in der Nähe war, der stand nämlich dem Göttlichen inzwischen selbst so nah, dass es keinen mehr groß überrascht hätte, wenn plötzlich statt Worten kleine Engel aus seinem Mund geschwebt wären.

Und Gott fragte, wieso hast du noch nicht angefangen?

Vor einhundertundzwanzig Jahren hatte der Herr zum Großvater des Apostels gesprochen und ihn gefragt: Wieso hast du noch immer nicht angefangen? Dein Leib ist das Behältnis der Wahrheit. Hast du vergessen, dass ich dich aus der Finsternis zog und in Licht badete? Hast du meine Worte vergessen, die da lauteten: Du hast Augen, um zu scheiden das Wahre vom Falschen. Du hast Augen, um den Irrtum zu entdecken, in welcher Verkleidung er sich auch verbergen mag. Mensch, du bist aus der Finsternis erhoben worden, um der Welt mein Licht zu bringen. Nicht den Blitz, der blendet, nicht das Licht, das zwischen den Himmelspolen brandet, denn woher willst du wissen, ob mein Licht nicht nur ein Bruchstück dessen ist, was du in der hohlen Hand verbergen kannst?

Was hat er damit gemeint?, fragte Starkaður seinen Freund, den Apostel. Das war an einem tief verschneiten Wintertag im März, fünf Monate vor der Ankunft des Besuchers. Wahrscheinlich war es von Starkaður als Abschiedsfeier gedacht, denn zwei Tage später war er mit Ilka nach Süden aufgebrochen.

Ja, spät im März, und in der Schreibstube des Apostels war es deutlich geräumiger geworden, der Heustock ragte nicht länger über ihm auf, es gab mehr Platz, um mit auf dem Rücken verschränkten Händen umherzugehen und nachzudenken. Doch als Starkaður an jenem vergangenen Märztag in die Scheune gekommen war, hatte der Apostel auf einem Heuballen gesessen und über den Anfang nachgegrübelt.

Ich habe an den Anfang gedacht, sagte er zu Starkaður, an Großvater.

Dann erzählte der Gilsstaðirbauer diese Geschichte.

Als Gott seinen Großvater aus der Gosse zog, wie Gott seine Augen richtete, sodass er erkannte, die Heilige Schrift, die Bibel, war durchaus nicht heilig, sondern voller Irrtümer und irreführender Gedanken, und weniges hinderte den Menschen, seinen Gott zu verstehen, so wie sie.

Das war alles andere als eine angenehme Erkenntnis für einen Kleinbauern auf dem flachen Land in Island, von einfachen, armen Leuten abstammend, selbst arm und mit wenig mehr ausgestattet als dem Vermögen, sich in diesem harten Land irgendwie durchzuschlagen. Gott zog ihn aus dem Elend der Finsternis, und dafür war er ihm dankbarer, als er in Worten ausdrücken konnte, aber sollte er sich gleichsam aus dem Nichts erheben und die Welt verändern? War er ein Mensch, Bedeutenderes auszurichten, als ein ruhiges Leben zu fristen, in diesem Bezirk ein genügsames Auskommen zu finden? War das nicht vollkommen genug?

So in etwa, meinte der Apostel, dachte Großvater sechzehn Jahre lang und wurde ganz scheu, wenn er zum Himmel aufblickte, besonders bei klarem Wetter, dann fühlte er sich nackt und bis auf das Schuldgefühl in seinem Inneren durchleuchtet. Daher begann der Großvater des Apostels, geduckt zu gehen, die Scham drückte ihn nieder. Aber die Menschen ziehen aus der Erscheinung eines Menschen meist falsche Schlüsse, und so waren sie der Meinung, er ginge so gebeugt, weil er so demütig und bescheiden wäre. Seht, sagte der Pfarrer, dort wandelt eine demütige Seele, die voller Ehrfurcht vor Gott ist. Bei diesen Worten kroch der Großvater vor Scham geradezu in sich zusammen. Dann sprach der Herr: Wieso hast du nicht längst angefangen?

Der Großvater faltete die Hände und bat Gott, er möge ihn genauer betrachten. Hier stehe doch nur ein armer Kätner, wie sollte er die Last der Bibel schultern? Wer würde seine Worte höher achten als die der Heiligen Schrift? Lieber Gott, ich kann nicht einmal richtig reden! Da kam Gott wieder auf Großvaters Augen zu sprechen, dass sie die Falschheit in jeder ihrer Verkleidungen erkennen könnten, und weder eine Flut von Worten noch listige Verstellung könnten vor ihm Lüge und Fälschung verbergen. Gott sagte, vor ihm liege ein großes Werk, das viel Zeit brauche. In aller Stille würde es verrichtet und erst im dritten Glied vollendet werden.

Und ich bin das dritte Glied, sagte der Apostel und lächelte unsicher. Er saß auf dem Heuballen in der Scheune, und draußen fiel Schnee vom Himmel. Da fragte Starkaður, wie er das mit dem Licht verstehen solle, das man in seiner hohlen Hand bergen könne. Ist es etwa so leicht, die Wahrheit zuzudecken, dass jeder sie in seiner Hand ersticken kann?

Der Apostel schüttelt den Kopf. Nein, Starkaður, darauf musst du schon selbst eine Antwort finden. Aber eins sollst du wissen: Bald wird das Werk vollendet, das Großvater vor hundertzwanzig Jahren begann, und ich bin vor Angst wie gelähmt.

Woher kommt uns Gewissheit, wenn nicht aus der Unwissenheit?

Gottes Stimme zu hören. Mit Gott zu reden. Die Bibel aufzuschlagen und exakt und mit unverbrüchlicher Überzeugung zu unterscheiden, welche Worte darin von IHM und welche von Menschen stammen. Die Psychiatrie hat Namen für solche Leute wie den Apostel, seinen Vater und seinen Großvater. Es gibt Medikamente für solche Menschen. War es vielleicht eine erbliche Geisteskrankheit, die den männlichen Zweig des Gilsstaðir-Geschlechts umtrieb, und der Besucher ein Psychiater, der diesen außergewöhnlich spannenden Fall untersuchen wollte, ihn mit nach Hause nahm, eine gelehrte Abhandlung darüber schrieb und dafür weltberühmt werden würde?

Schwer zu sagen.

Geisteskrank, gesunde Vernunft, normales Verhalten – was heißt das schon?

Begriffe, geprägt von den Vorurteilen welcher Zeit, welcher Kultur?

Bissige Schäferhunde, die die Herde zusammenhalten, jeden anknurren und -kläffen, der sich daraus entfernen und andere Wege als die vorgeprägten gehen will.

So kann man sich das auch vorstellen.

Und man darf sich vielleicht auch fragen, ob es einen Grund gibt, zu bezweifeln, dass der Besucher aus dem Jenseits kam. Vielleicht ist er nun einmal von da, basta, und es ist gänzlich unangebracht oder dumm, ein Ausrufezeichen dahinter zu setzen? Denn was wissen wir schon von der Wirklichkeit und ihren Grenzen, woher nehmen wir uns das Recht, ungeklärte Phänomene auszuschließen, sie Märchen, Mythen, Legenden, Dichtung, Geisteskrankheit zu nennen?

Wir, die wir doch nur so wenig wissen.

Unsere Wissenschaften sind primitiv und nicht in der Lage, Antworten auf das Wesentliche zu geben.

Sie können nicht unterscheiden, was Mensch und was Gott ist in der Bibel.

Wie kann man es da abwegig nennen, dass ein Wesen aus dem Jenseits einen Bauern aufsucht, der sein ganzes Leben lang daran gearbeitet hat, die Worte der Bibel zu durchleuchten, der den Menschen ans Licht der Wahrheit gebracht hat? Wer das mit Begriffen wie Einbildung oder Blödsinn abfertigt, woher kommt dem seine Gewissheit, wenn nicht aus Unwissenheit? Ist es so weit von der Wahrheit entfernt, dass drei Generationen isländischer Bauern eine Bresche in die Trennwand zwischen zwei Welten schlugen, die Mauer einrissen, die uns von dem trennt, was wir nicht verstehen? Kann es nicht sein, dass dem Wort noch immer Macht innewohnt, dass es noch immer mächtig genug ist, Naturgesetze außer Kraft zu setzen, dass der Apostel diese uralte Macht des Wortes kannte? Saßen er, sein Vater und sein Großvater vielleicht in ihrer dunklen Scheune und stellten solche Worte zusammen, dass der Himmel aus der Bahn geriet, die Erde bebte, ein Sprung im Zwischenraum zwischen Leben und Tod aufriss und das, was nicht geschehen durfte, geschah? Dass das, was leer gewesen war, nun der Sinn selbst war, angefüllt mit einer ungeheueren Kraft?

Gott hat ein Buch veröffentlicht. Ich schreibe dem Autor der Bezirkschronik einen Brief

Am Tag, bevor der unerwartete Besucher die Welt aus dem Lot brachte, traf eine Nachricht von Starkaður ein. Er und Ilka waren wieder im Lande, wollten aber noch ein paar Tage in der Hauptstadt verbringen. Am fünften oder sechsten Tag des Besuchs setzte ich mich an Starkaðurs Schreibtisch und schrieb ihm einen Brief.

Auf Empfehlung Þórðurs (Empfehlung ist ein schönes Wort für Anweisung) hatte ich ein bisschen in den Briefen von Séra Matthías Jochumsen gelesen und versuchte nun, ziemlich missraten, fürchte ich, meine Ausdrucksweise in die Höhe des dichtenden Pfarrers mit der dicken Nase zu heben.

Ich berichtete Starkaður von dem überraschenden Besucher. In recht flapsigen Bemerkungen, denn ich war mir überhaupt nicht mehr sicher, was ich davon halten sollte. Ich schrieb, am dritten oder vierten Tag wären ein paar Kinder aus der Gegend, Sæunn an ihrer Spitze, unversehens aufgebrochen und mit dem Vorsatz nach Gilsstaðir gepilgert, dem lieben Gott Schmalzkringel zu bringen. Gott! Schmalzkringel!! Die lieben Kleinen hätten sich nämlich in den Kopf gesetzt, dass der Besucher der Herrgott selber sei.

Na klar, hatte Þórður gesagt. Sicher, Gott ist hier aufgekreuzt und wird all unsere hier in letzter Zeit aufgelaufenen Probleme lösen: Den Kiesabbau, die Schrottdeponie, die Beleuchtung bei Björn, die Bezirkschronik, die mit Verdacht beladene Sorge, Touristen könnten uns in hellen Scharen die Türen einrennen und mit ihren Erwartungen unser Leben dirigieren. Ja, die

Lichter bei Björn drüben blenden Gottes Augen natürlich, wenn er sie in die Finsternis über unserer Gemeinde steckt. Aber Gott ist auch erschienen, um mit dem Apostel den Abschluss seiner Arbeit zu feiern. Es muss doch das erste Buch sein, das von Gott herausgegeben wird. Das heißt, das erste, das einzig und allein von ihm stammt. Dann malte sich Þórður aus, wie wohl die Verlagsankündigung lauten könnte. Vielleicht etwa so: *Ein neuer Titel von Gott! Stilistisch wundervoll geschrieben, funkelnd vor geistreichen Einfällen, in die sich tiefe Einsichten und außerordentlicher Ernst mischen.* Meint ihr, es gibt ein Bild vom Autor auf dem Umschlag? So albert Þórður mit jedem herum, der ihm unter die Finger kommt. Die ihn gut kennen, hören aber auch einen Unterton, bei dem ihnen unbehaglich wird.

Dann fragte ich Starkaður noch, wann sie nach Hause kämen. Wie steht's mit den Süßigkeiten und dem Bier aus dem Dutyfreeshop? Ist davon noch etwas übrig? Es gibt hier auf dem Hof Leute, die daran Interesse haben.

Das schrieb ich und noch einiges mehr, sodass ein umfangreicher Brief daraus wurde, mit dem ich zur Straße hinauflief und gerade noch Örn in seinem Trabbi erreichte. Ich sagte, der Brief werde unbedingt vor der und der Zeit erwartet, heizte Örn damit richtig an, sodass er durch die Luft in den Ort ritt, den Brief noch dem Genossenschaftslaster mitgab und dafür sorgte, dass Starkaður am nächsten Tag in der Stadt mein Schreiben las. Er las von dem Gast, der so unerwartet auf Gilsstaðir in Erscheinung getreten war.

Dann vergingen ein paar Tage und ließen weitere wunderliche Ereignisse zurück, überaus merkwürdige Empfindungen im Bewusstsein vieler, und als der Antwortbrief eintraf, schien die Auflösung nah zu sein. Das war am elften Tag.

Wir schreiben den elften Tag, regnerisches Wetter.

Der blaue Landrover des Tungabauern mit Sam, Jón und Þórður verlässt Karlsstaðir und verschwindet in tief schleppenden Regenwolken. Ich laufe mit Sæunn über die Hauswiese, sie trägt einen gelben Regenhut. Eine halbe Stunde später umringen die drei Männer den längst betrunkenen Séra Jóhannes auf seinem Melkschemel, und auf Karlsstaðir tropft es aus kleinen Regenkleidern in der Waschküche. Sæunn schlürft heißen Kakao und denkt über alles nach, was ihr die Wolken erzählt haben, und ich sehe den Trabant auf der aufgeweichten Straße angedüst kommen, das Wasser spritzt unter seinen Reifen auf, und dann liegt ein Brief von Starkaður an mich im Briefkasten. Es gibt nicht viel, das schöner ist, als Post zu bekommen, erst recht von Leuten, die einem etwas bedeuten. Nichts verkürzt die Entfernung so gut wie ein richtiger Brief. Da stehe ich also am Briefkasten. Er ist rot, und es regnet, es schüttet. Þórbergur läuft an den Straßenrand, schnüffelt im Gras, pisst. Die Ungeduld ist so groß, die Erwartung so gewaltig, dass ich mich nicht zurückhalten kann und den Umschlag sofort aufreiße. Ich stehe unter einem triefnassen Himmel, überall ertrinken die Gräben im Regen, und die Passhöhe ist in den Wolken verschwunden. Ich halte einen Brief in der Hand und versuche ihn vor der Nässe zu schützen.

In diesem Kapitel wird der Brief Starkaðurs abgedruckt, den man kaum Brief nennen kann und ebenso wenig Antwort. Weder die Süßigkeiten noch das Bier werden erwähnt, nirgends die Rückkehr; kein Wörtchen, es sei nett gewesen, von mir zu hören, ich verfüge sichtlich über einen großen Wortschatz, nein. Es kam bloß dieses Gedicht

So ist es

du, den wir mit tausend namen nennen,
der aber einzig ist;

manchmal wird der unablässige
strom der zeit
zu einem traurigen refrain in deinem herzen

und alles übrige wird bedeutungslos

Dann wischst du die wolken von der erde und schaust

du siehst länder sich scheiden von meeren
berge von ebenen
siehst schluchten sich öffnen im berghang
und du siehst das menschenmeer zu völkern werden

Dann siehst du gut hin, hältst lange ausschau
bis du einen gehen siehst
die brust voller düsterkeit

Dann schüttelst du dein himmelhohes Haupt, immer
gleich erstaunt,
murmelst, sieh mal an

so klein
und es kann ihm doch schlecht gehen

Ich hatte mir doch geschworen, keine Erklärungen für das Auftreten des Besuchers zu suchen; genug zu tun mit den Folgen

Da wäre zum Beispiel Ágúst auf Sámsstaðir, am achten Tag des Besuchs gerät im Kopf dieser Stütze der Gesellschaft etwas durcheinander, und zwar auf peinlichste Weise. Sein gesamtes Eigentum will er den im weltlichen Sinn schlechter Gestellten schenken (darunter etwa Ólafur auf Melholt, den Björn doch noch durch Geröllabbau reich machen will). Auf einem Stück seiner Hauswiese, das den besten Graswuchs aufweist, will er eine Holzkirche bauen und sie zu einem Zentrum des Göttlichen auf Erden machen. Halbe Sachen kamen für Ágúst nie in Frage, und so scheute er sich nicht zu fahren. Er fuhr nach Gilsstaðir, trat vor den Gast, den er für den Herrgott selbst hielt, verkündete ihm seinen Entschluss, kehrte nach Hause zurück und begann den Grundriss für die Kirche zu vermessen. Der Gemeindepfarrer aber, unser Jóhannes, ein lebensfroher Mann, der von kleinlichen Seelen beschuldigt wird, nicht immer den Versuchungen des Fleisches widerstehen zu können, muss zu seinem Entsetzen feststellen, dass sich in seinem rechtschaffensten Gottesglauben die Schlange des Zweifels verbirgt, dass der Lärm der Gegenwart die wahrste aller Stimmen übertönt, dass die Wissenschaft die prophetische Welt der Bibel zu einem bunten Eintopf von Aberglauben, Mythen, philosophischen Spekulationen und eitlen Wehrmachtsberichten arroganter Kriegsherren zersetzt hat. Und Jóhannes steht vor seiner schlimmsten Schwäche, die es ihm unmöglich macht, den Zweifeln zu begegnen: Der Feigheit. Pastor Jóhannes geht in den

Kuhstall, setzt sich auf den Melkschemel und beginnt zu saufen. Da sitzt er in Talar und Gummistiefeln, und sein Hund ist bei ihm. Die Wirtschafterin kommt mit den Kühen, Jóhannes erhebt sich demütig, überlässt den Schemel der Frau zum Melken. Dann trotten die Kühe wieder hinaus in den Augustdämmer, die Wirtschafterin bringt Jóhannes Essen, das meist der Hund frisst, und so vergehen Tage, bis der elfte nach der Ankunft des geheimnisvollen Besuchers anbricht. An diesem elften Tag nämlich legten Jón und Þórður ihre Meinungsverschiedenheiten bei und versuchten, gemeinsam mit Sam eine Lösung zu finden.

Zu dritt suchen sie Jóhannes auf, der in seinem Rausch dem Tungabauern zwei Ohrfeigen verpasst, ehe die Bauern den Pfarrer zu Boden ringen können. Während sie sich auf dem Stallboden wälzen, der Hund bellt und Schreie und Flüche laut werden, kommt der Genossenschaftswagen über den Pass, hält schwer beladen unterhalb von Gilsstaðir, eine Tür auf der Beifahrerseite öffnet sich und Starkaður steigt aus. Es regnet so heftig, dass er nur wenige Minuten später, als er die Stalltür aufschiebt, bereits bis auf die Haut nass ist. In der Ferne schaltet der Laster immer höher, wie auf der Flucht vor dem ganzen Unsinn.

»Erlösung erlangen die, die ihre innersten Gedanken offenbaren«

Die Söhne des Apostels sind gute Bauern. Wer das bezweifelt, sollte bei nächster Gelegenheit, am besten im Sommer, in den Westen und über den Pass fahren und die grünen Wiesen von Gilsstaðir zwischen Hügeln, Mooren und Heide liegen sehen, ebenso die weitläufigen Zäune, die mit durch und durch soliden Pfosten die Weiden umschließen. Der sollte das hohe, alte Steinhaus von 1930 über den Hof aufragen sehen, weiß, mit grünen Fensterrahmen und grünem Dach. Doch man muss ein wenig über den Hof hinaufsteigen, vielleicht so fünfzehn Meter den Abhang hinauf, um das ganze Anwesen zu überblicken, grün, wie Gras manchmal kurz vor der Mahd wird. Der Beton unter dem weißen Anstrich hat dem unbeständigsten Wetter in fast sechs Jahrzehnten widerstanden, der Wind hat ihn mit seiner Regenpeitsche gezüchtigt, vergeblich hat der Frost nach Rissen und Sprüngen gesucht, die er weiten und aufsprengen konnte. Vergeblich, denn sämtliche Schäden werden aufgespürt und umgehend beseitigt. Feuchtigkeit, der schleichende Feind des Betons, sein Krebsgeschwür, konnte sich nie darin festsetzen. Das dürft ihr mir glauben. Ich mag in meinen Aussagen nicht immer unbedingt zuverlässig sein, werfe mal das eine oder andere durcheinander und ziehe übereilte Schlüsse, der Taumel der Begeisterung reißt mich hin, ich kann schwer mit meiner Meinung über andere hinter dem Berg halten, und ich will auch nicht abstreiten, dass manche in dieser langatmigen Erinnerung mehr zu ihrem Recht kommen als andere, aber wenn es um Beton geht, könnt ihr mir vertrauen. Ich bin Maurersohn und habe selbst mehrere tausend Arbeitsstunden in der Branche auf dem Buckel. Und wenn ich sage, das alte Wohnhaus auf Gilsstaðir war in besserem Zustand als der gerade mal acht Jahre alte Block, in dem ich diese Zeilen schreibe, dann ist das mehr als eine Meinungsbekundung, es ist eine Tatsache. Eine Tatsache, die meiner Feststellung, die Söhne des Apostels seien gute Bauern, ein solides Fundament verleiht. Bei ihnen verrotten keine Häuser, rosten keine Fahrzeuge und Maschinen, der Moder frisst keine Zaunpfähle, die Farbe blättert nicht von den Ställen, die Mistkarren quietschen nicht, nicht einmal Schlösser oder Riegel. Alles ist geschmiert, was geschmiert werden muss. Alles ist bestens, denn die Söhne des Apostels sind keine schlampigen, sondern erstklassige Bauern. Und deshalb öffnet sich die Tür zum Schafstall lautlos, deshalb braucht Starkaður nur eben die Klinke niederzudrücken, und ohne Widerstand gleitet der Riegel aus seinem Gehäuse, und die Tür öffnet sich lautlos.

Nass bis auf die Haut tritt Starkaður in den Schafstall von Gilsstaðir, schließt die Tür und wartet, dass sich seine Augen an das Halbdunkel gewöhnen. Der Apostel und sein Gast sitzen auf dem Laufsteg über der hintersten Krippenreihe und sind vor dem regentrüben Licht eines der Fenster nur als Schattenrisse zu erkennen. Linker Hand von Starkaður ist die Scheune, wo er im Heu gedöst hat, mitten im Winter den Duft des Sommers roch, Regen aufs Dach prasseln und den Apostel auf Papier kratzen oder mit Gott Rücksprache halten hörte. Jetzt sitzt der geheimnisvolle Besucher an seiner Seite, und die Kinder aus der Gegend sowie Großbauer Ágúst behaupten, es sei Gott selbst, der Allmächtige, als ob IHM nichts Besseres einfallen könne, als sich in menschlicher Gestalt ausgerechnet in einer isländischen Landgemeinde zu offenbaren, und sei es auch nur, um einmal der fürchterlichen Einsamkeit zu entfliehen, die ihn manchmal überwältigen muss. Starkaður geht tiefer in den Stall hinein und versucht, den Ausdruck auf dem Gesicht seines Freundes zu erkennen, aber es ist, als hätte der dichte Regen alle Helligkeit ausgelöscht, als sei nichts stark genug, die Welt aus dem Dämmerlicht zu ziehen, das alle Konturen undeutlich und verschwommen macht. Starkaður bleibt ein paar Meter vor ihnen stehen. Furchtbar dieser Regen. Dröhnt so dicht und heftig auf das Wellblechdach, dass es sich wie das Tosen eines Flusses anhört. Einen Moment lang wird Starkaður von Müdigkeit überfallen und er möchte schlafen, lange schlafen, im Schlaf mit dem monotonen Gesang des Regens verschmelzen. Aber er muss sich nur kurz auf sein Vorhaben besinnen, und alle Müdigkeit verfliegt. Starkaður kneift die Augen zusammen und betrachtet den Besucher.

Dann unterbricht er den Monolog des Regens.

Starkaður: Von all den Fragen und der Unruhe zu hören, die dein Kommen ausgelöst haben, hat mich nicht sonderlich überrascht.

Und sicher, fügte er hinzu, hätte sich in den letzten Tagen noch eine Menge mehr ereignet, von dem er noch gar nicht erfahren hätte, aber auch daran würde ihn nichts wirklich wundern. Er ginge ohnehin davon aus, dass alles außer Rand und Band und in den Strudel unerklärlicher Ereignisse geraten wäre.

Starkaður: Womit sollte man auch sonst rechnen, wenn der Apostel das unverfälschte Wort Gottes aufschreibt? Glaubt wirklich jemand, es bliebe alles beim Alten, wenn das Wort wieder die Urgewalt des Anfangs zurückerhält? Zu seiner Zeit, bevor ihm sein Wissen zu Kopf stieg und er der Arroganz seines Halbwissens verfiel, hätte auch der Mensch über eine solche Kraft verfügt, die Kraft des Anfangs. Da hätten sich ihm Weiten eröffnet, sowohl in sein Inneres wie nach außen.

Zu seiner Zeit, wiederholt Starkaður. Fragt dann, ob der Besucher Martin Andersen Nexø kenne, den dänischen Schriftsteller. Kind und Weiser und kühler Menschenfreund. Seine Kindheit verbrachte Nexø in einem hohen Haus in Kopenhagen, doch im Alter von acht Jahren zogen seine Eltern mit ihm nach Borgholm. Das sei eine dänische Insel, wie der Gast sicherlich wisse, und von dort habe man nach allen Seiten freie Sicht, und nur weniges schränke den Blick bis zum Horizont ein. Doch weil Nexø nichts anderes als das eng umstellte Sichtfeld der Stadt gewohnt war, wurde ihm beim Blick in die Ferne schwindlig, als würde er das Sehvermögen verlieren. Könne sich der Besucher vorstellen, der moderne Mensch scheue vielleicht ebenso die weite Aussicht der reinen Worte?

Der Apostel und der Gast rühren sich nicht, sie sehen Starkaður an und hören zu. Es regnet noch immer. Der Himmel hat alle Schleusen geöffnet, und Starkaður spricht davon, dass der Mensch nahezu mit Gewissheit davon ausgehe, am Ende lasse sich alles, egal, was, nach den Gesetzen der Materie erklären, und das würde zeigen, dass genau darin seine Beschränktheit und sein Unglück lägen.

Starkaður: Ich habe den Apostel nie eingehender nach Gott befragt. Ob ich mich zu wenig darum gekümmert habe? Wie sollen wir, die Hörigen der Materie, verstehen, was größer ist als sämtliche Maßeinheiten und doch auf dem Rücken eines Marienkäferchens Platz hat, das von einem Halm zum nächsten summt? Nein, wir können Gott nicht begreifen, versuchen IHN aber in ein paar Mythen unterzubringen, damit ER unsere physikalischen Berechnungen nicht stört. Aber du, der du hierher zu uns gekommen bist, du kennst Gott, da bin ich mir sicher. Du weißt, wer er ist ... nein, entschuldige die Lästerung!

Natürlich kann man nicht sagen, Gott ist so und so. Ist ER nicht über jede Beschreibung erhaben?

Starkaður verstummt. Für eine Weile hört man nichts als das Rauschen des Regens. Zum ersten Mal, seit er eingetreten ist, sieht Starkaður den Gast sich bewegen, und das scheint den Dichter aus einer Art Betäubung zu wecken. Er hebt den Kopf und schaut die beiden Männer unvermittelt an, die das trübe Licht des Regens zu Schatten macht.

Ich bin gar nicht gekommen, um darüber zu reden, sagt Starkaður hastig und scheint sich vor dem Unbekannten gern in Redseligkeit zu flüchten. Ich weiß nicht, wer du bist, jedenfalls nicht sicher, aber etwas sagt mir, du verfügst über die Fähigkeit, das Unmögliche zu vollbringen. Du, jemand, der vom reinen Wort hierher gelockt wurde, jemand, der die einzig wirkliche Grenze ignorierte und bewies, dass sie nicht unüberschreitbar ist, jemand, der einen Weg aufzeigte, der bislang versperrt und mit einem Tabu belegt war. Und es steht geschrieben, Erlösung erlangen die, die ihre innersten Gedanken offenbaren, sonst aber gereichen sie ihnen zum Fall ...

Unglaublich, wie das regnet! Die Stimme des Besuchers, weich, aber kräftig und mit einem freundlichen Unterton, unterbricht Starkaðurs Monolog.

Jetzt reicht's aber auch, bekräftigt der Apostel. Starkaður, du wirst dir noch was holen, so nass, wie du bist! Jetzt gehen wir erst mal ins Haus, wärmen uns mit einem Schluck Kaffee und trocknen deine Sachen.

Wunderbaren Kaffee kochen sie auf diesem Hof, sagt der Gast, und der freundliche Unterton hat sich nun seiner ganzen Stimme bemächtigt.

Apostel: Auch wenn man sich nicht selbst loben soll, aber das Gebäck meiner Magga ...

Der Gast: ... enttäuscht keinen.

Der Apostel: So allmählich bekomme ich auch Appetit.

Der Gast: Was ist denn mit dir, Starkaður? Bist du nicht hungrig bis unter beide Arme?

Sie sind den Mittelgang entlanggekommen und stehen jetzt so dicht vor ihm, dass der Gast Starkaður die Hand reichen kann.

Garðar heiße ich, sagt er. Der Apostel hat viel von dir erzählt, unter anderem dass du mit deiner Freundin im Ausland wärst. Ich hatte schon befürchtet, wir würden uns verpassen.

Starkaður stutzt, ergreift dann die ausgestreckte Hand, drückt sie fest und schaut Garðar an, der zehn Zentimeter kleiner ist, mit dunklem, kurz geschnittenem Haar, ein wenig grau an den Schläfen, das Gesicht rundlich mit weichen Zügen, ein dichtes Netz von Lachfältchen um die Augen, die Nase breit, wie von einem Schnupfen geschwollen. Er scheint etwa das gleiche Alter zu haben wie der Apostel. Sein Händedruck ist warm und kräftig, weist aber sonst nichts Ungewöhnliches auf, keine Ströme, nur kräftig und kameradschaftlich. Garðar lächelt, ein wenig verlegen unter Starkaðurs unverwandtem Blick und diesem langen Händedruck.

Du bist ganz ausgekühlt, sagt er besorgt, und da fällt Starkaðurs Hand herab wie ein abgeschossener Vogel. Garðar und der Apostel sehen, wie in Starkaðurs Augen jegliches Licht erlischt.

Was sagst du?, fragt der Apostel leise und nimmt seinen Freund, der etwas geflüstert hat, beim Arm.

Dass ich vielleicht ein bisschen müde bin, murmelt Starkaður.

Garðar: Wir sollten ihn ins Haus bringen und ins Bett stecken, der Junge ist ja völlig erschöpft.

Jeder von ihnen hakt sich auf einer Seite des nass geregneten, müden und willenlosen Dichters ein und stützt ihn auf dem Weg zur Tür.

Wie um ihn zu beruhigen, redet Garðar mit leiser, einschläfernder Stimme auf ihn ein, und Starkaður spürt, wie sich ein harter Klumpen in seiner Brust löst. Er weiß nicht mehr, ob er wacht oder schläft. Hat er etwas gesagt? Hat er von Gott gesprochen, wollte er über Gott sprechen, über das reine Wort? Wollte er auf das Unmögliche hinaus, wollte er etwas Bestimmtes? Behutsam öffnet der Apostel das Türschloss, die Tür geht einen Spalt weit auf, und das Geräusch des Regens wird lauter. Starkaður versteht, was Garðar sagt, wie durch einen Nebel, hört einzelne Wörter: Trockene Sachen ... äußerst ... schwer zu ertragen ... Es muss ... Jetzt aber stehen sie in der geöffneten Tür, drei oder vier Tropfen aus dem Regenmeer sprühen Starkaður ins Gesicht, und plötzlich verstehen seine Ohren wieder zusammenhängende Worte. Als würden sie mit Donnerstimme vom Berg herab verkündet. Sie zerreißen den Nebel, und darüber ist völlig klarer Himmel:

HINTER ALLEM GIBT ES EINE LÖSUNG

Starkaður reißt sich los, springt hinaus in den Regen, dreht sich um, blickt zurück zu den beiden im geöffneten Türspalt, und jetzt ist kein Licht in seinen Augen, sondern ein Feuer, ein furchtbarer Brand mitten im alles umfassenden Reich des Regens.

Au weia, sagt Garðar.

Nein, sagt der Apostel.

Beide sind erschrocken: Einen Augenblick zuvor hing Starkaður noch kraft- und willenlos zwischen ihnen, sprach Garðar beruhigend auf ihn ein, der Regen rauschte ebenfalls einschläfernd, und dann reißt sich Starkaður auf einmal los und steht jetzt da, brennend vor Aufregung.

Garðar: Au weia.

Der Apostel: Nein.

Garðar: Jetzt ist mir aber was rausgerutscht.

Der Apostel: Etwas Unvorsichtiges?
Garðar: Ich fürchte, ja.

Starkaður hebt das Gesicht in den Regen, als wolle er sich die Reste von Müdigkeit und Taubheit wegspülen lassen, blickt wieder die beiden Männer in der Tür an und sagt unvermittelt und vollkommen ruhig: Erlösung erlangen die, die ihre innersten Gedanken offenbaren, sonst aber gereichen sie ihnen zum Fall. Ihr wisst, welche Art von Erlösung ich meine, und ich weiß jetzt, was ich kaum zu hoffen wagte: Die Naturgesetze des Menschen sind nur die Fesseln um seine Furcht, und deshalb konnte ich mich nicht an das Unmachbare wagen.

Garðar: Lass uns ins Haus gehen, Starkaður! Dir ist kalt. Lass uns ins Haus gehen und etwas Heißes trinken und einen Whisky dazu!

Der Apostel: Ja, genau ...

Garðar: ... und die Sache in Ruhe überlegen. In solchen Dingen soll man nichts überstürzen.

Starkaður lacht, als wäre ihm eine erdrückende Last von den Schultern genommen, und beginnt, von seinem Freund zu erzählen, Stefán auf Hóll, der seinen Kopf in den Fluss tauchte und dessen Leben die Strömung mit sich riss.

Erinnerst du dich noch, fragt Starkaður den Apostel, wie du versucht hast, Stefán zu retten? Du fuhrst zu ihm und hattest das Licht bei dir, aber das war nicht genug, denn manchmal braucht es mehr als das, sogar viel mehr. Ihr wisst nicht, wie das war mit ihm und Jóhanna. Es war, als hätten sie ein und denselben Lebensatem. Und dann ist sie gestorben.

Tage und Nächte habe ich bei Stefán gesessen. Starkaður, sagte er, es ist ein Missverständnis. Wir sollten beide leben, wir zwei sollten ewig zusammen sein. Es ist ein furchtbares Missverständnis! Er bewahrte all ihre Kleider in einer Kiste im Keller auf, und jede Nacht ging er hinunter, nahm ein Kleidungsstück aus der Kiste und grub sein Gesicht hinein. Solange es anhielt, war das Leben von ihrem Duft durchdrungen. Eines Nachts aber war er am Boden der Kiste angekommen, und da wusste er, dass alles zu Ende war und es Zeit war, zu gehen. Und er ging. Du weißt noch, wie. Er ging, weil sein Leben nicht mehr hier war, sondern irgendwo anders. Das erkenne ich jetzt. Und ich verstehe es. Ich bin sicher, dass es noch einen anderen Weg gibt als diesen, der so viel Leid und ein schreckliches Ende bereithält. Einen Weg abseits von allen anderen, nur sehr wenige sind ihn gegangen, noch weniger kennen ihn, und fast keinem steht er offen. Aber ich glaube, mir steht er offen. Ich weiß nicht, warum, aber ich glaube, die Antwort ist gar nicht wichtig. Das Einzige, was wichtig ist, ist die Gewissheit, dass er mir offen steht – manchmal. Zögere ich, geht die Gelegenheit vorüber, und ich verpasse alles. Aber Erlösung erlangen die, die ihre innersten Gedanken offenbaren. Und genau das tue ich jetzt.

Zwanzig Minuten später hört man den Landrover Sams die Auffahrt nach Gilsstaðir heraufkommen. Garðar und der Apostel stehen noch immer im Türrahmen und schauen in den Regen, in die Richtung, in die Starkaður verschwand.

Jetzt aber!

Es ist der elfte Tag nach der Ankunft des unerwarteten Besuchers. Þórður auf Karlsstaðir, Sam auf Tunga und Gemeindevorsteher Jón auf Fell haben den Pastor aufs Kreuz gelegt und mittlerweile schon tief in die Flasche geguckt, Sam und Jón sagen Jetzt aber! und sind ganz heiß vor Aufregung. Sie zeigen einander ihre schwieligen Fäuste und stoßen aus, die solle der Besucher zu schmecken bekommen, und dann setze es auch keine Knuffe, sondern richtige Schläge. Und zwar jetzt, zum Donnerwetter! Der blaue Landrover des Tungabauern schnurrt durch den dichten Regen, Þórður, der am Steuer sitzt, sagt kein Wort, sondern schaut schweigend vor sich hin, während die beiden anderen trinken und Ansichten haben.

Diese Kerle!, sagen sie, und fordern Þórður auf, richtig Gas zu geben, drohen ihm geradezu, so kampfeslüstern sind sie, reichen ihm die Flasche, Hier, nimm mal 'nen Schluck! Zieh doch mal an der verdammten Pulle! Und ohne den Blick von der im Regen verschwimmenden Straße zu nehmen, nimmt Þórður einen tiefen Zug, füllt den Mund mit purem Schnaps. Trotzdem schweigt er weiterhin, während die beiden anderen üble Verwünschungen gegen den geheimnisvollen Besucher ausstoßen, der die Gegend so reichlich auf den Kopf gestellt hat, dass es nach ernsten Schwierigkeiten aussieht. Dabei heißt er lediglich Garðar, aber das wissen die drei nicht, und Pastor Jóhannes, der im Koma auf dem Rücksitz liegt, weiß es erst recht nicht. Als sie vom Kirchhof abgefahren sind, hat er immer noch vor sich hin gekichert, aber mittlerweile ist er in die Gefilde des Rauschs eingegangen, liegt völlig weggetreten da, und das Schweigen breitet seine Decke über ihn.

Unserem Dreigestirn aber, so weise und so sternhagelvoll, kann der Schlaf nichts anhaben. Ja, die drei Weisen, aber unter ihnen befinden sich auch zwei Antagonisten der Gemeinde, Jón und Þórður, und der schwarze Sam muss so etwas wie das Bindemittel zwischen ihnen ausmachen. Der Landrover fährt tiefer in das Land des Regens, dann nimmt Þórður den Fuß vom Gaspedal, schaltet einen Gang tiefer und biegt in die Auffahrt nach Gilsstaðir.

Sam: Jetzt aber!

Jón: Ja, zum Donnerwetter!

Das Tor zum Schafstall steht offen, und zwei Männer blicken heraus. Das Kleeblatt kneift die Augen zusammen.

Ist er es?, fragt Jón hastig und kramt ergebnislos in den Taschen nach seiner Brille.

Jedenfalls steht der Apostel dabei, sagt Sam. Sie sind vor dem Stall angekommen. Þórður kuppelt aus, und einige Sekunden verstreichen, vielleicht sogar eine Minute, und nichts passiert, nur die Scheibenwischer gleiten stur über die Scheibe, rucken auf und ab, auf und ab, der Dieselmotor tuckert, Jóhannes stöhnt in seinem Vollrausch.

Jón, zögernd: Es schadet wohl nicht, erst einmal mit dem Mann zu reden.

Sam: Ihm Gelegenheit zu geben, seinen Standpunkt darzulegen.

Jón: Wir sind schließlich keine Halbstarken, die Leuten nur zum Spaß die Fresse polieren.

Sam: Ich habe noch nie jemandem die Fresse poliert ... außer Björn.

Jón, wirft ihm einen überraschten Blick zu: Noch nie? Nicht einmal in der Stadt?

Sam schüttelt den Kopf; dann schweigen sie wieder, betrachten die beiden anderen. Der Apostel bedeutet ihnen, hereinzukommen, dann verschwindet er mit seinem Gast im dunklen Maul des Stalls.

Sam: Er will, dass wir reinkommen.

Jón: Ja, das will er wohl.

Sam: Þórður, gehen wir rein?

Jón: In unserm Zustand?

Sam: Na ja, aber wir hatten doch was vor.

Jón: Und ob wir was vorhatten! Daran beißt keine Maus 'nen Faden ab. Wir sind wegen Erklärungen gekommen, wir wollen Antworten. Davon gehen wir keinen Schritt ab!

Sam: Hier hat sich einiges angestaut.

Jón: Ich finde, wir brauchen auch nicht zu verhehlen, dass hier ein paar richtig aufgebrachte Männer gekommen sind.

Sam: Männer mit Wut im Bauch!

Jón: Jawohl. Männer mit Wut und mit Fäusten, die von ehrbarer Arbeit gestählt sind.

Sam: Þórður?

Þórður stellt den Motor ab, öffnet die Tür: Dann wollen wir mal unsere Antworten abholen. Sofern sie vorhanden sind.

Jón, leise: Ja, und zwar jetzt!

Ist es nicht umwerfend, wie schnell man Männer nur dadurch angeschickert macht, indem man sie aus sitzender in aufrechte Stellung bringt? Sie hatten gut zwanzig Minuten im Auto gesessen und so gut wie nichts gespürt, jetzt aber stolpern Sam und Jón fast in den dunklen Schlund des Stalles, und Þórður muss sich voll und ganz darauf konzentrieren, gerade zu gehen.

Willkommen, meine Herrn, begrüßt sie der Apostel, ich dachte schon, ihr wolltet überhaupt nicht mehr reinkommen.

Sie stehen im hintersten Pferch, Garðar mit einem Hammer, und der Apostel hält eine Platte, die sie auf einem Gitter befestigen. Mit kräftigen, sicheren Schlägen treibt Garðar zwei Nägel ein, legt den Hammer weg, geht mit breitem Lächeln und ausgestreckter Hand auf das Dreigestirn zu und sagt, er heiße Garðar. Sagt es freundlich, sogar mit Vergnügen. Die anderen schütteln seine ausgestreckte Hand und murmeln ihre Namen. Das freundschaftliche Auftreten des Besuchers und der unangenehm vertraute Stallgeruch bringt sie aus dem Konzept. Irgendwie hatten sie mit einem Wesen aus einer anderen Welt gerechnet, nicht dass sie es sich bis in Einzelheiten ausgemalt hätten, aber irgendwie hatten sie sich darauf gewappnet, etwas Außergewöhnlichem gegenüberzutreten, und nun trifft sie dieser fast kameradschaftliche Ton und dieser vertraute Geruch. Daher stehen sie nur dicht zusammen und wissen nicht, was sie sagen sollen.

Der Apostel schlägt vor, sie sollten in die Scheune gehen, wartet eine Antwort gar nicht erst ab, sondern öffnet das Tor und meint, sie würden darin vielleicht etwas Nützliches finden. Garðar lacht schallend, klopft Sam auf die Schulter und sagt: Jetzt siehst du schwarz, was, Kumpel?, und lacht noch lauter.

Sie treten in die Scheune. Rechts befindet sich der Heustapel, links der Schreibtisch, dazwischen etwa zehn Meter freier Raum. Der Apostel ist in den Kuhstall gegangen, und bald leuchten zwei Glühbirnen über dem Schreibtisch auf. Zusammen mit dem Licht, das durch das offene Tor des Schafstalls fällt, geben sie genügend Helligkeit, doch tiefe Schatten fallen ins Heu.

Es liegt nicht viel auf dem Schreibtisch: Zwei Bücher, eine Griffeldose mit Bleistiften und Kugelschreiber, zwei Schachteln, die eine halb voll mit Spänen vom Anspitzen, die andere enthält unbeschriebenes Papier. Þórður tritt an den Tisch, inspiziert die Bücher und grinst schwach: *Liv og glade Dage* von dem dänischen Pfarrer und Feuerkopf Kaj Munk und darauf die Passionspsalmen. Þórður zuckt zusammen, als sich Garðar behaglich stöhnend in einen Stuhl fallen lässt. Der Apostel wühlt in einer Kiste rechts neben dem Schreibtisch. Der Karlsstaðirbauer wirft

Jón und Sam, die unter dem Heustapel stehen, einen Blick zu. Sie schauen einander ratlos an. Schließlich setzt sich Jón auf einen losen Heuballen, nimmt die Mütze ab und ächzt. Garðar dreht den Stuhl so, dass er sie direkt ansehen kann, streckt gemächlich die Beine aus, verschränkt die Hände im Nacken, lächelt über das ganze Gesicht und sagt mit halb erstickter Stimme, als könne er nur mühsam einen Heiterkeitsausbruch unterdrücken, ja, tut eigentlich kaum etwas anderes, als ein Lachen zurückzuhalten: Der Gemeindevorsteher seufzt, hat er etwa noch nicht alles eingefahren, ehe das schlechte Wetter kommt?

Jón kommt nicht zu einer Antwort, denn jetzt hört man ein »Na also« vom Apostel: Hier sind sie ja! Und triumphierend schüttelt er zwei Flaschen von seinem berühmten Selbstgebrannten, stellt die eine auf die Kiste und gießt aus der anderen vier Plastikbecher voll, die er herumreicht. Er selbst trinkt aus dem Kaffeebecher.

Tja, sagt Garðar und sieht Jón mit einer Miene an, als würde immer noch ein Lachausbruch gleich unter der Oberfläche brodeln, ich fürchte, in meiner Gemeinde haben wir längst alles Heu eingebracht, jeder Halm ist unter Dach und Fach. Wir haben's nicht so mit dem Rumtrödeln, Schlafmützen gibt es bei uns nicht, nein, ich glaube, ganz bestimmt nicht.

Sam hat sich einen Ballen aus dem Stapel gezogen und gerade erst darauf niedergelassen, springt jetzt aber gleich wieder auf, sieht Garðar scharf an und fragt, nicht ohne Heftigkeit: Deine Gemeinde? Darf man fragen, wo die wohl liegt, diese Gemeinde?

Der Gemeindevorsteher richtet sich auf, ein Funkeln ist in seine Augen zurückgekehrt.

Garðar scheint völlig überrascht zu sein: Na, in Aðaldalur selbstverständlich.

Jón, enttäuscht: Im südlichen Þingeyjar-Bezirk?

Nein, in Nepal, gibt Garðar zur Antwort.

Jón stöhnt wieder. Ihm und Sam ist der Wind aus den Segeln

genommen. Der Gemeindevorsteher hebt seinen Plastikbecher, sagt ziemlich matt »Skál« und trinkt alles in einem Zug aus. Der Apostel beeilt sich, ihm nachzuschenken.

Aðaldalur, Garðar scheint dem Namen nachzuschmecken. Jedenfalls kein ärmlicher Ort, von dem man kommt. Und wir haben schon Heu gemacht und sehen in aller Ruhe dem Herbst entgegen. Deshalb habe ich auch die Einladung meines Freundes hier, des Apostels, gern angenommen. Wir sind sogar, will ich euch sagen, entfernt verwandt. So ist es. Der gute Mann hat mir ein paar Zeilen geschickt und mich gebeten, für ihn eine Kleinigkeit durchzulesen, die er geschrieben hat. Ich antwortete: Lieber Freund, schick es gleich mit dem nächsten Schiff! Aber nein, schrieb er zurück, das verschicke ich nicht mit der Post. Und deshalb bin ich hier. Außerdem ist es durchaus keine Kleinigkeit, ihr kennt das Prachtstück, Jungs! Die Bibel, mit einem Ausheber über die Hüfte geworfen, oder so ähnlich. Das sind schon beachtliche Kerle hier auf Gilsstaðir. Gut hundert Jahre haben sie an der Sache gefeilt. Was sagt ihr dazu? Aber irgendwann geht alles einmal zu Ende, und jetzt will mein lieber Verwandter hier natürlich jemanden zum Korrekturlesen haben. Er hat es sich wohl so gedacht, dass ich mal eben aus dem Norden herüberkomme, ein nicht ganz unterbelichteter Kopf, der seine Schriften auswendig kennt, alles mal durchlese und im Hinblick auf die Veröffentlichung redigiere. Wisst ihr, Professoren und andere Akademiker sind darin geübt, Texte nach Fehlern zu durchwühlen, und genau das sollte ich hier auch tun. Vielleicht habe ich keinen Hochschulabschluss oder dergleichen Vornehmheiten, aber trotzdem bin ich nicht auf den Kopf gefallen und brauche mir von denen mit Diplomen nichts vormachen zu lassen. Die Bibel kann ich auswendig und habe alles gelesen, was mit ihr zu tun hat, die Apokryphen und so weiter. Espolín kenne ich wie das Alphabet, Jón Vídalín kann ich im Schlaf, die Passionspsalmen ohne Aussetzer. Ich war zwölf, als ich nur zu meinem Vergnügen die Abzählreime für den ganzen Kalender auswendig lernte, mit vierzehn das Periodensystem und ein halbes Jahr später die Relativitätstheorie – und verstanden habe ich sie auch. Ihr seht, dass ich kein ganz gewöhnlicher Mensch bin. Aber damit ihr nicht meint, ich wäre nur ein Wunderknabe, kann ich euch sagen, dass mir die Frauen auf Bällen nachlaufen, dass ich dreißig Beatles-Songs auf dem Klavier spiele und auch die neusten Schlager kenne, und so könnte ich weitermachen und euch schwindlig reden, denn ich bin das letzte Universalgenie seit dem Abgang des guten Benjamin zu Anfang des Jahrhunderts, ihr wisst schon, Bensi mit seinen Gedichten über eine Höllenfahrt und dann dem hier:

Das Meer, das in seinen Armen birgt
längst vergangene, glücksel'ge Tage,
sie alle welkten in der Finsternis dahin,
doch geht von ihnen eine Sage ...

Natürlich ist man entsprechend gefragt, oft gebeten, dies zu tun und jenes, und dann bekam ich die Zeilen von meinem Verwandten hier – mit einer gestochenen Handschrift übrigens! Kannst du, fragt er, mal rasch vorbeikommen? Nun, ich kam und hier bin ich, um zu sehen, ob der Junge was falsch gemacht hat, Luftschlösser baute oder Schlimmeres. Denn ihr wisst ja: Gibt es etwas Wichtiges zu tun, betraut man damit am besten einen aus dem Þingeyri-Bezirk und am allerbesten einen aus dem Aðaldalur. Prost!

Unwillkürlich prosten ihm Sam und Jón zu, verwirrt von dieser Ansprache; aber Þórður tut nichts desgleichen, sondern blickt Garðar geradewegs ins Gesicht und sagt mit unerwarteter Schärfe: Das ist alles eine einzige, verdammte Lüge!

Sam und Jón zucken zusammen, schauen Þórður an, Garðar schaut erstaunt den Apostel an, als wolle er eine Erklärung, aber der gute Mann lächelt nur peinlich berührt und schweigt.

Garðar, verletzt: Eine verdammte Lüge? So, so. Und das mir, der ich nie die Unwahrheit sage! Ich verachte Lügen und Hohlköpfe und Schwächlinge, die lügen. Aber ich will dir diese Dummheit nicht nachtragen, du bist heute anscheinend schlecht aufgelegt, verdirbst alles, und das tut mir natürlich Leid. Mein Verwandter hier hat mir nämlich von dir erzählt, und ich hatte den Eindruck, du könntest ein Mann nach meinem Geschmack sein. Ich will nicht verhehlen, dass ich mich auf eine Begegnung mit dir gefreut habe. Du scheinst mir doch ein cleverer Kerl mit eigenen Ansichten zu sein, und von denen gibt es nicht viele. Daher bin ich schon ein wenig enttäuscht, wenn du mir so was an den Kopf wirfst. Du glaubst sicher, ich würde mein Wissen übertreiben, oder? Das kenne ich, und insofern bist du entschuldigt. Leute wie ich sind immer seltener geworden. So gut wie ausgestorben, denke ich. Aber mach die Probe und suche etwas aus, einen Abschnitt aus der Bibel, der Vídalíns-Postille, den Konfessionen des Augustinus, den Passionspsalmen, den Kalendergedichten, oder du da, Sam, der Akademiker, such du etwas für mich aus, was du willst, und ich will es euch aufsagen, nicht maschinenhaft runtergerattert wie ein Papagei, sondern mit Verständnis! Los, such was aus!, sagt Garðar zu Sam, hat sich von seinem Stuhl erhoben, schreit fast: Such was aus, Mann! Los!, und fuchtelt mit der Rechten, als wollte er jemanden aus der Ferne heranwinken.

Sam, überleg dir was, irgendwas, sagt da auf einmal der Apostel, er sagt so was nicht einfach so daher. Also such dir etwas aus!

Sam, zögerlich: Hm, tja, wie wär's mit, na, vielleicht Vídalín, warum nicht, ja, was soll ich mal sagen, vielleicht etwas zum achten Sonntag nach Trinitatis, wie?

Garðar tritt zwei Schritte vor den Stuhl, blickt vor sich hin, atmet tief durch und beginnt mit Hingabe:

Es lässt sich kaum in Worten sagen, wie sehr die Scheinheiligkeit alle Verehrung Gottes in seinen Augen zunichte macht. Sie fasteten zweimal in der Woche und gaben Zehnt von allem, was sie besaßen, und doch verabsäumten sie das, was schwerer wiegt vor dem Gesetz, dem Gericht, der Gnade und dem Glauben. Das kam daher, dass so, wie sie ihren Anblick verfälschten, indem sie fasteten, damit man sähe, dass sie fasteten, ebenso entwertete ihre Scheinheiligkeit ihre besten Werke vor Gott, denn so spricht der Erlöser: Siehe, sie haben ihren Lohn hinweggegeben. Das will uns sagen, selbst Taten, die an sich gut sind und für die uns Gottes Lohn in Aussicht gestellt ist, wenn wir sie reinen Herzens begehen, sie werden uns nicht zum Guten ausschlagen der Scheinheiligkeit und der Hoffart wegen. Vielmehr werden sie dem zur Verurteilung gereichen, der den alles sehenden Gott beleidigt mit äußerlicher Frömmelei und Getue, wie es zu erwarten steht, denn alle Scheinheiligkeit ist Lüge, und Gott ist die Wahrheit …

Garðar trägt so konzentriert vor, dass er nicht sieht, wie Þórður seinen Becher abstellt, ganz ruhig auf ihn zugeht und mit der Rechten ausholt, während er sie zur Faust ballt. Der Apostel tritt vor und reißt den Mund auf, ohne jedoch einen Laut herauszubringen, Sam und Jón sind noch im Begriff aufzuspringen, da ist Þórður schon bei Garðar angelangt, und es ist zu sehen, dass er seine ganze Kraft in den Schlag legt. Seine gesammelte körperliche und geistige Kraft und Anspannung liegt in dem Schlag, in der Faust, die auf Garðars Kinn kracht.

Die Wahrheit ist ein seltsam Ding

Es ist ein gewaltiger Schwinger. Schließlich ist der Bauer von Karlsstaðir bärenstark und hat sich schon früher nicht schwer getan, auf einem Ball dem einen oder anderen Kerl kräftig Bescheid zu stoßen, allerdings ist es ihm noch nie in den Sinn gekommen, die ganze Gewalt einzusetzen, die in einem solchen Faustschlag liegt. Aber jetzt steht er in der Scheune von Gilsstaðir und hat einen unangemeldeten Gast zu Boden geschlagen.

Und? Was passiert dann?

Die Arme des Apostels fallen schlaff herab, sein Mund klappt zu, Jón und Sam sinken wieder auf ihre Heuballen, Garðar liegt mit dem Gesicht nach unten und regt sich nicht, Þórður schüttelt mit einem erstaunten Gesichtsausdruck seine Faust, und der Regen trommelt aufs Wellblechdach.

Vier Bauern betrachten den Besucher, der auf dem Boden liegt, k.o. geschlagen oder Schlimmeres. Der Regen prasselt, und keiner sagt einen Ton oder tut etwas. Und dieser Garðar? Ist er vielleicht ganz hinüber? Nein, er regt sich, die Schulterblätter zucken kurz, dann der Kopf, er schüttelt ihn benommen und sitzt kurze Zeit später mit ausgestreckten Beinen auf dem Fußboden. Er schaut Þórður an und sagt vorwurfsvoll: Der Schlag war nicht für mich gedacht.

Da endlich kommt Leben in die anderen, als würden sie aus einer Starre erwachen. Der Gemeindevorsteher steht, nein, springt fast auf, stürzt die sieben, acht Schritte zu Garðar hinüber und fragt ganz außer sich, ob er auch nicht verletzt sei, nicht sogar schwer verletzt und ob der Apostel nicht ein paar Eiswürfel im Kühlschrank habe. Guter Mann, du musst deine Backe kühlen, tut dir nicht alles weh? Bist du nicht windelweich geprügelt? Mann, oh Mann, was für ein Schlag! Es hat in der ganzen Scheune gedröhnt, das hat vielleicht geknallt! Kannst du den Kiefer bewegen? Liebes Apostelchen, nimm die Beine unter die Arme und sieh zu, dass du etwas zum Kühlen für unseren Garðar hier findest. Mein lieber Mann, was für ein gewaltiger Schwinger, mein bester Þórður! Dass ich das erleben durfte. Da ist man doch schlagartig nüchtern!

Der Apostel scheint am Boden festgewachsen zu sein und bewegt sich kein Stück. Þórður sieht Garðar an und sagt langsam: Du heißt überhaupt nicht Garðar.

Der Besucher, entschuldigend: Es war der erstbeste Name, der mit einfiel. Der Apostel und ich hatten stundenlang im Garten gesessen, und als ich einen Namen nennen musste, lag Garðar irgendwie am nächsten. Ich kann den Namen nicht mal leiden. Sturla hat mir dagegen immer sehr gefallen.

Sam ist aufgestanden: Du bist nicht verletzt?

Der Gast: Nein, oh nein, halb so schlimm.

Jón: Und du bist nicht aus Aðaldalur?

Der Gast lächelt breit: Eine schöne Gegend, und Dichter an jedem Hofbach. So etwas schätzt ihr doch. »Was Dunkelheit und Schneegestöber raunen / was immer auch der Sturm gebiert / so will ich tränenglücklich bis ans Ende wandeln / jede Straße, die mich zu dir führt.«

Þórður, nachdenklich: Ja, er ist ein guter Dichter.

Der Gast, vorsichtig: Darf ich vielleicht den Namen Sturla tragen? Das würde mir gefallen, obwohl ich mir vielleicht nicht besonders viel Wohlwollen verdient habe.

Sie haben nichts dagegen, diese Bauern. Ist doch ein solider, kerniger Name, Sturla. Aber wie auch immer, eins will Sam noch fragen, und es ist ihm egal, ob sich die Frage dumm anhört, die Antwort ist ihm nämlich überaus wichtig: Wer bist du?

Entschuldige, Sam, antwortet Sturla, ich will mich nicht vor deiner Frage drücken, aber erst möchte ich noch wissen, wie Þórður mich durchschaut hat. Dieser Schlag war nicht für irgendeinen Garðar aus Aðaldalur bestimmt. Was hat mich verraten?

Þórður: Der Apostel.

Ich?

Ja, denn während Sturla sprach, habe ich dich beobachtet, und deine Miene verriet mir, dass Sturla die Unwahrheit sagte.

Sturla: Und etwas sagte dir, dass es keine gewöhnliche Lüge war. Als du auf mich zukamst, war es, als ob das ganze Jahrhundert durch dich hindurchströmte, und als du zuschlugst, floss der gesammelte Zorn in deine Faust und explodierte mit dem Schlag, und du hattest die Kraft aller Menschen. War es nicht so?

Þórður: Doch, wenn du es sagst. Ungefähr so.

Jón: Wovon redet ihr eigentlich?

Sturla: Und nach dem Schlag ging es dir ungeheuer gut, du hast eine stille Lust verspürt.

Þórður: Das kannst du laut sagen. Zuerst war ich ein bisschen durcheinander, so, als würde ich irgendwie neben mir stehen. Selbstvergessenheit würde mein Bruder das vielleicht nennen. Er hat mal so etwas erwähnt.

Jón: Wovon zum Teufel sprecht ihr überhaupt?

Sturla, bitter: So ist es immer und wird nie anders! Immer müssen es andere ausbaden, und wann endlich einmal nicht ich? Er kommt immer ungeschoren davon, lässt andere für sich büßen. Das ist echt beschissen!

Jón: Wer in drei Teufels Namen kommt hier davon? Was geht

hier eigentlich vor? Da kriegt ein Mann einen verpasst, dass es sich gewaschen hat, und dann steht er wieder auf und spürt gar nichts davon. Þórður, Sam, habt ihr eine Ahnung, was hier los ist? Und wer kommt davon, also, Þórður, jetzt werde ich langsam sauer! Welcher Satan kommt hier andauernd davon?

Sturla, kurz: Gott.

Jón, verdattert: Gott?

Sturla, steht auf und schreit los: Wer denn sonst?! Was? Der Chef, natürlich, der Boss, der Höchste! Sturla wischt einen Strohhalm von seiner Kleidung, funkelt die drei Bauern wütend an und will ganz augenscheinlich noch ein paar wenig freundliche Dinge über diesen Höchsten ablassen, da mahnt ihn der Apostel mit einiger Strenge, er solle seine Zunge hüten. Natürlich dürfe er seine Ansichten und Meinungen haben, aber wenn es ihn so stark dränge, sie hier und jetzt loszuwerden, dann wolle er, der Apostel, ihn bitten, ob er die Güte haben könnte, sie unter freiem Himmel zu äußern, aber nicht unter seinem Scheunendach. Sturla entschuldigt sich ein wenig beschämt, blickt für einige Sekunden verlegen zu Boden, klatscht dann auf einmal in die Hände und ist im gleichen Augenblick wieder fröhlich, fragt den Apostel, ob sie den drei anderen nicht die eine oder andere Erklärung schuldeten.

Jón, in dem sich schon wieder etwas zusammenbraut: Ob ihr uns nicht ein paar Erklärungen schuldig seid? Na, da könnt ihr einen drauf lassen!

Sam, lässt sich von Jóns Zorn anstecken: Jawohl, jetzt endlich die Wahrheit auf den Tisch und keine Ausflüchte!

Die Wahrheit, sagt Sturla nachdenklich, ist ein seltsam Ding, äußerst rar und keine leichte Bürde. Ja, keine leichte Bürde, und der Apostel ist wahrscheinlich der Einzige, der sie aufnehmen kann, ohne unter ihrem Gewicht zusammenzubrechen. Eine ganz andere Frage ist es, ob er gut mit ihr umgehen kann. Ich behaupte sogar, es ist äußerst verwerflich, einen gewöhnlichen

Sterblichen dazu auszuersehen, sie in Worte zu kleiden. Eine Entscheidung, die eine gehörige Portion Fehleinschätzung beweist, bedauerliches Zeichen von Realitätsverlust, sagt Sturla wütend und macht Anstalten, zu einer heftigen Anklage auszuholen, als ihn der Apostel noch einmal zur Mäßigung ruft.

Entschuldige, antwortet sein Gast, ich will mich zusammenreißen, aber mir liegt die ganze Sache so sehr am Herzen, sie ist so wundervoll, ich bin völlig fasziniert davon.

Sam: Du sprichst von der Wahrheit.

Sturla, mit verträumter Miene: Es ist wahrlich nichts von derartiger Schönheit.

Da fragt Sam ziemlich brüsk nach dem Hokuspokus der vergangenen Tage.

Hokuspokus?, wiederholt Sturla und ist auf der Hut.

Ja, Hokuspokus, der ganze Aufwand: Wechselnde Erscheinung, Nebel in Ferngläsern, hat Sturla etwa nicht einige dermaßen durcheinander gebracht, dass es fraglich ist, ob sie jemals wieder klar werden im Oberstübchen? Man braucht nur an Ágúst auf Sámsstaðir zu denken.

Was ist mit ihm?, fragt Sturla und wirkt auf einmal sehr nervös, genau wie der Apostel, der sich halb abwendet und nicht weiß, wohin mit seinen Händen.

Was mit Ágúst ist? Na, hat er etwa nicht so weit Verstand und Selbstachtung abgelegt, dass von Entmündigung und Psychiater die Rede ist? Er hört auf nichts mehr, ist nur noch damit beschäftigt, den Grundriss für seine Kirche aufzumessen, und in den beiden letzten Tagen hat er vormittags zwischen zehn und zwölf zwei flammende, fundamentalistische Predigten am Telefon gehalten. Darin hat er die Leute aufgerufen, alles Weltliche fortzuwerfen und ein bußfertiges, asketisches Leben aufzunehmen. Wie der Gast und auch der Apostel das rechtfertigen wollten, einem Menschen den Verstand zu rauben, abgesehen von allem anderen?

Sie schauen zu Boden, der Apostel ringt die Hände, Sturla, noch immer aufgewühlt, bewegt die Lippen, Sam hakt nach: Wie?

Zwischen zehn und zwölf, wiederholt Sturla laut, der Apostel stöhnt gequält auf, und dann verlieren die beiden urplötzlich alle Fassung: Ein gewaltiges Gelächter bricht aus ihnen hervor. Die drei Bauern sehen sich konsterniert an. Sturla lässt sich auf einen Heuballen sinken, der Apostel dreht ihnen den Rücken zu, und es schüttelt ihn am ganzen Leib.

Jetzt laust mich doch der Affe!, sagt der Gemeindevorsteher, reißt sich die Mütze vom Kopf und klatscht sie wütend auf den Schenkel, setzt sie wieder auf und befiehlt Sturla und dem Apostel geradezu, sich endlich wie vernunftbegabte Menschen aufzuführen.

Wie Menschen, kichert Sturla und flippt vollends aus, das Lachen verzerrt sein Gesicht, und er hängt nur noch auf seinem Ballen, während der Apostel die Stirn an die Wand geschlagen hat und nur noch hysterisch wiehert.

Fünf Minuten gehen so herum, da verliert Sam die Geduld. Er geht zu der Kiste, nimmt die Flasche heraus, füllt zwei Plastikgläser, die er dem Apostel und Sturla reicht, und beide kippen den Inhalt hinab und haben sich wenig später wieder so weit gefasst, dass sie Rede und Antwort stehen können. Und das sind sie den anderen auch schuldig. Sam und Jón können da so einiges anführen, eine ganz schön lange Liste. Und es sind nicht nur Kleinigkeiten vorgefallen; den beiden wird bei der Aufzählung ganz schön heiß. Jón meint, dafür hätten sie eigentlich beide eine Tracht Prügel verdient, auch der Apostel. Ausgerechnet du lässt dich zu so einem unverantwortlichen Theater anstiften. Man sollte euch beiden das Fell gerben!

Sturla wendet sich an den Apostel und fragt: Lieber Freund, möchtest du, dass ich rede?

Oh ja. Der Apostel möchte sich nur noch auf seinen schönen

Stuhl setzen, auf dem er all die Jahre gesessen hat und auch sein Vater, den Stuhl, den Sölvi von Fjallabak, später Knecht auf Karlsstaðir, Anfang des Jahrhunderts mit all seinem handwerklichen Geschick gebaut hat. Nur noch auf diesem Stuhl sitzen will der Apostel, auf ihm hat er gesessen und seine besten Stunden erlebt, tiefe Freude empfunden und ebenso abgrundtiefe Verzweiflung, auf ihm saß er, während alle möglichen Arten von Unwetter auf das Wellblechdach eintrommelten, auf ihm hörte er die Kühe muhen, die Schafe blöken, den Regenbrachvogel trillern, die Fliegen erwachen; all diese Jahre, und immer allein, außer wenn Starkaður im Heu träumte, sonst allein mit Gott in seiner unermüdlichen, schonungslosen Suche nach der Wahrheit. Der Gilsstaðirbauer wirkt jetzt erschöpft und ausgebrannt, müde, ja, voller Trauer, als hätte sich die ausgelassene Fröhlichkeit, die hier noch vor wenigen Minuten herrschte, schlagartig in ihr Gegenteil verwandelt.

Lieber Freund, sagt Sturla gerührt.

Schon gut, schon gut, murmelt der Apostel und weist jede Anteilnahme zurück. Erzähl jetzt, sie haben es sich wirklich verdient. Du weißt, dass es viel Überwindung gekostet haben muss, herzukommen und Erklärungen zu verlangen. Erzähl es ihnen.

»Es ist schon alles sehr merkwürdig«

Sturla beginnt damit, die hinlänglich bekannten Vorfälle der vergangenen Tage noch einmal Revue passieren zu lassen, er lässt sie allerdings in einem neuen Licht erscheinen, indem er sie aus der Sicht des Apostels darstellt. Und er bekennt freimütig, dass er den Apostel zu dem »verantwortungslosen Theater« verleitet hat, meint aber auch, die Welt würde sich immer so gravitätisch aufführen, dass ihr ein kleiner Schabernack mal ganz gut täte. Außerdem, sagt er weiter, dürfe man etwas anderes nicht übersehen: Der Anlass seines Besuchs sei im Grunde so ernst, dass für den Apostel ein bisschen Leichtsinn einfach lebensnotwendig gewesen sei. Ob sie etwa im Fall des Sámsstaðirbauern Ágúst zu weit gegangen seien? Ja, sagt Sturla, was meint Þórður dazu?

Was ich dazu meine?

Ja. Haben ich und der Apostel ihm zu übel mitgespielt?, fragt Sturla, und beide sehen Þórður an, der Apostel aus seinem Stuhl, er scheint sich ein wenig von der Traurigkeit zu erholen, die ihn vorhin verdüsterte. Auch Sam und Jón blicken auf Þórður. Es sieht so aus, als wüsste er die ganze Antwort, als läge das endgültige Urteil bei ihm.

Þórður: Tja.

Er legt die Hände auf den Rücken, reckt das Kinn vor, denkt gründlich nach. Doch, stimmt schon, sagt er bedächtig, Ágúst sei mit der Zeit ganz schön eingebildet geworden, sein Auftreten und seine Ansichten ziemlich arrogant ...

Genau, genau!, ruft Sturla, klatscht dreimal in die Hände und meint begeistert, der Apostel hätte vorhergesagt, dass Þórður verstehen würde, nicht wahr, bester Freund?

Und der Gilsstaðirbauer, dem es zusehends besser geht, nickt, Jón und Sam brummen zustimmend: Doch, da ist schon was dran, ganz recht eigentlich, stimmt genau. Wenn man es richtig betrachtet ... doch, ja, ja.

Sturla gerät vor Freude ganz aus dem Häuschen und ruft zweimal: Nicht wahr?! Stimmt doch! Dann wird er ganz plötzlich wieder ernst und flüstert so leise, dass die anderen unwillkürlich fragend die Köpfe recken: Es war die Wahrheit. Sie hat Sturla zum Apostel gerufen.

Sturla schweigt einen Moment, dann lächelt er entschuldigend, geht in seinen Winkel und kommt mit einem dünnen Büchlein zurück: Hier, sagt er mit einer Spur von Trauer in der Stimme, ist die Wahrheit. Hier habt ihr den Grund für mein Kommen.

Die drei Bauern schauen auf das Buch, dann auf den Apostel, und sie wissen auch ohne weitere Erklärungen, dass Sturla die unermüdliche Arbeit dreier Generationen in der Hand hält: Die Heilige Schrift, die revidierten Worte der Bibel.

Sturla: Schon ein ziemlich dünnes Heft, was? Etwas anderes als die Guðbrands-Bibel, die so viel von sich her macht, dass sie den ganzen Arm ausfüllt. Aber letzten Endes ist die Wahrheit nicht umfangreicher, als dass sie auf diesen wenigen Bögen Platz hat, die der Apostel für mich so geschmackvoll eingebunden hat. Hier halte ich also den Ertrag von drei Generationen in der Hand, sagt Sturla und fügt gedankenlos hinzu, als sei es ein unwichtiger Nachsatz: Wenn ich gehe, nehme ich das Heft mit mir.

Langes, langes Schweigen. Dann platzt es auf einmal aus Þórður heraus: Wart mal ...

Jón: Ja, genau, warte mal!

Sam: Du nimmst das Buch mit?
Jón: Was sagt denn der Apostel dazu?
Sam: Wieso nimmst du es mit?
Þórður: Woher nimmst du dir das Recht ...
Sam: Ich bin nicht sicher, ob ...
Jón: Mein lieber Apostel, sollen wir das durchgehen lassen?
Sam: Das kann ich gar nicht glauben, oder?
Þórður: Kann man so etwas einfach mitnehmen? Und wenn ja, wohin?
Jón: Ich verstehe das alles nicht. Aber dabei fällt mir gerade Starkaður ein, Þórður. Kannst du mir Neues von ihm berichten? Ich wollte längst einmal mit ihm über die Bezirkschronik reden. Ich frage mich ... nein, was rede ich bloß, Jungs! Er wird doch nicht mit *dem* Buch durchbrennen, was?
Sam: Das ist schon alles sehr merkwürdig.

Sturla blickt fast liebevoll auf die drei Bauern und wiederholt dann mit Bestimmtheit, er nehme das Buch mit, etwas anderes komme nicht in Betracht. Sam will offenbar etwas einwenden, doch Sturla kommt ihm zuvor: Der Apostel ist ganz meiner Meinung.

Sturla: Anfangs nicht, das räume ich ein, trotzdem hegte auch er seit geraumer Zeit die Befürchtung, die Menschen würden keine Ehrfurcht vor einer Wahrheit empfinden, die auf nur sechzehn Seiten Platz findet, mit reichlich Absätzen und einer 14-Punkt-Schrift; zudem in einfachen Worten und ohne jede literarische Versiertheit. Worte, deren Schlichtheit nichts zu enthalten scheint, nach dem man sich richten müsste. Die Menschen haben nämlich von Beginn an den Wert des Einfachen unterschätzt. Diese Burschen zum Beispiel, die die Bibel aufgeschrieben haben, waren überwiegend äußerst klug und gescheit, aber sie unterschätzten die Einfachheit, konnten sich nicht vorstellen, dass nur sie alles umfassen kann. Sie haben sich dermaßen in ihre

Eingebungen und Gespreiztheiten verloren, dass man darüber völlig den eigentlichen Gehalt vergisst. Das Buch des Apostels enthält dagegen nichts als die Wahrheit. Wer es aufschlägt, schaut das gleißende Licht der Wahrheit. Ich nehme es mit mir, weil der Mensch dieses Licht nicht verkraftet, es brennt ihm die Augen aus, enthüllt seine Sünden und Schwächen. Ich frage euch, was würde aus dem durch und durch reinen Werk des Apostels in einer Welt voll Eitelkeit, Machtgier, Furcht, Misstrauen, Unreife, Gemeinheit? Ja, es würde missbraucht, fehlinterpretiert, in Heiligkeit ertränkt, unter Bergen von Worten begraben, seine Schlichtheit würde mit Kostbarkeiten überhäuft, bis sein Licht zu einer matten Funzel würde, die man leicht übersehen kann. Aus einem Splitter der Wahrheit baut der Mensch einen Palast der Lüge. Nicht aus vorsätzlicher Bosheit, sondern vor allem aus mangelnder Reife und – es tut mir Leid – Gedankenlosigkeit.

Der Regen rauscht auf das Wellblech.

Sturla blickt von einem Gesicht zum andern, sieht allen in die Augen und sagt dann, nichts sei so bedrohlich und gefährlich wie eine verzerrte Wahrheit. Das Werk des Apostels könnte das Ende des Menschen heraufbeschwören. Davon bin ich überzeugt. Und deshalb muss es mit mir verschwinden. Der Mensch ist nicht bereit.

Sturla verstummt.

Der Regen trommelt aufs Blech.

Was ist dem noch hinzuzufügen?

Sollen die drei Bauern vielleicht mit den Füßen aufstampfen und dem Mann diese gravierenden Vorwürfe austreiben?

Stattdessen blicken alle ziemlich betreten zu Boden. Þórður setzt sich auf einen Heuballen und nimmt einen Schluck aus dem Plastikbecher. Jón beißt mit desperater Miene die Zähne aufeinander. Sam steht vornübergebeugt da, die Hände in den Taschen, und nickt mit dem Kopf, als habe er einen schlimmen

Verdacht bestätigt bekommen; dann fragt er, wahrscheinlich nicht weniger, um die drückende Stimmung zu entlasten, als um eine Antwort zu bekommen: Und wer bist du?

Sturla beißt die Lippen zusammen, fasst sich ans Kinn, schaut forsch und ist auf einmal wieder spöttisch: Wer ich bin? Wer ich eigentlich bin? Nun, was weiß man schon über sich selbst, was, wenn man's mal genauer betrachtet? Ich kenne jemanden, der ist mal in einer Fernsehshow gelandet, und als er sich zu Hause auf dem Bildschirm sah, soll er gesagt haben: Bin das etwa ich? Du fragst, wer ich bin. Ich bin wohl kaum der Satan selbst, der dem lieben Gott etwas wegnehmen will. Vielleicht bin ich der Hüter des Menschen, wie, oder ein ungezogener Engel, der die Langeweile der Ewigkeit leid ist. Oder wie wär's damit: Ein hundsgemein smarter Schriftsteller, der mit dem Buch des Apostels seinen eigenen Durchbruch erzielen will, einem Buch, in dem hundertzwanzig Jahre Arbeit stecken! Doch wozu darauf eine Antwort suchen? Das müsste schon ein eingebildeter Idiot sein, der meint, sich selbst immer genau zu kennen. Nennt mich einfach Sturla und denkt in Zukunft manchmal an mich. Das wäre mir schon eine große Freude.

Sagt der Besucher, der Sturla genannt werden möchte. Er bittet sie, ihn einfach Sturla zu nennen und schlägt dann vor, sie sollten sich alle fünf des Selbstgebrannten des Apostels annehmen, und er bittet sie inständig, nicht weiter in ihn zu dringen. Es sei nicht gut, zu viel zu wissen. Das würde euch nur die Freude verderben, euer Leben ruinieren. Ja, sagt er, ihr müsstet eigentlich erst sterben, um zu begreifen, wahrhaftig, ihr müsstet dafür sterben, und es ist verdammt unerquicklich zu sterben, nur um etwas herauszufinden. Huh, das jagt mir einen Schauer über den Rücken! Ich will euch lieber eine Geschichte erzählen. Gar nicht so einfach, eine gute Geschichte zu erzählen, das wisst ihr selbst am besten. Hocken wir uns auf die Heuballen! Wo ist der

Schnaps? Reden wir nicht von Gott, nicht vom Tod, reden wir lieber vom Leben, dem, was existiert, dem, das euch gegeben ward. Jungs, ich weiß ein paar Geschichten, und die sind gut. Und ich kann versprechen, dass sie weder von Gott noch vom Tod handeln. Können wir nicht einfach hier in der guten Scheune sitzen bleiben, hier hält man's doch gut aus, und wir sollten Geschichten kennen, die uns noch lange wärmen, nachdem sie zum Besten gegeben wurden. Und Wärme – ist das nicht das Leben, wie? Was meint ihr dazu?

Was sie dazu meinten?

Nicht viel.

Wozu auch Worte über das Naheliegendste verlieren? Hier sind sie, und da stehen drei Flaschen. Morgen ist ein neuer Tag, und so jung kommen sie nicht wieder zusammen, da versteht es sich doch von selbst, dass man eine solche Gelegenheit nicht ungenutzt vorübergehen lässt. An anderes kann man später denken, und später kann man auch Fragen stellen. Þórður und Jón gehen zum Auto und holen den noch immer bewusstlosen Pfarrer, tragen ihn in die Scheune, legen ihn auf eine weiche Unterlage und wickeln ihn in eine Wolldecke. Dann werden die Flaschen aufgemacht, und es werden Geschichten erzählt, von Sturla wirklich unglaubliche Geschichten, wahrscheinlich frei erfunden oder stark übertrieben. Aber was sind Übertreibungen anderes als ausgeschmückte Wahrheiten?

Und es regnet weiter.

Es regnet noch immer, und in diesem andauernden Regen war Starkaður unterwegs. Er ist durch einen Fluss gewatet, um einen Berg herumgelaufen, in ein Tal gewandert und steht endlich durch und durch nass mit seinen schwarzen Augen im Vorbau von Hamrar.

Der Himmel jenseits des Hügels

Eins

Der Schlaf hat die Stadt angerührt und die Autos, die wie tote Einzeller vor den Häusern stehen. Alle Fenster sind dunkel, und nichts regt sich, bis auf einen Willys-Jeep, der aus der Augustnacht kommt und in die Lichtkuppel der Stadt fährt. Mit gleichbleibender Geschwindigkeit, egal ob die Ampeln grün oder rot zeigen.

Die Häuserreihen werden dichter. Sie ragen überall auf wie steile Felswände mit schwarzen Scheiben.

Da ist es, sagt Starkaður und zeigt.

Zwei

Er war im dichten Regen von Gilsstaðir aufgebrochen, und es war sonst niemand unterwegs. Die Vögel plusterten sich um ihr Schweigen, die Pferde drehten mit durchnässter Mähne dem Regen das Hinterteil zu, die Kühe äugten stumpf zu den Höfen hinüber. Er überquerte eine Unzahl von Gräben, kletterte über Zäune, ging über Grasbülten und ebene Hauswiesen, durch schwingendes Moor, auf harter Straße, in schlüpfriger Erde, und der Fluss griff mit kalter Hand um seine Beine und wollte ihn mit sich zum Meer schleifen.

Er umging einen Berg, wanderte in ein Tal, nicht übermäßig tief, trat in den Vorbau auf Hamrar und rief mit leiser Stimme.

Doch Guðmundur war nicht zu Hause, mal eben weggegangen, wohin, wurde nicht gesagt, auch nicht, wann er zurückkäme. Frau Guðborg ging mit dem Hund hinaus auf den Hof, sagte etwas zu ihm, und der Hund verschwand im Regen.

Dann sitzt Starkaður auf einem Stuhl im Wohnzimmer, blinzelt kaum einmal mit den Augen, ist einsilbig und schaut unbestimmt in die Ferne, Wasser läuft an ihm herab, aber was macht das schon, Nässe kann man aufwischen. Wer von so weit her zu Fuß durch dichtesten Regen kommt und dann vor sich hin starrend auf einem Stuhl hockt, wird dafür keinen alltäglichen Grund haben. Wozu also Aufhebens um einen feuchten Fußboden machen?

Zwei Stunden vergehen, vielleicht auch mehr, dann kommt Guðmundur. Der Hund, der tief in die regnerische Welt gelaufen war und sein Herrchen oben auf der Heide aufstöberte, hat ihn geholt. Groß und breitschultrig tritt er ins Zimmer, trocken unter der Regenkleidung, nur der Islandpullover riecht nach Feuchtigkeit. Der Dichter sitzt auf dem Stuhl, es tropft nicht mehr aus seinen Kleidern, und die Pfützen auf dem Boden sind getrocknet.

Dann machen sie sich fertig zum Aufbruch.

Es werden Brote für die Frühstücksbox geschmiert, Frikadellen vom Mittagessen kommen in die andere, dann wird noch Kaffee für unterwegs gemacht, und sie fahren mit dem Willys los. Oben auf dem Pass öffnet Guðmundur die Dose mit den Frikadellen, und Starkaður verputzt sie alle. Als sie den Pass hinter sich haben, lässt der Regen etwas nach, das Abenddunkel wird dichter, das Wageninnere füllt sich mit schwerem Kaffeeduft.

Es ist ein später Augusttag vor zwanzig Jahren, ein Dichter und ein Halbtroll sind gemeinsam unterwegs, sie fahren über den Pass, an der Raststätte vorüber, durch das Lavafeld, das so schwarz unter dem losen Moos liegt. Da beginnt Starkaður zu reden.

Er sitzt stocksteif aufgerichtet in seinem Sitz, schaut geradeaus und spricht leise, aber ohne Unterlass, fast als würde er einen Text aus einem Buch zitieren.

Drei

Am Tag nach seinem Herbstausflug mit Guðmundur hatte Starkaður Ilka seine Entwürfe für die Bezirkschronik gezeigt, und von dem Tag an hatte sie verkündet, nichts dürfe ihn von der Arbeit abhalten. Diese Beschreibung wäre von großer Bedeutung, sie enthielte Starkaðurs ganze Einbildungskraft, seinen Furor und seine Sensibilität, seinen Frohsinn und seine Traurigkeit, Zorn und Freude, sein Fleisch und seinen Geist. Ilka hatte gemeint, sie würde nicht ahnungslos daherreden, sondern das Werk genauestens kennen, hätte es während seiner Entstehung auf Fehler durchgelesen, Hinweise gegeben, was zu viel war und wo etwas fehlte. Aber jetzt sitzt Starkaður im Willys-Jeep und sagt, Ilka würde sein Werk überschätzen, und zwar so sehr, dass sie zu lange über ihre eigene Erkrankung geschwiegen hätte.

Die ersten Anzeichen hatte sie um die Weihnachtszeit gespürt; zuerst als leichtes Ziehen in der linken Bauchhälfte, das sich dann in den Rücken fortsetzte.

Ilka war sicher, dass es nur eine Kleinigkeit war, vermutlich nur Einbildung oder von zu viel Kaffeegenuss, und sie hatte so getan, als wäre nichts, wollte Starkaðurs Konzentration nicht stören.

Dann waren sie nach Dänemark geflogen.

Es würde Starkaður gut tun, einmal von den Schauplätzen seines Werks fortzukommen. Wer einmal für eine Weile weggeht, sieht nachher alles umso deutlicher. Außerdem hatte Ilka gehofft, die neue Umgebung würde sie auf andere Gedanken bringen, was sie auch tat, und ein paar Wochen lang spürte sie nichts. Oder redete es sich zumindest ein. Doch eines Nachts im Juli wachte Ilka auf, und das Ziehen war zu einem richtigen Schmerz geworden. Wie eine heftige Kolik, und sie erbrach gallige Flüssigkeit. Da hatte Starkaður die Bezirkschronik vollendet.

Ilka versuchte ihn davon zu überzeugen, dass es ihm nicht nur gelungen sei, Leben und Arbeit der Einwohner eines kleinen Bezirks einzufangen, ihre Träume, ihr Sterben, sondern die ganze Welt. Er hätte es verstanden, die Welt in einer Spiegelscherbe zu fangen, die in eine hohle Hand passte, seinen Worten konkrete Nähe und zugleich Weite verliehen. Sie meinte, die Bezirkschronik sei auch ein Widerspruch gegen die Kräfte, die ihre Chance in sklavischer Anpassungsbereitschaft suchten, für kurzfristige Gewinne jedes Gleichgewicht umstürzten. Kräfte, die jede individuelle Eigentümlichkeit als Hindernis und Gefahr für die Zukunft ansähen und es für nötig befänden, die Vorstellungen und das Denken der Menschen, ihre Bräuche und Verhaltensformen in einen vagen Einheitsbrei zu rühren; die Einzelnen in eine dumpfe Masse zu verwandeln. Starkaður hatte Ilka geantwortet, sie würde viel zu viel aus seinem Werk machen, und es sei viel mehr sie selbst, Ilka, auf die es ankäme. Sie sei das Allerwichtigste, und dann erst käme alles andere. Ilka gab zur Antwort, sie würde die Bezirkschronik einfach besser kennen als er. Dann meinte sie noch, Starkaður solle sich um sie keine Sorgen machen, denn es käme doch alles so:

»Ich werde dir nie verloren gehen, sondern ich warte auf dem Sommerhang, lausche dem Wind in den Grashalmen, lese manchmal ein Buch, trage meinen Wollpullover und rote Stiefel, und neben mir döst ein schwarzer Hund mit weißen Pfoten. Oben auf der Anhöhe ist ein guter Platz für einen Hof. Dort steht ein kleines Haus mit zwei Etagen. Es hat rote Fensterrahmen und blaue Gardinen, eine Wand ist ganz mit Büchern bedeckt, und auf dem Küchentisch wartet eine volle Thermoskanne mit Kaffee auf dich.«

Vier

Guðmundur hält mit beiden Händen das Lenkrad, und der Willys folgt seinen Scheinwerferkegeln. Sie fahren nach Süden, und die Sommernacht birgt sie in ihrer Hand.

Fünf

So sehe ich es vor mir:

Es ist, als würden sie in einen Traum hineinfahren.

Der Schlaf hat seinen nachtschwarzen Flügel über die Häuser gebreitet, alles schläft, und nirgends ist Licht in einem Fenster.

Da ist es, sagt Starkaður und zeigt auf ein großes, weißes Gebäude, das wie eine Burg über seine Umgebung aufragt.

Der Parkplatz ist leer, aber Guðmundur hält so weit wie möglich von dem Gebäude entfernt und macht den Motor aus.

Sie sprechen nichts, steigen aus, gehen Seite an Seite auf das Gebäude zu, nehmen zwei Stufen auf einmal, öffnen die Außentür, dann die beiden inneren Türflügel, und der lange Flur des Krankenhauses verliert sich in der Ferne. Ohne Zögern, ohne sich anzusehen, gehen sie den Gang entlang, den leeren, weißen Gang, ihr Schritt unterbricht die Stille, doch niemand wacht auf, um sie aufzuhalten oder Fragen zu stellen. Lange schreiten sie so voran, und in der Welt ist nichts als ihre Schritte. Doch dann haben sie das Ende des Gangs erreicht, sie steigen Treppen hinauf, durchqueren einen weiteren Flur, neuerliche Stufen, und dann kommen sie an eine halb offen stehende Tür.

Schläft sie oder ist sie wach?

Starkaður öffnet die Tür ganz, das Licht vom Flur fällt auf einen Stuhl, das Fußende eine Betts, und sie liegt in diesem Bett. Sie treten in das Zimmer, und Schatten scheinen sich von ihrem Bett zu heben. Sie schlägt die Augen auf, dreht den Kopf, sieht zu ihnen hin. Sie ist mager geworden, und ihr Haar, das einmal so rot leuchtete, dass es die Welt in Brand stecken konnte, ist fahl geworden.

Ilka: Ich habe geschlafen und von Schatten mit hohlen Augen geträumt. Sie beugten sich über mich und sagten, ich solle ihnen folgen. Sie sagten, du wärst gegangen, könntest es nicht mehr aushalten, bei mir zu sitzen. Sieh dich doch an, sagten sie, du bist doch nur noch ein Gerippe, ganz aufgezehrt, nur noch die Knochen übrig. Wenn du wirklich endgültig gegangen wärst und nie mehr wiederkommen wolltest, wäre es mir gleich gewesen, mit den Schatten zu gehen. Aber jetzt bist du da.

Starkaður beugt sich über sie, küsst sie auf die bleiche Stirn, flüstert, um sie im Stich zu lassen, müsste er sich erst selbst aufgeben; aber jetzt werde alles gut, denn jetzt hätte sie keine

Schmerzen mehr. Er hebt sie aus dem Bett, ihre dünnen Arme schließen sich um seinen Hals, und sie wartet, dass Guðmundur den Rucksack nimmt. Der Hamrarbauer steht über das Bett gebeugt, hört, wie sich Starkaðurs Schritte entfernen, schwer, mit ihr auf den Armen. Er sieht auf das Bett, das so riesig wirkte, als sie darin lag. Jetzt ist es nur ein ganz normales, gewöhnliches Bett. Guðmundur bückt sich, hebt den Rucksack auf die Schulter und geht.

Er weiß, dass sich das Manuskript in diesem Rucksack befindet, aber erst am nächsten Morgen entdeckt der Hamrarbauer darin auch ein paar Umschläge, darunter einen, der an ihn adressiert ist.

Und einer an mich, den Jungen, der versucht hat, diese Geschichte zu schreiben.

Sechs

Die Lichtkuppel, die den Wolken einen anderen Schimmer verleiht, dehnt sich weit über die Hausdächer, auch noch über die Bucht und macht die Nacht heller, als sie sein sollte. Erst als sich der Bergstock zwischen sie und die Stadt schiebt, erreicht die richtige Schwärze der Nacht wieder das Auto. Da lassen die Scheinwerfer wieder einzelne Halme am Straßenrand hervortreten, tasten über Grabenränder und Weidezäune, und einmal schüttelt ein Pferd im Licht der Kegel seine Mähne. All das und auch die Steine am Wegrand, die Grasbüschel im offenen Gelände tauchen im Scheinwerferlicht ganz kurz vor Guðmundur auf und sinken dann wieder ins Dunkel.

Sieben

Der Willys dringt tiefer in die Umarmung der Nacht ein. Sonst ist niemand unterwegs, und die Stalllaternen der Höfe sind vereinzelte Fixsterne am sonst dunklen Himmel.

Acht

Es gibt etwas, das nennen wir Zeit.
Ein Auto fährt aus der Stadt.
Es biegt zum Pass ab.
Dazwischen vergeht etwas von dieser Zeit.
Oder?

Der Hamrarbauer ist nicht sicher. Vier Stunden hätten vergehen sollen, seit er mit schweren Schritten aus dem dunklen Krankenzimmer ging, bis sie zum Pass abbogen. Vier Stunden, und der Willys war der Straße gefolgt, die schmalen Lichtfinger in das weite Reich der Nacht vorgestreckt.

War es so?

Oder wartete die Nacht vielleicht außerhalb der Lichtkuppel auf sie, barg sie in ihrer Hand und versetzte sie nach Westen, außerhalb der Straßen, außerhalb der Zeit, setzte sie behutsam ab, wo der Anstieg zum Pass beginnt, und da und nicht eher beginnt auch diese Zeit wieder zu verstreichen?

Was weiß der Mensch schon?

Ja, was weiß er?

Neun

Die Straße hebt den Willys an und führt ihn näher an den Himmel.

Nahe der Passhöhe schaltet der Hamrarbauer zurück, fährt an den Rand, schaltet die Scheinwerfer und den Motor aus, steigt aus, um sich zu strecken, dehnt sich, fühlt sich aber gar nicht steif. Starkaður hilft Ilka aus dem Wagen. Sie ist in Guðborgs Pullover gehüllt. Es sollte allmählich auf sechs Uhr zugehen, aber es ist noch so dunkel, dass sie sich gerade gegenseitig erkennen können, den Jeep und vielleicht noch zwei, drei Meter darüber hinaus. Dazu ist es grabesstill, man hört weder einen Fluss rauschen noch den Wind im Gras rascheln. Die Stille und die Dunkelheit legen sich wie eine dichte, warme Decke um sie, und Guðmundur muss sich ernsthaft dazu aufraffen, das Schweigen zu brechen und zu fragen, wozu sie hier stehen. Warten wir auf ihn?

Starkaður, räuspert sich: Du meinst den Besucher?

Guðmundur: Ja.

Starkaður: Du bist doch gefahren; du hast angehalten und bist ausgestiegen. Wir sind dir nur gefolgt. Warum bist du nicht weitergefahren?

Guðmundur: Ich weiß nicht ... vielleicht weißt du es?

Starkaður: Nein.

Guðmundur: Doch, wir sollten auf ihn warten.

Ilka: Und dann?

Starkaður: Ich weiß nicht.

Was für ein Unsinn!, sagt Ilka und schüttelt den Kopf.

Da stehen sie neben dem Willys, Starkaður, Ilka, mit dem Rücken an ihn gelehnt, und Guðmundur am Rand der Straße.

Starkaður sagt gedankenverloren: Er heiß Garðar.

Ilka: Der Besucher?

Glaub ich nicht, sagt Guðmundur und hat den Satz noch kaum zu Ende gebracht, als eine Stimme in ihrer Nähe sagt: Ich heiße auch nicht Garðar, aber meine Freunde nennen mich Sturla.

Starkaður: Ach, da bist du ja.

Da ist er. Aus der Nacht gekommen, die so still und dunkel war. Jetzt beginnt es gerade über den Grasbüscheln zu dämmern, sie sehen die Straße weiter nach oben führen, die Erde in Schluchten stürzen und die Berge wie dunkle Schatten aufragen. Sie hören einen Bach, dumpfes Brausen tönt aus der Kluft, eine Brise erwacht im Gras. All das kehrt mit dem Besucher zurück, der Sturla genannt werden möchte. Er trägt eine durchnässte halblange Windjacke, einen Islandpullover vom jüngeren Sohn des Apostels, Kordhosen, die vor Schlamm kaum zu sehen sind; Erde auch in seinen Haaren, auf seiner Wange, und eine kräftige Fahne hat er. Er stützt die Ellbogen auf die Motorhaube, verbirgt das Gesicht in den Händen und stöhnt.

Du siehst nicht sonderlich frisch aus, sagt Ilka unverblümt.

Da stöhnt Sturla ein zweites Mal und erzählt, er sei in totaler Finsternis von Gilsstaðir aufgebrochen, und alles sei so nass gewesen. Er sei nur mal eben von der Straße abgewichen, um auszutreten, und habe sich gleich im Gestrüpp verlaufen. Er sei in sumpfiges Gelände geraten, oben herum trocken, aber die Beine pitschnass. Bestimmt habe er sich erkältet, und er würde noch immer herumirren, wenn er nicht die Autolichter von Guðmundurs Wagen gesehen hätte. So weit die Geschichte dieses Spaziergangs. Doch jetzt sei es Zeit weiterzugehen.

Darf man wissen, wo es hingehen soll, fragt Guðmundur höflich, aber bestimmt, und fügt noch hinzu, es sei nicht gut für das Blut, so loszuhetzen. Man solle sich durchaus Leistungsfähigkeit aneignen, aber auch Ruhe. Damit verstummt der Troll, selbst überrascht von seinem Redeschwall.

Sturla nickt und meint, Guðmundur habe schon Recht, innere Ruhe sei eine wertvolle Eigenschaft, und wie zur Bestätigung hockt er sich auf die vordere Stoßstange, schließt die Augen und scheint einzuschlafen. Guðmundur wartet eine Weile, räuspert sich dann und wiederholt seine Frage, was Sturla denn vorhabe?

Sturla öffnet die Augen, guckt erstaunt: Was ich vorhabe?

Guðmundur sagt, Sturla habe eine Menge Leute schwer durcheinander gebracht, und dafür müsse er doch einen Grund haben.

Sturla, geheimnisvoll: Starkaður, nach dir sind noch andere Männer gekommen, die wollten auch wissen, was ich vorhabe.

Starkaður: Waren das womöglich mein Bruder Þórður, Sam und der Gemeindevorsteher?

Sturla, erstaunt: Woher weißt du das?

Starkaður: Kommt sonst noch wer in Frage?

Sturla, nachdenklich: Nein, wahrscheinlich nicht ... Aber dieser Pastor war noch dabei.

Guðmundur: Jóhannes?

Sturla: Ja, wie der Täufer. Das war auch so ein Radikalinski. Den Täufer meine ich, der Pfarrer dagegen war völlig hinüber. Sympathischer Kerl.

Starkaður: Und sie wollten von dir wissen, was du vorhast?

Sturla: Ich will euch erzählen, wie es war.

Das tut er. Erzählt, wie das Dreigestirn bei ihnen auftauchte, wie er versuchte, ihnen einen Bären aufzubinden, Þórður die Sache aber durchschaute und ihn zu Boden schlug, mit einem gewaltigen Schwinger. Sturla erhebt sich von der Stoßstange, ereifert sich und macht vor, wie er aus den Schuhen gehoben wurde, sich drehte und der Länge nach auf dem Bauch landete.

Wart mal, sagt er, als Ilka wissen will, warum er versuchte, die drei zu täuschen. Nur Geduld, sagt er, als Starkaður nach

Þórður fragt. Lass mich die Geschichte zu Ende bringen. Dann hätten sie nämlich angefangen, sich zu besaufen. Alle Fragen beiseite gelegt, alle Zweifel, Ängste und Befürchtungen. Drei Flaschen Schwarzgebrannten hätten sie leer gemacht und sich wunderbare Geschichten erzählt. Vier Stunden lang, und dann wäre der Bus gekommen.

Starkaður: Der Bus?

Ilka: Was für ein Bus?

Guðmundur: Bei dem Wetter!

Eben, sagt Sturla. Weltuntergangswetter, und da kommt dieser Bus! Psst!, hatte der Apostel gesagt, hört mal! Und da hätten sie alle gehört, wie sich Motorenlärm durch den rauschenden Regen näherte. Sam stürzte zur Stalltür und sah zu seinem Entsetzen, wie sich ein Bus voller Touristen die Auffahrt nach Gilsstaðir hinaufquälte. Der Apostel dagegen war nicht die Bohne überrascht. Er erzählte ihnen vom Besuch des Vorreiters und zeigte sich eher verwundert, wie lange sich der gute Mann zurückgehalten hatte. Da fluchte Sam und meinte, dafür gebe es nun überhaupt keinen Anlass. Der Vorreiter schwimme auch nur mit dem Strom und wolle verkaufen oder zum Begaffen haben, was sich irgendwie heraushob. Und dabei habe ich ihn am Anfang wirklich gut leiden können, fügte Sam enttäuscht hinzu.

Nana, sagte der Apostel, der Mann denkt nur an sein Geschäft.

Ja, hätte Sturla da gesagt, ein Sklave der eigenen Ambitionen.

Und was jetzt?, fragte der Gemeindevorsteher. Ein Bus voller Touristen, wahrscheinlich Deutsche, um unseren Apostel hier zu begaffen. Was wollen wir tun? Wisst ihr was? Jetzt zeigen wir denen mal, wo der Hammer hängt, und dann haben wir hoffentlich unsere Ruhe.

Wir sollten nicht vergessen, dass es lediglich sein Job ist, wandte der Apostel ein, aber der Gemeindevorsteher wollte jetzt keine Rücksicht mehr nehmen, er war richtig heiß geworden und wollte alles platzen lassen. Auch Sam wollte alles platzen lassen: Sein Job, sicher, stimmte er zu, und wir können und wollen den Ausländern auch nicht verbieten, unser Land zu besichtigen, das kann ihnen nur gut tun, aber wir selbst sind doch keine Ausstellungsstücke! Und Sam tobte mit dem Gemeindevorsteher durch die Scheune, beide völlig durchgedreht, wollten irgendwas unternehmen, irgendetwas Verrücktes, und die anderen ließen sich anstecken, der Apostel hatte zu kichern begonnen, als wäre der Streich schon ausgeheckt.

Denen werden wir's zeigen!, johlte der Gemeindevorsteher begeistert, und da hatte Þórður eine Idee.

Wie sah die aus?, fragt Starkaður, als Sturla mit verheißungsvoller Miene eine Pause einlegt.

Denkt daran, sagt er, wir hatten ganz schön einen intus, hielten uns seit vier Stunden dran, ich hatte aus dem Haus Fleischwurst, Kartoffeln und Trockenfisch geholt und damit großen Anklang gefunden, habe mich lange nicht mehr so amüsiert, aber die Idee war genial. Der Apostel war am Anfang noch etwas zurückhaltend und zögerlich, aber das hat sich rasch gegeben.

Ja, sagt Sturla oben am Pass, und der Himmel hat sich mit schwarzen Wolken bezogen, weder Mond noch Sterne sind zu sehen. Ja, versucht euch einmal Folgendes vorzustellen:

Der Bus kommt mit zwanzig oder dreißig Deutschen an Bord zum Stall heraufgekeucht, der Reiseleiter erzählt ausführlich vom Apostel und macht die Sache nicht gerade kleiner. Er betont seine Demut und Bescheidenheit, die Ruhe, die ihn umgibt, die Weisheit, das Heilige, das über dem Ort liegt, und die Deutschen werden ganz von Andacht ergriffen; da fliegt auf einmal das Stalltor auf, und fünf Männer springen grölend heraus in den strömenden Regen, nackt bis auf die Unterhose, nur

Gummistiefel an den Füßen und einer mit 'ner Schirmmütze auf dem Kopf. Vier mehlweiße Kerle, der fünfte schwarz wie Kohle, tanzen johlend herum wie die Derwische, fuchteln mit den Armen, hüpfen vor dem Bus und stoppelhopsen über die Wiese davon.

Ilka: Das hätte ich gern gesehen.

Guðmundur, breit grinsend: Und sogar der Apostel.

Starkaður: Wahrscheinlich hat der Reiseleiter kommentiert: Der zweite von rechts, dieser hagere in den grauen Unterhosen, das ist der Mann, der mit Gott Zwiesprache hielt und Seine Worte im Dunkel der Scheune notierte.

Guðmundur: Was, meint ihr, hat wohl der Vorreiter gesagt?

Ilka: Der hat sofort gewusst, was die Glocke geschlagen hatte, keine Sorge.

Starkaður: Und was dann?

Der Bus drehte um, verschwand im Regen, die glorreichen Helden kehrten zurück, lachend, völlig aus dem Häuschen, triumphierend, aber eiskalt, schlüpften rasch in ihre Klamotten, hüpften auf der Stelle, um sich aufzuwärmen, tranken, riefen sich dies und jenes zu. Nach einer Weile ließ Sturla den Schlaf die drei übermannen, Sam, Þórður und Jón. Als sie erwachten, hatte ihnen der Apostel alles gesagt, was sie wissen mussten.

Ilka: Was ist alles?

Sturla: Es gibt alltägliche Dinge, die werden lächerlich pathetisch, wenn man sie in Worte fasst. Die Leute reden dann, als wären die Begriffe zerbrechlich, es wird alles so würdevoll und erstickt alles Denken und alle Fantasie in steriler Feierlichkeit. Es ist aber gar nichts Erhabenes dabei, wenn man geht, egal ob man seiner eigenen Wege geht oder ausgetretenen Pfaden folgt. Es ist keine Spur feierlicher, als wenn man über einen Berg wandert oder meinetwegen nur über einen Hügel, ja, eine niedliche

Kuppe. Guðmundur, du richtest unten Grüße aus, wir Übrigen ...

Nein, haucht Ilka leise, aber bestimmt.

Sturla: Was?

Starkaður: Nein? Was heißt nein? Nein wozu, Ilka?

Sie schaut Starkaður nicht an und rückt ein Stück von ihm ab, sagt dann, der Moment, den sie gefürchtet und herbeigesehnt habe, sei jetzt da. Sie sieht Guðmundur an und erinnert ihn daran, dass Starkaður vielleicht noch ein halbes Jahrhundert zu leben habe, fünfzig Jahre. Denk mal an all die Augenblicke, die fünfzig Jahre beinhalten, denk an eure Herbstausflüge, denk an Sæunn und Klein-Jónas, Guðmundur. Es ist ein furchtbares Vergehen, jemanden zusammen mit einem sterbenden Menschen auf den Weg zu schicken. Das musst du doch einsehen. Ich selbst bin zu schwach, ihm zu verbieten mitzukommen, ich bin zu egoistisch dazu. Aber du, Guðmundur, du kannst etwas tun mit deinen Riesenpranken. Hab du ein Einsehen und halte ihn zurück, während ich mit diesem Mann hier gehe.

Etwas, das man sich als Lächeln denken kann, tritt auf die harten und grob geschnittenen Gesichtszüge des Riesen, und er sagt mit seiner tiefen, rauen Stimme: Ilka, ich glaube, ich weiß, was vor dir liegt, es ist ein guter Weg, und du musst dich nicht dagegen sträuben.

Doch da wird sie ganz rasend und sagt, Guðmundur solle nicht so reden. Und jetzt hältst du Starkaður zurück und lässt ihn nicht eher los, als bis ich mit Sturla verschwunden bin!

Starkaður hält Ilka fest: Wie willst du ein Leben auseinander reißen? Was bedeutet ein halbes Leben? Es verweht, verkümmert, löst sich in Nichts auf!

Ilka schüttelt Starkaður ab und sagt, das könne er nicht verstehen, vielleicht wolle er jetzt mitgehen, aber Guðmundur solle darauf keine Rücksicht nehmen, auch Sturla nicht. Jetzt sei der richtige Augenblick, doch es kämen andere, sie würden zu

Monaten, Jahren, und irgendwann werde Starkaður begreifen, dass sie Recht gehabt habe, und dann würde er dankbar sein. Dann greift Ilka nach Sturla und schüttelt ihn und befiehlt ihm, sie mitzunehmen. Sie gehöre ihm, er solle sie in eine Schlucht stoßen, sie in das große Vergessen werfen, zur Hölle schicken, sie zu seiner Sklavin machen. Nur nimm mich, Mann, nimm mich weg von diesem klapprigen Dichter, der meint, er könne sich selbst in Literatur verwandeln. Hast du etwa Angst vor diesem Troll hier? Hab keine Angst! Das ist nur unser Guðmundur auf Hamrar. Er könnte den Jeep hinter uns herwerfen, er könnte mir ein Bein ausreißen und dich damit bewusstlos prügeln, aber das tut er nicht. Guðmundur ist gut. Guðmundur, übernimm deine Aufgabe, werde zum Troll, schnapp dir diesen dürren Dichter und gehe weit, weit mit ihm fort! Und du da, komm jetzt!

Ilka, die Sturla bei der Schulter gepackt und mit beachtlicher Kraft geschüttelt hat, als wäre ihre Schwäche auf einmal von ihr abgefallen, lässt ihn plötzlich los und setzt sich an die Wegkante, keuchend, in einem zu großen Pullover und weißen Krankenhaushosen, und flucht leise: Teufel! Verdammte Scheiße!

Sturla schüttelt den Kopf, zieht die von Ilka eingerissene Jacke aus und blickt zu Guðmundur hinüber, der wirklich wie ein Troll beim Jeep steht und nicht weiß, ob er traurig oder glücklich sein soll. Diese Menschen, grummelt Sturla und schüttelt noch einmal den Kopf, sind doch merkwürdige Wesen. Was die viel Aufhebens um manche Dinge machen! Sie will, dass er mitkommt, und er will nichts anderes.

Ilka, leise, fast verzweifelt: Es geht nicht darum, was ich möchte oder was er möchte, wir müssen ...

Sturla, ungeduldig: Warum Einfaches kompliziert machen? Wir haben doch schon genug Aufhebens um die Sache gemacht. Hier ist doch alles sonnenklar: Bis hierher sind wir gekommen, haben Meinungen und Argumente hinter uns gelassen, es gibt das Leben, es gibt den Tod, und es gibt die Weite, die noch jenseits der Worte liegt.

Guðmundur, entschuldigend: Das ist vielleicht noch ein bisschen unklar.

Unklar? Sturla lächelt schwach. Keineswegs. Es gibt die Wahrheit, und es gibt Wege. Die Wege stehen dem Menschen offen, aber die Wahrheit müssen wir vor ihm verborgen halten. Deshalb nehme ich sie mit mir, aber du darfst mit Starkaðurs Werk zurückkehren. Guðmundur, du weißt, dass es Einbahnstraßen nur im Denken des Menschen gibt. Wenn man einem Säugling aus den Augen kommt, existiert man nicht mehr in seinem Sinn. Ähnlich ist es mit dem Menschen: Wer ihm aus den Augen gerät, existiert nicht mehr, außer in der Erinnerung. So sehr ist der Mensch an seine Sinne gebunden. Weiter ist er noch nicht, er liegt selbst noch in den Windeln. Und jetzt gehen wir.

Sturla ist ein Stück oberhalb der Straße angekommen, als ihm Starkaður, der bei Ilka gekniet hat, mit Zögern und sogar Scheu in der Stimme nachruft: Was hat denn ein Werk wie das meine letzten Endes für eine Bedeutung? Was können schon die Worte eines einzelnen Dichters in dieser Welt ausrichten?

Still!, sagt Ilka, doch Sturla dreht sich blitzschnell um, er ist wütend und sagt, er verbitte sich allen Pessimismus.

Ich verbitte mir jegliche Schwarzseherei, sagt er. Skeptisch sein ist gesund, aber ein Dichter, der sich dem Pessimismus überlässt, ist geliefert. Er setzt denen nichts mehr entgegen, die das Leben in das Korsett der allzu einfachen Gründe, Gesetze und Sachzwänge beugen wollen. Ihr wisst, was ich meine: Die Gesetze der Materie, die Gesetze, die das Portemonnaie füllen, die dem Einzelnen vielleicht Ruhm und Ehre bringen, ihm Reichtum und Macht verschaffen, *dem* Menschen aber und dem Leben Not und Elend. Starkaður, manche setzen sich mit ihrem Verhalten, mit ihrem Leben dagegen zur Wehr, wie dein Bruder Þórður oder Sam auf Tunga. Leben wie das ihre können die stille Kraft sein, die andere Wege öffnet, die Weltmächte besiegt. Deine Stärke, Starkaður, dein mächtigster Widerstand liegt in deinen Worten. Es ist leicht, die Worte der Dichter zu verachten, aber wenn ein wahrer Kern in ihnen steckt, dann gibt es keine Macht, die sie auslöschen kann. Das solltest du wissen, du hast selbst so gedacht, Ilka hat es dir auch gesagt, und jetzt wollen wir nicht mehr davon reden. Guðmundur, was du von jetzt ab über unseren weiteren Verbleib wissen kannst, verrate niemandem. Es gibt nur ganz wenige, die ein solches Wissen verkraften. Wenn du gefragt wirst, kannst du sagen: Ihnen öffnete sich die Aussicht zu allen Seiten oder sie wohnen auf dem Sommerhang, haben da ein hübsches Haus mit blauen Vorhängen. Du darfst dich auch rätselhaft geben und sagen, es werde dunkel, also könne es auch wieder hell werden. Aber denk vor allem daran, dass es oft das Beste ist zu schweigen und jeden seine Antwort selbst finden zu lassen.

Zehn

Hier wird nichts von Abschied gesagt. Es werden keine Schlüsse gezogen, es wird nichts verurteilt und es wird nichts gerechtfertigt, denn so ist diese Geschichte. Oder eher noch: So steht sie geschrieben.

Und so könnte sie enden:

Elf

Der Dichter, die Frau und der geheimnisvolle Besucher, der sich Sturla nannte, entfernten sich von der Straße. Sie gingen zwischen Grasbüscheln, und die Dämmerung schloss sich dichter um sie. Die Dämmerung um sie wurde dichter, und ihre Konturen lösten sich auf.

Jetzt leisten mir nur noch die Berge Gesellschaft, dachte Guðmundur. Da hoben sich plötzlich vor dem Himmel auf der Passhöhe Starkaðurs lange Gestalt und Ilkas rote Haare ab. Dann verschwanden sie, und am Himmel jenseits des Hügels zündete das stille Morgenrot.

Und langsam verdichtete sich das Morgenrot zur aufgehenden Sonne.